도서
출판 **밀알서원** (Wheat Berry Books)은 CLC가 공동으로 운영하는 복음주의 출판사로서 신앙생활과 기독교문화를 위한 설교, 시, 수필, 간증, 선교·경건서적 등을 출판하고 있습니다.

추천사

반 기 성
케이웨더 예보센터장, 한국기상협회 이사장

 2007년 12월 성지 순례 여행길에 김순원 님 부부를 처음 만났습니다. 온갖 세상의 어려움을 이겨 내고 떠난 처음의 해외 여행이었답니다. 서울로 올라와 시내버스 운전을 하면서 처음으로 낸 긴 휴가였다지요. 잘 키운 딸들이 돈을 모아 보내 준 여행이라 열흘 내내 딸 자랑이었습니다.
 사랑은 말이 아니라 서로를 살피는 몸짓과 표정에서 나온다는 것을 이분들을 통해서 배웠습니다. 혼자 떠났던 제가 이 부부와 함께라서 행복했던 까닭이었습니다.
 그런데 그 이후 열일곱 번의 해외 여행을 했다는 말에 놀랐고, 여행기를 책으로 펴낸다는 말에 더 놀랐습니다. 가족의 사랑이 만든 작은 기적이라는 생각이 듭니다.
 제가 좋아하는 여행에 관한 시를 소개합니다.

어느 날 하루는 여행을

어느 하루는 여행을 떠나!
발길 닿는 대로 가겠습니다.

그날은 누구를 꼭 만나거나
무슨 일을 해야 한다는
마음의 짐을 지지 않아서 좋을 것입니다.

하늘도 땅도 달라 보이고
날아갈 듯한 마음에
가슴 벅찬 노래를 부르며
살아 있는 표정을 만나고 싶습니다.

시골 아낙네의 모습에서
농부의 모습에서
어부의 모습에서
개구쟁이들의 모습에서
모든 것을 새롭게 알고 싶습니다.

정류장에서 만난 삶들에게 목례를 하고
산길에서 웃음으로 길을 묻고
옆자리의 시선도 만나
오며 가며 잃었던 나를 만나야겠습니다.

아침이면 숲길에서 나무들의 이야기를 듣고
구름 떠나는 이유를 알고
파도의 울부짖는 소리를 들으며
나를 가만히 들여다보겠습니다.

저녁이 오면 인생의 모든 이야기를
하룻밤 만에 만들고 싶습니다.
돌아올 때는 비밀스런 이야기로
행복한 웃음을 띠우겠습니다.

───────────────

시인이자 목사인 용혜원 님의 〈어느 날 하루는 여행을〉입니다.
시의 내용처럼 김순원 부부는 세상의 살아 있는 표정을 보고 이제 인생 이야기를 쓰는 것 같습니다.
하나님을 온전히 사랑하고 아름답게 살아가는 김순원 부부의 책 출간을 진심으로 축하드립니다. 이 작은 삶의 이야기들이 많은 사람에게 영감을 주고 희망을 주기를 기도드립니다.

나의 사랑 나의 인생

My Love My Life
Written by Soon Woun Kim
All rights reserved.
Korean Edition Copyright ⓒ 2022 by Wheat Berry Books, Seoul, Korea.

나의 사랑 나의 인생

2022년 12월 9일 초판 발행

지은이 | 김순원

편　　집 | 전희정
디 자 인 | 박성숙
펴 낸 곳 | 도서출판 밀알서원
등　　록 | 제21-44호(1988. 8. 12.)
주　　소 | 서울특별시 동대문구 천호대로1길 39
전　　화 | 02-586-8761~3(본사) 031-942-8761(영업부)
팩　　스 | 02-523-0131(본사) 031-942-8763(영업부)
이 메 일 | clckor@gmail.com
홈페이지 | www.clcbook.com
송금계좌 | 기업은행 073-085404-01-017 예금주: 밀알서원
일련번호 | 2022-134

ISBN 978-89-7135-139-0(03230)

이 책의 출판권은 도서출판 밀알서원이 소유합니다.
신저작권법에 의하여 한국 내에서 보호받는 저작물이므로 무단 전재와 무단 복제를 금합니다.

My Love My Life

나의 사랑
나의 인생

김 순 원 지음

말띠 부부의
해외 여행기

도서
출판 **밀알서원**

목차

추천사	**반 기 성** _ 케이웨더 예보센터장, 한국기상협회 이사장	1
글머리	우렁이 각시	10
제1장	성지 순례	16
	1. 이집트	16
	2. 요르단	27
	3. 이스라엘	37
	4. 시내산	44
제2장	학창 시절 친구들과 동남아 여행	51
	1. 캄보디아	51
	2. 베트남	62
	3. 인도네시아	68
제3장	중국 여행	76
	1. 별아	76
	2. 장가계	79
	3. 천문산	86
제4장	필리핀 여행	90
	1. 막내딸 은실이	90
	2. 세부(보홀)	94
제5장	미국 서부 여행	102
	1. 둘째 딸 시은	102
	2. 3대 캐니언	106
	3. 샌프란시스코	117
	4. LA	123
제6장	독일, 오스트리아, 체코 여행	126
	1. 독일	126
	2. 오스트리아	131
	3. 체코	141

제7장	오스트레일리아 여행	152
	1. 시드니	152
	2. 그레이트오션	166
	3. 멜버른	172
제8장	인도 여행	179
	1. 타지마할	179
	2. 아그라성	187
	3. 길상사	192
	4. 자이푸르	200
	5. 델리	211
제9장	북아메리카 동부 여행	217
	1. 뉴욕	217
	2. 워싱턴	232
	3. 나이아가라 폭포	239
	4. 토론토	246
	5. 퀘벡	252
	6. 집으로 오는 길	258
제10장	벳부 여행	264
제11장	태국 여행	273
제12장	울릉도, 독도 여행	279
	1. 울릉도	279
	2. 독도	283
부록	요셉	288
	1. 소년 요셉	288
	2. 이집트	292
	3. 회생	297

글머리

우렁이 각시

옛날 어느 산골에 한 총각이 살았다. 이 총각은 혼자서 농사를 지으며 외롭게 살았다.

어느 날 총각은 논에서 일하다 말고 힘없이 중얼거렸다.

"이 논에서 곡식을 거두면 누구랑 먹고살지?"

그러자 어디선가 예쁜 목소리가 들려왔다.

"나랑 먹고살지."

총각은 아무리 주위를 둘러봐도 아무것도 보이지 않았다. 몇 번을 반복해도 똑같은 대답이 돌아왔고 보이는 것은 논둑 아래 물속에 제법 큼직한 우렁이 한 마리뿐이었다.

총각은 그 우렁이를 들고 집으로 와서 물동이에 넣어 놓았다. 다음날 일을 하고 집에 와서 밥을 지으려고 부엌으로 갔는데 부뚜막 곁에 맛있는 반찬이 가득한 밥상이 차려져 있었다. 총각은 놀라서 주위를 둘러봐도 아무도 없고 시장하기도 해서 잘 차려진 밥을 먹었다.

그런데 다음날 또 다음날에도 밥상은 여전히 차려져 있었다. 너무 궁금해진 총각은 일을 나간 척하고 울타리 뒤에 숨어서 몰래 집안을 지켜보았다.

그런데 놀랍게도 물동이에서 예쁜 여인이 나와서 밥을 하고 반찬을 만들어 한 상을 잘 차려 놓고 다시 물동이 안으로 쏘옥 들어가는 것이었다. 다음날도 울타리 밖에서 지켜보고 있던 총각은 우렁이에서 여인이 나오자 얼른 뛰어가서 여인을 잡아 놓아 주지 않았고, 그렇게 하여 아내로 맞아서 같이 살게 되었다.

이 이야기는 내가 글씨를 알고 동화책을 펴서 동화를 스스로 읽기 훨씬 전에 할머니와 어머니한테 몇 번이나 들었고 심심할 때마다 보채서 수도 없이 들었던 '우렁이 각시' 이야기이다.

사는 동안 어느 순간에 이런 기적이 일어나서 우렁이 각시가 생길 것이라는 꿈을 늘 품고 살았던 나, 그런 나에게 드디어 우렁이 각시가 생겼다. 내 평생을 곁에서 지켜 주며 내가 세상에서 제일 행복한 사람이라고 아무에게라도 얘기하는 나를 만들어 준 사람이 나의 '우렁이 각시'이다.

내가 낳고 자라 철들어 가며 눈에 들어오는 것은 병풍처럼 산으로 둘러싸여 골짜기마다 흘러들어서 모인 물이 시냇물이 되어 들 가운데를 지나는 전남 승주(지금은 순천시로 편입됨)의 시골 마을이었다.

아홉 살이 되도록 1234는커녕 이름 석 자도 안 배우고 소꿉놀이하던, 어느 봄눈이 펄펄 날리는 날 아무 영문도 모른 채 할머니를 따라간 곳이 초등학교 입학식이었다. 나의 인생은 그렇게 첫발을 떼었다.

산골 마을의 천수답 몇 마지기에 온 가족이 매달렸고 할머니, 할아버지, 총각 삼촌 둘, 어머니, 아버지, 그리고 위로 형과 누나, 아래로 여동생 셋, 이런 대가족의 북적거리는 틈바구니에서 어른들의 가르침은 오직 어른 앞에서는 공손하기, 동네의 모든 어른 보면 인사하기, 형제간에 싸우지 말기, 이런 것이었지 글 가르치고 숫자 익혀 주고 하는 것은 사치에 불과했다.

초등학교 몇 학년 때인가 한 집에 세 학생이 다닌 관계로 기성회비를 대폭 줄여서 내는 혜택을 받았지만, 그것마저도 제때 못 가져가서 출석을 부를 때마다 지적을 받았고, 그러다 결국 어느 날은 집으로 돌려보냄을 받았다. 돈이 없고 돈 만들 방법도 없는 부모님은 학교에서 쫓겨 온 아이에게 어떻게 마련했는지 돈을 쥐여 보냈는데 나중에 알고 보니 이웃집 돌아다니며 사정해서 꾸어온 걸 알았다.

초등학생 때 나는 일주일 시간표에 두 번쯤 들어 있는 미술 시간이 제일 싫었다. 왕자표 크레파스를 가지고 오는 친구들이 부럽기도 했지만, 우리 집에는 크레파스가 아닌 뚝뚝 부러져 엉망인 크레용이 한 갑 있었고 그것을 우리 여러 형제가 사용해야 해서 내 동생 미술 시간이 끝나면 그 교실에 가서 크레용을 가져와야 했다.

크레파스 쓰는 친구들이 두꺼운 표지에 그림을 그릴 때 나는 얇은 도화지에 그렸는데 지나고 보니 그때의 도화지가 지금의 A4 용지였다. 세상에 지금은 이 흔해 빠진 A4 용지인 도화지도 제대로 살 수가 없었다니, 그런 이유로 미술 시간이 싫었고 심지어 미술 시간이 들어 있는 요일조차 싫었으며 그래서 그림은 아예 못 그렸다.

그렇게 고학년이 되었고 시험을 치러서 중학교에 진학하던 때라 부잣집 아이들도 공부를 못하면 중학교 진학을 못 했고 공부를 잘해도 가난하면 학비 때문에 중학교 진학을 못 하던 시절이었는데 6학년부터는 아예 a 진학반과 b 진학반으로 나눠서 a 진학반은 교실에 등을 매달고 야간까지 공부했고(전기가 안 들어왔기 때문에), 우리 b 진학반은 그 친구들 뒷수발하며 공부도 덜 하였다. 그때 내가 맡은 것이 학교 도서관 부장이었다.

책을 좋아한다는 걸 아시는 선생님의 추천으로 도서부장이 되어 오전 수업이 끝나면 도서실로 직행했다. 기성회비 한번 제때 못 내고 크레용에 도화지 한번 제대로 못 사 봤던 내가 보고 싶은 책은 사 볼 엄두도 못 냈고 친구와 반반으로 신문대를 내기로 하고 소년 동아일보를 구독할 때였는데 책이 산으로 쌓여 있는 도서관의 임무를 맡다니 이것은 내게 하늘이 내린 직책이었다.

전교생이 1천 명이 넘는 시골 면 소재지 학교여서 2부 수업까지 했는데 책을 빌려주고 받아들이는 일이 즐거웠고 내가 보고 싶은 책을 골라서 집에 가지고 가서도 맘껏 볼 수 있었으니, "자고로 남자는 한 수레의 책을 읽어야 한다"라는 옛 어른들의 명언을 초등학교 6학년 때 충족시켰던 것 같다.

그 많은 책 중에 어린 가슴을 뛰게 했던 『암굴왕』, 『신드바드의 모험』, 『알라딘의 요술램프』, 『알프스의 소녀』, 『다윗과 골리앗』 이런 수많은 책을 읽으며 어린 내가 주인공이 되어 맘껏 꿈을 키웠는데 장성해서 보니 내가 그때 아주 재미있게 읽었던 『암굴왕』은 원작이 『크리스토 백작』이었고 이 『크리스토 백작』을 어린이용으로 번역한 것이 『암굴왕』이었다.

그렇게 꿈을 키우던 초등학교를 졸업하고 다행스럽게도 중등 과정을 배울 기회가 주어져서 알파벳을 배울 수 있었고, 중학교 과정을 졸업하자, 가난한 집안에다 건강하지 못한 부모님을 도와 농사일을 도우며 청년기를 보내다가 군에 입대하여 병영 생활을 하며 남자의 세계에 눈을 뜨기 시작했다.

전기가 안 들어온 산골 마을에서 온종일 농사일하다가 시간 나면 손안에 들어오는 작은 트랜지스터라디오를 벗 삼아 청년기에 접어들었다가 논산훈련소를 거쳐서 강원도 철원에서 34개월의 군 생활을 하면서 인생에 눈을 뜨게 되었고, 세상을 바라보는 눈도 열렸으며 비로소 철이 들어 갔다. 그때서야 부모님을 위한다는 구실로 부모 품을 못 떠나고 있었던 나 자신을 보게 되었고, 결코 그것이 효도가 아니라는 사실을 알게 되었고, 남자는 자기 스스로 앞날을 열어 가야 한다는 것을 나이 20대 중반일 때 병영 생활에서 깨달았다.

그래, 어차피 부모님께 물려받을 것이 없으니 나 스스로 내 앞길을 헤쳐 나가자 하고 선택한 길이 나주 배로 유명한 광주 변두리에 있는 과수원으로 들어갔다. 과수원 농장을 가지고 싶었던 것이 어린 시절 꿈이었으니까, 과수원에서 일하면서 돈도 벌고 농사짓는 기술도 배운다는 나름 포부를 가지고 1년 급여를 쌀 몇 가마로 계산해 주는 소위 말하는 우리나라의 마지막 머슴이었던 셈이다. 남들이야 어찌 말하든 내 나름의 꿈이 있었기에 열심히 일하면서 배 농사의 1년 과정을 꼼꼼히 기록했다.

그렇게 두 해가 지나갈 무렵 같은 교회에 다니던 처자의 청혼을 받았다. 양장 일을 하는 곱디고운 처자에게 농사꾼으로 살아갈 나의 꿈을 얘기하며 나의 갈 길을 따라가기가 힘들어서 안 된다고 거절했으나 "내 인생에 크리스천인 당신 하나면 족합니다"라는 말에 결혼한 사람이 지금의 우렁이 각시이다.

조정래 선생님의 『황홀한 글감옥』을 보니, 이미 시인에 등단한 김초혜 님이 동국대학교 재학 시절 조정래의 청혼을 받았을 때 대답한 말이 이랬다.

거친 음식을 먹어도 험한 옷을 입어도 부끄럽지 않을 자신이 있다.
나의 최대의 사치는 검소다.

표현이 다를 뿐, 나의 우렁이 각시의 말도 이와 같은 말 아닌가!

가진 것 없는 나를 신랑으로 귀히 알고 살아 준 우렁이 각시와 가난한 아빠 때문에 많이 힘들었겠지만 곱게 자라고 세상에서 제일 좋은 우리의 세 딸 별아, 시은, 은실에게 이 글을 선물한다.

특별히 오래전 성지 순례 여행 중에 만나서 교제를 이어 온 반기성 케이웨더 예보센터장님께 감사드린다. 반 예보센터장님은 어렵게 부탁드린 추천사를 흔쾌히 승락해 주셨다. 진심으로 감사드린다.

우리 모두 코로나19 감염병으로 한 번도 가 보지 않은 길고 긴 터널을 힘들게 지내 왔다. 세상 모든 사람이 건강하고 행복했으면 좋겠다.

2022년 늦은 가을
서오릉을 바라보며

제1장

성지 순례

1. 이집트

어느 해에 내가 생각지 못한 신드바드의 하늘을 나는 양탄자를 타고 우렁이 각시와 하늘을 날았다. 우리가 탄 대한항공 비행기가 파라오의 나라 이집트 카이로 국제공항에 내린 것이 2007년 11월이었다. 내 생전에 남의 나라 땅을 밟을 줄은 요즘 말로 1도 없었다. 그랬던

이집트 - 스핑크스

내가 가까운 동남아도 아닌 해를 따라 서쪽으로 열두 시간 반을 날아가 이집트 땅을 밟고 있다는 사실에 감격스러워 나를 보며 내가 놀라고 있었다. 이건 정말 알라딘의 요술 램프든 신드바드의 나르는 양탄자의 기적이 아닐 수 없었다.

연신내 부근에 있는 시내버스 운전원이었던 내가 어느 날 우렁이 각시와 해외 여행 이야기를 나누었고 이야기가 급속도로 진행되었는데 처음부터 우리의 여행은 무모한 것이었다. 시내버스 회사 특성상 연월차를 쓰기도 어려웠고, 우리가 가진 여유 자금도 없었는데 통 크게 8박 9일의 성지 순례 여행이란 처음부터 잘못된 것이나 마찬가지였다.

그러나 회사에서 휴가를 어렵게 받았고, 마이너스 통장까지 동원하여 여행비를 마련하였고, 우리가 모르는 절차를 딸들이 밟아서 접수하였으나 여러 가지로 삐거덕거렸다. 그래도 한번 시작한 일이니까 날짜는 다가왔고 우리는 비행기를 탔다. (이때의 경험으로 다음 여행을 다니면서 느끼는 것은 철저한 준비보다는 좀 엉성한 계획이 훨씬 낫다는 것을 깨달았다. 너무 많은 준비와 계획은 선뜻 실행에 옮기기가 어렵다.)

어쨌든 우리는 그렇게 8박 9일의 여행을 시작하게 되었다. 12월이었지만 카이로공항에 내렸을 때 날씨는 우리의 봄 날씨와 비슷한 날씨였고 우리가 함께할 일행이 약속 장소에 모여 가이드를 만나고 보니, 우리의 이집트 가이드는 외교관 사모님이라고 하는데 아주 세련되고 이쁘장한 아주머니였다. 우리 일행은 두 목사님 내외분과 젊은 세 전도사님 내외분, 충청도 어느 장로님과 권사님들 그리고 우리 부부까지 총 24명이었다. 9일 동안 함께 움직일 팀이었다.

가이드의 환영과 함께 간단한 설명과 또 주의사항을 한꺼번에 듣고 바로 호텔에 들었는데 이집트까지 왔다는 두근거림과 기대와 뿌듯함과 여러 가지 생각으로 긴 시간의 비행과 7시간 시차의 피곤함도 잊고 잠을 설쳤다.

다음날 아침 호텔 뷔페 식사를 맛있게 잘했는데 그 식사 때문에 종일 이집트의 서민들이 눈에 밟혔다. 왜냐하면, 물론 잘사는 사람이 더 많겠지만 역사 깊은 카이로 시내를 돌아다니는 내내 보이는 사람들이 가난해 보였고 정부에서 배급해 주는 빵으로 대부분 사람이 생활한다고 하는 가이드의 설명을 들으니 나의 아침 식사가 그 사람들과 비교해서 너무 호사스럽다는 생각 때문이었다.

첫 일정은 스핑크스와 피라미드였다. 관광버스를 타고 나일강을 건너 카이로의 시내를 지나가는데 출근 시간의 북적임은 우리와 비슷했으나 아프리카 대륙의 맨 위쪽에 있는 나라답게 야자나무가 가로수로 심겨 있는 도로는 아주 오래된 도시의 풍경을 느끼게 해 주었다. 얼마 지나지 않아서 가이드가 가리키는 손끝을 따라 바라본 곳에 피라미드 꼭대기가 보였다.

왕의 무덤으로 지어졌다는 피라미드가 이렇게 도심 가까이에 있다는 말인가?

그런데 그게 아니었다. 나일강이 흐르는 강가에 수천 년 전에 파라오가 군림하는 도시 카이로가 생겼으며, 여기 카이로 시내에서 상당히 멀고 가장 높은 곳 '기자'라는 언덕에 피라미드를 지었는데, 그동안 도시가 더 넓게 형성되었고 우리가 탄 버스가 도착하기까지는 아직도 먼 거리에 있지만 높은 지대에 높게 솟아 있는 관계로 시내에서도 보였던 것이었다.

러시아워의 복잡한 거리를 한참 가서 도착한 피라미드의 첫인상은 '이건 아닌데'라는 생각이었다. 세계 7대 불가사의라는 유명한 관광지라고 생각하기에는 정말 실망이었다. 피라미드를 보기 위해 아침부터 밀려 들어오는 관광버스들을 따라서 자갈 깔린 비탈진 곳에 어렵게 주차했고 차에서 내려 매표소로 향하면서부터 실망스러웠다.

이건 우리나라 60년대 작은 도시의 시외버스 터미널보다도 못했다. 엉성한 텐트 몇 개를 쳐 놓고 길거리를 오가며 표를 팔고 있었다. 좀 어이가 없었다. 이렇게 하고 있어도 지구상의 많은 사람이 시도 때도 없이 찾아오다니 의아심과 부러움이 일었다.

일단 표를 사서 들어가니 거대한 삼각형의 돌산이 있었고 곁으로도 크고 작은 돌산들이 있었다. 돌무더기라고 하기에는 너무 거대한, 말 그대로 산이었다. 그것이 우리가 초등학교 때 배운 고대 왕들의 무덤 피라미드였다. 세계 7대 불가사의 중의 하나라는 이 피라미드를 보고 많은 과학자와 고고학자가 "풀다 풀다 안 되니까 외계인이 와서 만들어 놓고 가지 않았을까" 하는 우스갯소리도 있다고 한다. 한편, 가이드는 신이 났다. 그동안 많은 팀을 거치며 익히고 배운 지식을 우리한테도 여전히 전달하고 있을 터였다.

높은 언덕 위에 황무지를 튼튼히 다지는 공사부터 멀고 먼 곳에서 돌을 운반해 온 과정, 이 모두가 불가사의한 일이라고 시작한 설명을 정리해 보면 이렇다.

피라미드가 여러 개 있지만, 그중에서 쿠푸왕의 피라미드가 규모나 현재 남아 있는 원형 상태로 볼 때 최고로 친다는데, 돌 한 개의 무게가 평균 2.5톤이고 이런 돌을 230만 개를 사용해서 지었다고 한다. 자세한 기록이 없어서 고고학자들의 연구와 추측에 의할 수밖에 없는데 카이로의 기자 지구에 있는 피라미드 주변에는 이런 돌들이 없어서 다른 곳에서 운반해 와야 했는데, 수백 킬로미터 떨어진 곳에서 운반해온 돌도 있다고 한다. 그 옛날의 기술로 어떻게 이 무겁고 덩치 큰 많은 돌을 이 높은 곳까지 운반해 왔는지가 불가사의이며, 현대 수학

공식으로 풀어도 거의 오차가 안 생길 만큼 정확하게 맞춰져 지어졌다는 것도 불가사의이다.

 기초가 되는 밑변을 227미터의 정사각형으로 터를 잡고 그 큰 돌들로 바닥 전체를 깐 다음 그 위에 일정한 간격을 들어가서 또 전체를 깔고 그렇게 하기를 계속해서 높이가 146미터가 되도록 쌓아 올리는 한편, 내부에 좁은 미로 공간들을 만들었는데, 오랜 세월 동안 수많은 고고학자가 탐사와 연구를 했어도 아직도 내부 구조를 파악하지 못했다고 한다.

 이렇게 지어진 피라미드는 세월이 흐르면서 사람들은 돌이 필요할 때, 심지어 전시에 필요한 성벽을 쌓을 때도 피라미드에서 바나나 껍질을 벗기듯이 벗겨다 썼다고 한다. 그렇게 벗겨 가고 남은 것이 지금의 상태라 한다. 그랬던 피라미드와 그 곁에 있는 스핑크스는 지금은 이집트 재정의 몇 퍼센트를 차지할 만큼의 관광 수입 자원이 되었다. 쿠푸왕의 피라미드 바로 아래쪽에는 사람 모양의 머리와 사자 형상의 몸을 한 스핑크스가 있는데 스핑크스 앞 다리 사이에 이 스핑크스를 세운 꿈을 해석한 비문이 있다.

 스핑크스상은 모래와 자갈에 파묻혀서 머리 부분의 바위만 약간 드러난 상태로 광야에 박혀 있는 돌의 하나에 불과했었다. 마침 그곳에 사냥을 나왔던 투트모세 4세가 왕이 되기 전 왕자로 있을 때, 이 머리 부분의 바위 곁에서 잠들었는데, 스핑크스가 꿈에 나타나서 말하기를 모래에 파묻힌 나의 몸을 다시 드러나게 하면 이집트의 파라오가 되게 해 주겠다고 했다.

 왕자였지만 왕이 될 서열이 아닌 투트모세 왕자는 꿈을 감추고 부하들을 동원하여 오랜 시간을 들여 주변의 모래와 자갈을 다 걷어 내 스핑크스의 모습을 세상에 드러나게 했다. 꿈속의 약속대로 투트

모세 왕자는 이집트의 파라오 투트모세 4세가 되었다. 그 후 왕이 된 투트모세 4세는 이렇게 왕이 된 이야기를 돌에 새겨 스핑크스의 두 발 사이에 세웠다.

이때가 기원전 1400년 무렵이라고 하니까, 도대체 이 스핑크스는 그보다 얼마나 더 까마득한 옛날에 조각이 되었기에 바람에 날려온 모래에 묻혀 있었을까?

사막 지대의 특성상 모래가 날아오기 때문에 지금도 모래에 묻히지 않도록 관리한다고 한다. 이 스핑크스 몸통 안에는 바위를 파서 만든 공간이 있는데 왕이나 왕족들의 죽은 시신을 여기로 가져와서 방부제를 넣어 장례를 치렀다. 불가사의한 피라미드와 스핑크스를 보고 우리 일행은 버스를 타고 나일강을 끼고 있는 카이로 시내에 들어왔다.

세계에서 제일 긴 나일강은, 아프리카 대륙의 에디오피아, 수단, 우간다. 콩고, 탄자니아, 케냐, 르완다 이런 여러 나라의 강들이 합류하여 이집트 본토를 거치며 지중해로 흘러들어 가는 큰 강이다. 이 나일강의 하류에 카이로라는 거대 도시가 형성되었고 여기에서 파라오가 다스리는 이집트 문명이 발생했다.

고대와 현대가 공존하는 도시 카이로의 시내 곳곳에는 이슬람의 상징인 모스크들이 수도 없이 많이 서 있고, 오래된 건물들 사이사이로 보이는 사람들은 거의 모두가 물 담배를 피우고 있었다. 가이드는 특별한 곳으로 우리의 일행을 안내하였다. 그곳은 유대 땅 베들레헴에서 태어난 아기 예수를 찾아서 없애려는 헤롯왕을 피해서 피난 온 요셉과 마리아가 아기 예수와 살았다는 곳, 그곳이 어느 건물의 지하에 보존되어 있었다.

그리고 다음 목적지인 시나이반도를 지나 요르단으로 가기 위해 카이로의 도심을 벗어나 변두리라고 생각되는 곳에 이르렀음에도 도시는 끝없이 이어졌고, 그곳에는 가난해 보이는 허름한 집에 사람들이 살면서 국가에서 배급으로 주는 빵으로 생활한다고 했다. 그 주거지에서 더 떨어진 산자락에 다닥다닥 붙어 있는 집들은 시신을 둔 무덤이며, 집 없는 사람들은 그 시신을 두는 집 즉 무덤이 그들의 거처라고 했다. 세상 어디를 가든 사람에게 집은 가장 필요한 것인가 보다.

그렇게 한참을 달려서 시내를 벗어나자 끝없는 황량한 벌판이 나타났는데, 내가 아는 사막은 모래 산이 펼쳐지고, 바람에 모래가 날리고, 낙타를 타는 상인이 지나다니는 그런 곳을 사막으로 알고 있었는데 그게 아니었다. 풀도 나무도 없는 허허벌판이 끝없이 이어지고 차가 다니는 길 양옆으로는 크고 작은 돌들이 뒹구는 참 재미없는 땅이 이어졌다. 물이 있어도 농사를 지을 수 없을 것 같은 그런 메마른 땅을 몇 시간을 달려서 수에즈운하에 도착했다. 홍해를 따라 들어온 배가 이 운하를 통과해 지중해를 거쳐 유럽으로 가는 아주아주 중요한 길목이다.

2021년 봄 여기를 지나던 큰 배가 길목을 막는 사고가 나서 세상을 시끄럽게 했던 수에즈운하다. 우리가 탄 버스는 수에즈운하의 지하도로를 순식간에 통과하니까, 거기서부터는 시나이반도였다. 파라오의 궁전에서 왕자로 자라서 이집트의 모든 학문과 무술을 익히고 장래에 파라오가 될 위치의 모세가 정통 이집트 왕족이 아닌 히브리인임이 탄로 나자 이곳으로 피신하여 40년을 살았다는 시내산이 있는 시나이반도였다.

여기 시나이반도는 지금껏 달려오며 보던 황량한 벌판이 아닌 바다같이 넓은 끝도 안 보이는 모래사막이었다. 내가 어린 시절부터 꿈이 과수원 농장주가 되는 것이었는데 내 예쁜 아내와 열심히 일한 대가로 30대 중반에 "함평 천지 늙은 몸이~~"라는 호남가에 나오는 함평 땅 비탈진 곳에 6,000여 평 과수원을 장만해서 꿈을 이루었었다. 이 시나이반도를 달리면서 내내 그런 생각을 하였다.

'야~~ 여기에 과수원을 조성하면 너무 좋겠다.'

그렇게 사막을 열심히 달려서 오후 늦게 도착한 곳은 타바였다. 홍해의 가장 깊숙한 곳 타바는 인도양에서 시작한 좁은 바다가 2,000킬로미터 넘게 육지를 향해 들어와서 또다시 수에즈만과 아카바만으로 갈라졌는데, 여기 아카바만의 좁은 해안에 이집트와 이스라엘과 요르단이 국경을 이루며 함께 항구로 쓰고 있다. 이집트는 타바, 이스라엘은 에일랏, 요르단은 아카바로 부르며 크게 넓지도 않은 바다를 세 나라가 항구로 쓰고 있다는 것이 참 신기했다.

이집트는 타바가 아니라도 수에즈를 포함한 홍해와 지중해에 많은 바다와 항구가 있고, 이스라엘도 텔아비브를 비롯해 지중해에 여러 항구가 있지만, 요르단은 전 국토에서 이 아카바항구를 통해서만 바다로 나갈 수 있다. 이 항구는 요르단의 단 하나의 항구이다.

이집트의 타바 국경에서 이스라엘로 들어가는 절차가 끝나자 우리 일행을 안내하던 가이드는 7일 후에 여기에서 다시 만나자며 작별했고, 우리 일행은 각자의 소지품이 담긴 여행용 가방을 끌고 200여 미터의 국경과 국경 사이 공간을 걸어서 이스라엘 국경 초소로 갔는데 그 모든 과정과 시간이 긴장의 연속이었다.

국경선을 넘어 이스라엘 땅을 밟자 무장한 군인들이 우리를 맞아들였고 까다로운 입국 절차를 마치고 국경 검문소를 통과하여 이스라엘 땅으로 들어서자 이스라엘에서 나온 가이드가 버스를 대기해 놓고 우리 일행을 기다리고 있었다. 우리를 반갑게 맞아 준 한국인 가이드는 뜻밖에도 연신내 어디쯤에선가 늘 스쳐 지나던 그런 낯익은 아리따운 여인이었다.

이집트에서 국경을 넘어온 우리 일행을 이스라엘 영토를 차로 20여 분쯤 가서 요르단 국경을 넘겨주는 2시간 남짓의 짧은 여정이 그 가이드의 임무이고 그와 우리의 만남은 그것이 전부인데 지금도 그 가이드가 눈에 선하다. 버스를 타고 가면서 간단한 자기소개와 함께 진행 과정을 설명하는데 일행 중 누구인가가 대뜸 물었다.

"가이드님은 아가씨인가요?
여기서 사시나요?
한국에 가족은 있나요?"

한참 뜸을 들이던 가이드가 하는 얘기가 소설이었다. 지금까지 가이드 하면서 처음 하는 말이라며 재차 망설이다 꺼낸 이야기는 다음과 같다.

서울에서 대학 졸업 무렵 혼자서 배낭여행을 와서 중동의 몇 나라 여행을 마치고 이스라엘에서 예수의 흔적들을 짚어 보느라 예정보다 더 여러 날을 머무르게 되었고, 여기 에일랏에서 솔로몬의 발자취를 마지막으로 더듬어 보고 다음날 에일랏공항에서 비행기를 타고 프랑스 파리로 가는 전날 밤 여기 에일랏에 있는 호텔에 투숙하였는데 아침에 일어나 보니 여권을 포함한 모든 짐이 감쪽같이 없어졌단다.

그렇게 꼼짝할 수 없는 상황에 부닥쳐서 당황하며 어쩔 줄 몰라 뛰어다닐 때 그 호텔의 한 직원이 친절하게 도와주며, 아르바이트를 할 수 있게 해 주었고, 여권을 만들고 항공료를 벌어 모아 1년여 만에 서울로 갈 수 있었다고 한다. 그것이 인연이 되어 결국 그 이스라엘 남자와 결혼하여 이곳 에일랏에 살면서 아이가 둘이 되었다며 아가씨처럼 해맑게 웃는 그 여인은 서글픈 듯한 눈빛으로 이렇게 말하는 것이었다.

"몇 해 전 그날 밤 여권(날개옷)을 감춘 사람이 지금의 내 남편이 아닐까?

아이가 하나 더 생겨 셋이 되면 내 여권을 내놓고 고백을 해 올까?"

가끔 이런 생각이 든다며 쓸쓸한 표정을 짓고 얼핏 눈가에 물기를 보였는데 누군가가 그렇다면 이건 현대판 나무꾼과 선녀가 아니냐고 말했고 버스가 들썩일 정도로 한바탕 유쾌하게 웃었지만, 고국 사람을 만나자 고국에 있는 가족이며 고향 생각에 젖어 드는 모습을 보면서 나도 모르게 아련하게 짠한 생각이 들었다.

그렇게 웃고 떠드는 시간이 20여 분쯤 지난 것 같은데 벌써 목적지 도착했다며 내리라 했고, 차에서 내린 우리가 케리어를 끌고 간 곳은 이스라엘과 요르단의 국경 초소였다.

"세상에나 세상에나 이렇게 좁은 지역에 3국의 국경이 붙어 있어도 되는 것이야?"

요르단과 이집트의 국토를 홍해를 향하여 화살표처럼 뚫고 내려온 이스라엘의 국토는 정말 내 머리로는 이해가 안 되는 희한한 지형이었다.

이스라엘은 지중해 해안을 따라 좁고 길쭉한 국토를 가진 나라인데 남쪽으로 내려오면서 한쪽은 요르단과 반대쪽은 이집트의 시나이반도를 국경으로 두고 화살표 모양으로 남쪽으로 내려오는데 그 끝이 홍해에 와서 닿으며 에일랏이라는 항구를 형성하고 있었다.

지중해 연안에 가이샤라를 비롯한 항구들이 있어서 지중해 연안 국가인데 어떻게 아카바만까지 뻗어 내려와서 에일랏이라는 항구를 가질 수 있었을까?

우리나라 속초에서 인천으로 가는 배가 있다면 동해 남해 목포 앞바다를 돌아 서해를 거슬러 와야 인천을 오듯이 이스라엘의 에일랏에서 자기 땅 지중해 연안에 있는 욥바 항구를 배를 끌고 간다면 지금은 이집트의 수에즈운하를 통해서 쉽게 갈 수 있지만 수에즈운하가 생기기 전에는 2천 킬로가 넘는 홍해를 빠져나가 인도양을 거쳐 아프리카 대륙을 돌아 지중해로 들어와야 하는 엄청난 거리를 운행해야 도착할 수 있는 정말로 신기한 국토를 가진 나라가 이스라엘이다. 성서에 에티오피아의 시바 여왕이 많은 보물을 싣고 이 항구를 통해 솔로몬왕을 찾아왔던 에시온게벨이라는 지명이 지금은 에일랏이라는 지명으로 불린다.

이스라엘의 지형이 신기해 보이는 것은 나만의 생각일까?

암튼 우리를 인솔한 날개 잃은 선녀님이 절차를 밟는 동안 아카바 항구의 평화로운 경치를 보며 이 좁은 항구를 정확히 구분하여 3국이 사용한다는 사실을 생각했고, 우리는 두 시간도 안 되는 사이에 이집트에서 이스라엘로, 이스라엘에서 요르단으로 넘어갔다.

그것으로 날개 잃은 선녀님과는 마지막이었는데 오랜 세월이 흐른 지금도 서글픈 듯한 그 모습이 내 눈에 밟힌다. 좋은 신랑과 좋은 두 아이와 행복하게 살고 있을 테지만 그 후로 아이를 한 명 더 낳았는지, 그래서 그 신랑으로부터 색시를 삼고 싶어서 여권을 감춘 사람이 자기였다는 고백을 받았는지, 그것이 늘 궁금하다.

2. 요르단

해 질 녘에 요르단 국경을 넘어간 우리는 또 다른 여인의 가이드를 만났다. 선교사님 사모님이라는 중년의 여인은 뽀얀 피부를 가진 미인이었는데, 요르단은 중동 지역에서는 드물게 아주 평화롭고 살기 좋은 나라라고 요르단을 소개하였다. 욥바에서 우리 일행을 태운 관광버스는 어두워져 갈 무렵에 패트라를 향하여 출발하면서 가이드 선생님의 설명을 들었다.

지금 우리는 스티븐 스필버그 감독의 영화 〈인디아나 존스〉 시리즈 중 "최후의 성전"의 촬영지로 유명한 패트라로 가고 있다. 지금 달리는 도로는 왕의 대로(킹스 하이웨이)라고 한다.

이 고속 도로를 대우건설에서 만들었으며 우리나라 근로자들이 요르단에 진출해서 많은 공사를 했고 그래서 한국인의 이미지가 엄청

요르단 - 페트라

좋다는 설명까지 하고서 차 안에 불을 끄고 모두 잠을 재웠다. 3시간 여를 달려서 늦은 밤에 패트라 시내에 들어서서 호텔에 들었는데 뒷날 아침에 일어나서 깜짝 놀랐다. 분명 패트라시라고 했으니 도시로 생각했는데, 우리가 묵은 호텔은 산등성이에 있고 구불구불한 길을 따라서 산 능선에 호텔들과 주택들이 흩어져 있는 시골 같은 느낌이 드는 곳이었다. 이곳 패트라는 일종의 사막의 오아시스였다.

성서에 나오는 야곱의 쌍둥이 형 에서가 터를 잡고 살았다는 애돔 땅이라는데 정말로 산이나 돌들이 붉은색이었다. 아침 식사를 마친 우리는 패트라 관광에 나섰다. 거친 산비탈에 나 있는 길을 따라서 어느 지점에 이르니까, 바위산 사이에 마차가 겨우 비켜 갈 만큼의 좁은 통로가 나오고 양쪽으로는 수십 미터 높이의 돌벽으로 이뤄져 하늘만 빠끔히 올려다보였다.

좁고, 구불구불하지만 평탄한 길을 몇 킬로 미터쯤 따라가니까 제법 넓은 지역이 나왔고 거기에 고대 시대에 만들어진 신전이 있는데, 그 신전은 나무나 돌을 사용하여 지은 신전이 아니고 절벽의 바위를 깎아 내고 파내어서 만들었으며 신의 형상들을 조각해 놓았다.

더 아래로 내려가자 거기에는 바위산의 절벽을 깎고 다듬어서 수천 명의 관람석이 있는 둥그런 야외 공연장도 있었다. 모든 것이 상상을 초월한 고대의 유적이 있는 그곳에는 각국에서 온 관광객들로 북새통이었다.

고대인들은 어떻게 이런 곳에 이런 시설을 세우고 생활했는지 정말 신기할 뿐이었다. 그런데 더욱 놀라운 것은 이 모든 지역이 사막의 거친 바람에 날아온 모래에 묻혀 있었던 것을 어느 고고학자가 발견했고, 그 많은 모래를 다 치워 내고 복원해 놓은 곳이 페트라라고 한다. 고대인들의 대단한 발자취도 놀랍지만 무수한 세월 동안 사져 버린 곳을 찾아내 복원해 놓은 현대인도 대단했다.

패트라 관광을 마친 우리의 관광버스는 이곳저곳의 유서 깊은 곳을 들리며 수도 암만을 향하여 달렸다. 달리는 차 안에서 가이드가 어젯밤 출발하면서 언급한 '왕의 대로'를 찾아보았다.

성서 민수기 21장에 '왕의 대로'가 나온다.

> 이스라엘이 아모리 왕 시혼에게 사자를 보내어 이르되 우리로 당신의 땅을 통과하게 하소서 우리가 밭에든지 포도원에든지 들어가지 아니하며 우물물도 공히 마시지 아니하고 우리가 당신의 지경에서 다 나가기까지 '왕의 대로'로만 통행하리이다(민 21:21-22).

요셉을 통해서 이집트에 이민한 한 부족이 400년의 세월이 흐른 뒤 약속의 땅으로 인도하는 신의 도움으로 이집트를 탈출하여 약속의 땅으로 들어가기까지 광야에서 40년을 유리하다가 드디어 약속의 땅으로 움직일 때 아모리라는 곳을 지나게 되었다. 그때 그 나라 왕에게 사신을 보내 부탁한다.

"우리가 왕의 대로를 통과하게 해 주십시오. 그러면 우리의 모든 백성이 다 지나가도록 당신 나라에 피해를 주지 않겠습니다."

우리의 일행을 태운 관광버스는 고속 도로를 달리다가 어느 유적지를 들를 때는 일반도로를 달리고는 했는데 이 일반도로가 '왕의 대로'(킹스 하이웨이)이다. 비단길이라 불리는 실크로드와 맞먹는 이 지구상의 가장 오래되고 중요한 길 '킹스 하이웨이' 즉 '왕의 대로'는 좀 생소한 길이다.

기원전부터 카라반이 낙타를 이용하여 실크로드를 타고 건너온 비단이나 향료가 이 '왕의 대로'를 거쳐서 이집트나 아프리카의 에티오

피아까지 교역하던 길인데 기원후 로마 황제 트라야누스가 정비하여 '비아 노바 트라야나'라 불렀다.

이 도로는 십자군 전쟁 때는 중요한 군사도로 역할을 하면서 여러 곳에 요새를 세웠다. 지금은 그 주변으로 고속 도로가 생겨서 교통의 중요한 자리를 내주었지만 험한 지형을 지나는 이 길은 요새를 비롯한 관광 명소가 많고 또 이집트를 탈출한 이스라엘 백성의 경로이기도 해서 성지 순례의 길이기도 하다.

출애굽 한 히브리 사람들이 약속의 땅으로 이동할 때 그보다 훨씬 전부터 있었다는 이 왕의 대로, 이 길은 얼마나 오래전부터 사람이 통행하던 길이었겠는가?

그래서 이 길 선상에 있는 패트라는 물이 있는 오아시스로서 통행하는 모든 이에게 숙소와 물을 제공하고 통행세를 받아서 부를 누리는 곳이 되었다. 요르단의 그랜드캐니언이라고 부르는 아르논강 계곡을 지나는 길은 우리의 버스가 어렵게 운행하는 험한 길이기도 했다. 나는 그런 험하고 위험한 곳을 지날 때마다 한숨을 내쉬었다.

그 이유는 영화 〈십계〉의 이집트 탈출 장면에서 보듯이, 비록 노예에게서 풀려나왔지만, 한 나라를 이룰 몇백만 명의 구성원은 임산부부터 어린아이, 젊은이, 노인, 환자와 가축까지 화려(?)하고 정신을 차릴 수 없는 무리였다.

이들이 정착할 때까지 생활해야 하는 생활 도구와 이 모든 것을 이끌고 지도자의 인도를 따라서 유리하는 동안, 주변의 많은 나라는 이 큰 무리가 어느 곳인가를 뺏고 정착할 터인데 그러기 전에 없애 버리자고 기회 있을 때마다 군인들을, 때로는 연합군을 보내 괴롭혔다.

유리하는 민족으로 특별히 훈련된 군인도 없고 무기도 없이 방어하면서 한 번도 가 보지 않았고 그곳이 어떤 곳인 줄도 모르는 약속의 땅으로 움직였던 그들이 지나간 곳을 따라가며 생각했다.

'비록 왕의 대로라는 명칭을 가진 길이라고 하나 지금으로부터 수천 년 전의 그 길은 어떠했겠는가?'

나는 도저히 이해도 상상도 할 수 없었다.

성서에 나오는 여러 곳의 설명을 듣는 중 특히 귀에 익은 곳이 있었는데 나오미의 며느리 룻의 친정인 모압이었다. 거친 사막 지역이 끝나고 제법 시골 냄새가 물씬 풍기는 마을을 지나가는데 전라북도 고창, 부안의 어느 마을을 지나가는 느낌이었다. 끝도 없는 황토밭에 밀 싹이 푸르게 돋아 있는 모습을 이런 사막의 땅에서 볼 수가 있다니, 차창 밖으로 보니 지나다니는 사람들도 순해 보이고, 또 평범한 농부들의 모습은 영락없이 부안의 어느 시골을 지나가는 느낌이었다.

이곳 모압을 지날 때 가이드는 나름 명설교를 하셨다. 40해 동안 광야를 떠돌며 맛없는 맛나를 먹고 지내면서 몸을 씻을 물도 없고 집도 없이 떠돌며 거지꼴인 여자들만 보다가 이곳 모압을 지나면서 깔끔한 여인들을 보고 유리하던 이스라엘 남정네들이 정신줄을 놓고 이 여인들에게 빠져들었다가 야훼에게 혼이 나지 않았느냐는 말씀이었다.

그렇게 저녁 무렵에는 수도 암만에 도착해서 요르단에서의 두 번째 날 밤을 평안하게 보내고 다음날 우리는 모세가 40년을 이끌어온 히브리 족속을 모으고 마지막 설교를 하고 죽었다는 비스가산으로 가는 길에 마케루스에 들렀다.

마케루스, 어려서부터 교회를 다녔지만 처음 들어본 지명 마케루스, 이 마케루스가 아직도 눈앞에 보이듯이 떠오르는 데는 이유가 있다. "여자가 낳은 자 중에 제일 큰 자"라고 예수께서 칭찬하셨던 세례 요한이 생을 마감한 곳이라는 가이드의 해설을 듣고서다. 먼 곳에서도 바라볼 수 있도록 전망대가 있었으나 힘겹게 그곳을 가 보기로 했다. 주전 60년에 알렉산더 안네우스가 험준하고 높은 천연 지형에 마케루스 요새를 건설했다.

그 후 헤롯이 재건하여 그의 여름 궁전으로 사용했다. 사해가 내려다보이는 마케루스 요새는 주변에 있는 산 중에서 제일 높은 산이면서 삼각 원통 모양으로 뾰쪽하게 높이 솟아 있어서 산꼭대기에 궁전을 지어 놓고 이곳으로 여름 휴가를 오면 시원할 뿐 아니라, 왕을 경호하기에 좋은 곳이어서 당시 왕들의 별궁인 여름 궁전으로 사용하였다. 요즘으로 치면 그 요새를 함락하기가 헬리콥터 하나로 한 시간 거리도 안 될 것이라는 생각을 하며 잠시 2,000여 년의 전의 타임캡슐에 앉아 보았다.

어느 해 여름 헤롯왕은 왕실 가족과 신하들을 거느리고 철저한 경호를 받으며 여기 마케루스 여름 궁전으로 휴가를 온다. 성서에는 안 나왔지만 이렇게 왕이 휴가 갈 때는 당시 제일 주요한 정치범 죄수를 데리고 가서 요새에 있는 감옥에 가두었다가 본궁으로 돌아올 때 데려오는 것이 관례였다.

이때 데려간 죄수가 세례 요한이었고, 그는 마케루스 정상에 있는 궁전보다 아래쪽 7부 능선쯤에 있는 동굴 형의 감옥에 갇혀 있게 되었다. 세례 요한은 무슨 그리 중죄인이었기에 이랬는지는 성서 마가복음 6장에 기록되어 있다.

> 이에 예수의 이름이 드러난지라 헤롯왕이 듣고 이르되 이는 세례 요한이 죽은 자 가운데서 살아났도다. 그러므로 이런 능력이 그 속에서 일어나느니라 하고, 어떤 이는 그가 엘리야라 하고 또 어떤 이는 그가 선지자니 옛 선지자 중의 하나와 같

다 하되, 헤롯은 듣고 이르되 내가 목 벤 요한 그가 살아났다 하더라. 전에 헤롯이 자기가 동생 빌립의 아내 헤로디아에게 장가든 고로 이 여자를 위하여 사람을 보내어 요한을 잡아 옥에 가두었으니, 이는 요한이 헤롯에게 말하되 동생의 아내를 취한 것이 옳지 않다. 하였음이라. 헤로디아가 요한을 원수로 여겨 죽이고자 하였으되 하지 못한 것은, 헤롯이 요한을 의롭고 거룩한 사람으로 알고 두려워하여 보호하며 또 그의 말을 들을 때에 크게 번민을 하면서도 달갑게 들음이러라. 마침 기회가 좋은 날이 왔으니 곧 헤롯이 자기 생일에 대신들과 천 부장들과 갈릴리의 귀인들로 더불어 잔치할새 헤로디아의 딸이 친히 들어와 춤을 추어 헤롯과 그와 함께 앉은 자들을 기쁘게 한지라 왕이 그 소녀에게 이르되 무엇이든지 네가 원하는 것을 내게 구하라 내가 주리라. 하고 또 맹세하기를 무엇이든지 네가 내게 구하면 내 나라의 절반까지라도 주리라 하거늘, 그가 나가서 그 어머니에게 말하되 내가 무엇을 구하리이까? 그 어머니가 이르되 세례 요한의 머리를 구하라 하니 저가 곧 왕에게 급히 들어가 구하여 이르되 세례 요한의 머리를 소반에 얹어 곧 내게 주기를 원하옵나이다 하니, 왕이 심히 근심하나 자기의 맹세한 것과 그 앉은 자들로 인하여 그를 거절할 수 없는지라 왕이 곧 시위병 하나를 보내어 요한의 머리를 가져오라 명하니 그 사람이 나가 옥에서 요한을 목 베어 그 머리를 소반에 얹어다가 소녀에게 주니 소녀가 이것을 그 어머니에게 주니라. 요한의 제자들이 듣고 와서 시체를 가져다가 장사하니라(막 6:14-29).

세례 요한의 죽음은 헤로디아라는 여인의 살인적 집착으로 전남편의 딸 살로메를 끌어들여 이루어졌기에 어이가 없고, 더 가슴 아프다. 인간적으로 눈여겨보면 허무하기까지 하다. 성서에는 자세히 나오지 않았기에 다시 정리해 보자.

헤롯 안디바가 이복동생인 빌립의 아내 헤로디아에게 빠졌든지, 헤로디아가 이복형제 손위 아주버님을 꼬드겼든지, 두 사람은 결혼하게 되었고, 헤로디아는 전남편의 딸이자 현 남편의 조카이기도 한 살로메를 데리고 이복 아주버니 헤롯 안디바에게 시집와서 왕비로 호사를 누리고 사는데, 그때 당시 모든 사람으로부터 선지자로 추앙을 받고 있던 세례 요한이 그 사건을 두고 헤롯왕을 책망했다.

헤롯은 세례 요한을 진정한 선지자라고 여기고 존경하는 마음을 가지고 있으면서 자기의 잘못한 것을 인정하고 책망을 달게 받고 있었지만, 아내 헤로디아의 등쌀에 못 이겨 세례 요한을 감옥에 넣게 했다. 그해 여름, 헤롯은 마케루스로 여름 휴가를 떠나면서 중죄인으로 분류된 세례 요한을 여름 궁전 마케루스에 데려가 현지에 있는 감옥에 넣었다. 그러던 어느 날 요새의 궁전에서 여러 귀족과 만찬 중, 실제로는 조카이면서 당신의 의붓딸인 살로메의 춤에 빠져 실언하므로 세례 요한을 사형시킬 수밖에 없었다.

여름 휴가를 떠나올 때부터 이 모든 과정이 헤로디아의 계획이었는지는 모르나, 여인이 한을 품으면 오뉴월에도 서리가 온다는 우리의 속담이 2,000여 년 전 헤로디아에게도 적용이 되었던지, 예수의 길을 예비하던 세례 요한은 그렇게 순교당했다.

가이드에게서 들은 설명을 되새겨 보며 세례 요한이 갇혔었다는 토굴에 들어가 잠시 주님께 세례를 베풀며 주님의 길을 닦았던 선지자 세례 요한을 그려 보았다.

마케루스를 나와서 다시 일행과 합류하여 비스가산으로 갔다. 이집트를 탈출하여 40여 년을 유리하던 이스라엘 백성을 이끌고 왔던 모세가 도착한 곳이 비스가산 아래였다. 약속의 땅에 못 들어간다는 사실을 알고 있는 모세가 모든 백성을 모아 놓고 유언처럼 마지막 부탁을 장황하게 하고서 비스가산에서 가나안 땅을 바라보고 생을 마감했다는 곳 그곳에 서 보았다.

그곳에는 순례자를 위해서 놋뱀, 기념교회 이런 것이 있었지만 그런 것에는 별로 관심이 없고 모세의 심정이 되어 멀리 희미하게 보이는 약속의 땅 지금의 이스라엘을 바라보며 조금 전의 세례 요한을 생각했던 마음으로 모세의 마음이 되어 보았다.

이 자리에 서서 가나안 땅을 바라보는 모세, 그는 120년의 세월을 살아온 자신의 생애를 돌아보았을 것이다. 철이 들어서 안 사실이었겠지만 자기 민족과 친부모, 또 출생 비밀과 파라오궁에서 왕자로 자라는 과정, 파라오의 후계자가 되어 다음 파라오가 될 운명의 길목에서 출생의 비밀이 탄로 나고, 그런 사정으로 도망자가 되고, 도망자에서 목동으로 전락해 평범한 한 가정의 가장으로 살았던 40년, 그러다 신의 부름으로 한 국가가 될 민족을 탈출시키는 일련의 인생 여정을 말이다.

모세가 누구인가?

파라오의 말이 신의 명령과 같은 이집트의 궁에서 청년 때까지 살았고, 이집트의 모든 문명과 무예와 전통을 보고 배우며, 또 파라오의 자리를 이어 갈 2인자 자리에 있던 사람이 아닌가?

그 엄청나고 무시무시한 곳을 홀로 들어가서 민족을 구해 나오고 그 많은 사람을 이끌고 광야에서 40여 년을 지내는 동안 얼마나 힘들고 어려웠으면, 그는 어느 날 신게 이렇게 항의했다.

"이 사람들을 내가 낳았습니까?"

그는 너무나 힘들어 고래고래 소리를 지르며 신께 항의했던 지난날을 회상하며 약속의 땅을 바라보았을 것이다. 그곳에 선 나도 작은 모세가 되어 희미하게 보이는 이스라엘 땅을 바라보았다.

오래전에 읽은 처칠 수상의 회고록을 잠시 회고해 본다.

모세가 신의 명을 받고 몇 번의 거부 끝에 시내산에서 이집트로 이스라엘 백성을 탈출시키러 가는 대목을 이렇게 표현해 놓았다.

> 드디어 한 민족을 구하러 가는 특공대가 구성되었다. 그 특공대의 규모는 사랑하는 아내와 두 아들, 무기는 지팡이 한 개, 수송 도구는 낙타 몇 마리에 식량과 침구 정도였다.

제2차 세계대전을 이끈 장군다운 멋진 표현이었다.
비스가산은 우리의 북한산처럼 우뚝 솟은 산이 아니었다. 평지를 달려온 관광버스가 멈춘 곳에서 내려 어느 정도 비스듬한 평지를 걸어 올라간 곳 그곳이 비스가산이었다. 비스가산은 지형상으로 지대가 높은 곳이어서 요르단에서는 거의 평지의 끝부분이며 낮은 지대에 있는 이스라엘 쪽에서 보면 높은 산으로 올려다보인다.
비스가산에 서 보니 아래로 급한 경사가 져 있고 그 아래로 끝없이 펼쳐진 평지는 요르단 국토이며 그 어느 지점에 요르단강이 흐르고 강 건너편 안개구름 사이로 희미하게 호수처럼 보이는 사해와 그 주변에 널려 있는 땅 그곳이 약속의 땅 곧 지금의 이스라엘 땅이다. 모세를 도왔던 야훼는 그곳에 선 120살 모세의 눈을 열어 약속의 땅을 먼 곳까지 보게 하였다고 했는데 내 눈에는 희미한 안개 낀 산 모형만 스칠 뿐이었다.
암튼 큰 지도자 모세를 떠나 보낸 이스라엘 백성이 다음 지도자 여호수아를 따라 그렇게 그리던 약속의 땅을 향해 갔다는 곳으로 우리의 관광버스는 비탈진 산길을 굽이굽이 돌아 내려가서 보니 지형이 낮은 그곳은 사막 지대가 아닌 숲이 우거지고 밭에 채소가 무성하며 과일도 풍성한 곳이었다. 그곳에서 나온 농산물이 요르단의 많은 부분을 차지한다고 했다.

 이틀 전 이집트의 타바에서 국경을 넘어 이스라엘로 들어왔는데 짧은 순간의 이스라엘 땅을 밟았다가 요르단으로 들어갔고 이번에는 요르단에서 다시 이스라엘의 북쪽에 있는 엘리코(여리고) 국경을 넘기 위해 요르단의 요르단강 가까이에 있는 국경 검문소에 도착했다.

3. 이스라엘

 이집트에서 이민족으로 400년을 살면서 한 나라가 될 만큼의 인구로 불어나자 여러 가지 기적을 체험하며 이집트를 탈출했고 그러고 나서도 40년을 광야에서 유리하던 한 민족은 약속의 땅을 눈앞에 두고 얼마나 가슴이 뛰었겠는가?

이스라엘 - 마사다

그 약속의 땅이 아무도 살고 있지 않은 미지의 땅이었으면 들어가기만 하면 되겠지만 거기에는 막강한 힘을 가진 본토인들이 철옹성을 갖추고 잘 훈련된 병사들이 철통같이 지키고 있는 땅이 아닌가?

반대로 생각해 보자. 그 땅의 백성들은 어떠했을까?

내 땅을 빼앗겠다고 으르렁대는 큰 무리가 강 건너편에 있는데 그들은 가만히 있었을까?

요르단의 국경 검문소를 통과한 우리 일행은 모두 긴장하며 요르단강의 갈대가 무질서하게 흩어져 있는 늪 곁으로 난 도로를 따라 걸어갔다. 국경 검문소 가까이 갔을 때 다가온 이스라엘 경비대의 안내를 받았는데, 이스라엘 입국의 첫인상이 내가 70년대 말 논산훈련소를 마치고 후반기 교육까지 끝낸 뒤 '더플백'(duffel bag)을 메고 배치받은 부대가 있던 강원도 철원에 포장 씌운 군용 트럭에서 막 내리던 때의 느낌이었다.

엘리코의 검문소에서 군인인지 일반인 직원인지 잘 분간할 수 없는 젊은 남녀 직원들이 반짝반짝하는 눈동자를 가지고 알아들을 수 없는 말투로 빠르고 위압감 있게 우리를 신병 다루듯 몰아붙였다. 좀 전의 요르단과는 사뭇 다른 분위기였다.

정신이 바짝 들었다. 우리가 지금까지 이스라엘에 대해서 듣고 배운 대로 주변의 강대국들 틈에서 살아남기 위해 그들은 모두가 긴장하고 깨어 있다는 느낌이 들었다.

그렇게 입국 절차를 마친 우리는 오랫동안 이스라엘에 유학 중이라는 목사님을 새로운 가이드로 맞아서 드디어 이스라엘 성지 순례에 돌입했다. 3일 동안의 이스라엘 순례 중 기억에 남는 몇 가지만 더듬어 보겠다.

베들레헴을 갔을 때였다.

분리 장벽이라는 높은 담으로 둘려 있는 베들레헴시 입구에는 우리의 인천공항 출국장과 같은 검문소가 있어서 한 사람씩 검색대를 통과해서 들어가야 했다. 조금 전 우리를 태우고 왔던 관광버스가 검문소 안쪽에서 기다리는데 그 버스의 주인도, 운전사도 팔레스타인인이라고 한다. 서로 충돌을 피하려는 조치라고 했다.

베들레헴 시내를 다니며 예수님이 탄생했던 장소, 이적을 행하셨던 장소 등 성지를 순례하며 기념품도 사고 예배도 드리고 하다 나오는데, 들어갔던 곳 검문소에서 비상이 걸렸다. 갑자기 버스에서 모두 내리게 한 후 한 사람씩 검색대에 올라서게 하고 몸을 수색하고 한바탕 소란을 피웠다. 그리고 나서야 우리는 밖으로 나올 수 있었다.

우리는 차에 타고 가이드 목사님의 설명을 들었다.

이스라엘은 하나의 국토에 두 나라가 공존하고 있다. 원래 본토인이라는 팔레스타인과 야훼 하나님이 아브라함에게 이 땅을 후손에게 주겠다고 약속하고 오랜 세월이 지난 후 이집트에서 종살이하던 한 민족이 모세의 인도를 받아 이집트를 탈출해서 들어온 이스라엘인이 서로 자기 땅이라고 주장하며 뺏고 빼앗기고를 반복하며 살아오기를 지금까지 하고 있다. 지금은 이스라엘이 주도권을 잡고 있기에 팔레스타인인들은 이스라엘과 함께 살면서 이스라엘의 통치를 받고 있다.

팔레스타인인들은 지역마다 집단으로 거주한다. 비교적 온건한 지역인 예루살렘, 엘리코(여리고) 같은 곳에서는 비교적 자유롭게 생활하지만 베들레헴은 도시 전체가 과격했던 관계로 도시 외곽을 높은 담을 세워서 외부와 서로 소통을 못 하게 한다. 우리 일행이 베들레헴 시내를 순례하는 중에 어떤 문서나 정보의 유출이 의심되어서 철저한 검색을 당했다고 했다. 분리 장벽으로 인하여 도시 전체가 감옥이나 다름없었다. 예수님의 태자리인 베들레헴은 그렇게 삼엄하였다.

예루살렘에서 하루를 보내며 통곡의 벽, 갈보리 언덕, 실로암 등, 그동안 많은 사람에게 들었던 얘기와 책이나 TV로 보았던 유적들을 보고, 몇 가지는 체험도 해 보았다.

그다음은 가이사랴의 지중해 해변도 걸어 보았는데, 엘리야가 기도로 승리했던 갈멜산을 가는 길이었다. 가이드 목사님이 그 지방 기후와 갈멜산의 지형과 엘리야 선지자가 기도로 승리했던 이야기를 설명하는 중에 우리 일행 중 한 분이 잠깐 얘기하고 싶다며 발언권을 얻어서 이야기하였다.

엘리야 선지자의 기도와 하늘에서 불이 내려와 재단을 불사르는 대목을 자기의 견해로 보자면, 그 사건을 단순한 전설이나 기적으로만 받아들일 일이 아니고 그때 당시의 계절과 지형과 기후 관계를 잘 살펴보니 모든 것이 과학적으로 충분히 타이밍이 맞는 사건이라고 해석하였다.

3년 6개월 동안 비가 오지 않았으나, 하늘에서 불이 내려왔던 시간상으로도 해 질 녘이었으며, 불은 번개가 내려치며 재물을 태우지 않았을까?

하나님께서도 자연의 섭리를 맞추시고 이치에 맞는 기적을 행하셨을 것이라는 설명이었다. 갈멜산 순례를 마치고 개인적으로 그분과 대화를 나눠 보니까 기상학 박사님이고 대학에서 가르치시는 교수님이셨다. 그 시간 이후로 교수님과 자주 대화를 나누며 순례 여행을 했고 여행을 마치고 귀국해서도 교제를 이어 갔다. 그 교수님이 책을 내실 때마다 꼭 보내 주셔서 내 인생에 교수님을 지인으로 두는 행운을 얻었다.

남쪽으로 내려오는 길에 사해 바다 근처에 있는 요새, 마사다에 들렀다. 요르단의 세례 요한이 갇혀 있다가 순교했던 마케루스 요새처럼, 마사다 역시 사막 지대에 나 홀로 삼각형 뿔 모양의 산에 있는 왕들의 요새였다. 마사다 요새는 케이블카가 설치되어 있어서 케이블카 앞 대기장에서 마사다에 대한 영상을 우리말로 된 설명으로 감상한 후 케이블카를 타고 산꼭대기를 올라갔다.

그 산 위는 축구장 몇 개쯤 되는 평평한 곳이었는데 그곳에 목욕탕 시설이며 회당 터, 식량창고 그리고 한쪽 절벽 끝부분에는 궁전까지 있는 천혜의 요새였다. 비가 거의 오지 않는 사막에서 물을 공급받기 위해서 산허리에 물길을 만들고 1년 내내 많이 오지 않은 빗물을 모두 모아 그 물로 식수는 물론 대형 목욕탕 시설까지 갖췄다니 정말 놀라웠다.

히브리어로 요새라는 뜻의 마사다를 처음 구상하고 시설을 갖춘 사람은 헤롯왕이었다. 높고 접근하기 어려운 곳에 궁전을 짓고 무기고까지 갖추고 유사시에 그곳으로 피신할 목적으로 만든 요새 중의 요새였다.

그렇게 만들어진 요새를 헤롯의 병사들이 지키고 있었다. 어느 해에 유대를 점령한 로마인과 유대인 사이에 분쟁이 발생했다. 그러나 전 유럽을 통치하다시피 한 막강한 로마는 예루살렘을 비롯한 유대를 순식간에 잠재울 수 있었다. 그래서 로마군은 예루살렘을 점령하고 기념 주화를 발행하며 축배를 들었는데, 유대인 중에 열성 당원들이 병사들이 지키고 있던 마사다를 탈취해서 가족들과 함께 마사다로 숨어들었다. 유대인들이 마사다 요새를 탈취해 놓고 보니 넉넉한 식량과 물과 무기 또 생활할 수 있는 편의 시설이 다 갖추어져 있었다.

왕의 피난처로 사용하기 위한 시설이었으니 오죽했을까?

한편 유대를 점령해서 통치하던 로마군은 마사다 요새에 올라가 있는 게릴라 때문에 골치를 앓았다. 조금만 틈을 보이면 마사다 요새에 있던 유대인들이 와서 괴롭히고는 또다시 요새로 숨어들기를 반복하자 로마는 정예 군대를 동원해 공격에 나섰으나 수차례에 걸쳐 실패로 끝났다.

로마군은 요새에 있는 적이 몇 명인 줄은 모르지만, 저항 세력을 뿌리 뽑기 위해 막강한 정규 부대와 유대인 전쟁포로들을 투입해서 마사다 요새의 산을 포위하고 방어 진지를 설치하고 진지와 진지 사이는 성벽을 쌓아서 철저하게 탈출을 봉쇄했다. 또한, 밖에서 몰래 지원하는 행위까지 완전히 차단해 놓고 이쯤 되면 얼마 안 가서 항복할 것으로 생각했다.

그래도 요새에 있는 유대인들은 끈질기게 버티기를 자그마치 2년을 넘겼다. 그때 당시만 해도 하늘을 나는 기술이 없었기에 요새 안에서는 버틸 수 있었고 요새 밖에서는 함락시킬 수가 없었다. 로마군은 대형 투석기를 설치하고 축구공보다 더 큰 돌을 포탄처럼 쏘아 올렸다.

내가 돌아다니며 본 요새의 난간 부근에는 그 돌들이 여러 무더기가 놓여 있는 것을 볼 수 있었다. 그러나 그것으로도 성공하지 못한 로마군은 최후의 수단으로 요새의 높이까지 흙을 쌓기로 한다.

요새의 높이가 지상과 가장 가까운 곳에 수도 없이 흙을 실어다가 쌓으니 어떻게 되겠는가?

요새 뒤편으로 또 다른 요새가 점점 쌓아져 올라오니까, 요새 안에 있는 유대인들은 요새 안으로 날아들어 온 돌을 들어 던져 요새 가까이에 접근을 못하게 했고 더 가까워졌을 때는 끓는 물을 쏟아부으며 필사적으로 적을 막았다.

어느 날부터 로마군은 자기들은 뒤에서 지키고 포로로 잡혀 온 유대인들을 맨 앞에 세워 요새 가까이에 흙을 채우게 했으니, 요새에서 끓는 물을 퍼붓던 사람들은 결국, 동족을 죽이는 결과가 되어 그것도 포기하게 되었다. 그렇게 3여 년을 버텨온 마사다의 최후가 다가온 날, 마사다의 지휘자 엘리야자르 벤 야이르가 전사들을 불러 모았다.

그는 마사다 요새의 유대인들에게 로마에 잡혀 노예로 사느니 차라리 자유인으로 죽자고 연설했고 그 연설대로 실천하였는데, 죽는 방법으로 군인들은 자기 가족을 죽이고 다시 모여서 제비를 뽑아서 열 명씩 나누고 그 열 명 중 한 명이 함께 싸웠던 동지들을 죽이고 남은 사람이 다시 제비를 뽑아서 다 죽이고 마지막으로 자결하는 방법을 택하였다고 한다.

그리고 이 사실을 세상에 알려야 한다며 한 사람을 탈출시켰다고 하는데 그날이 서기 73년 5월 2일이었고, 이 최후의 밤이 지나고 다음날 아침 요새는 로마군에게 떨어졌다. 마사다 요새를 점령한 로마군은 놀라운 광경을 보았다.

그렇게 사납게 싸우며 3년을 버티던 군인들은 모두 주검이 되어 있었고 아이들과 부녀자들을 포함해서 1천 명 가까운 시신이 있었다. 식량창고에는 적지 않은 식량이 남아 있었으며 그 와중에서도 회당이라는 공간을 만들어 그들만의 신앙을 지키고 있었다는 사실에 놀랄 수밖에 없었다고 한다.

이런 이유로 이스라엘은 여기 마사다를 지금까지도 악착같이 기억하고 있으며, 이스라엘군 신병 훈련소를 비롯해 각종 군사학교의 마지막 훈련 코스가 바로 이곳이라고 했다. 이스라엘의 젊은 장병들은 마사다의 정상에 서서 이렇게 외친다고 한다.

"조상들이 어떻게 죽었는지 잊지 마라!"

"마사다를 기억하라!"

이스라엘에서의 마지막 성지를 순례하며 참 많은 것을 보고 느꼈다. 나라 잃은 설움, 그런데도 그로부터 2천 년이 지나서 나라를 다시 찾은 그들, 우리가 믿는 메시아인 예수를 십자가에 매단 그들이 당했던 고통의 세월, 그러고서 다시 찾은 그들의 조국을 주변의 으르렁거리며 노리는 중동의 강대국들 틈에서 살아남기 위한 몸부림 등을 생각하니 요르단에서 요르단강을 건너 이스라엘로 국경을 넘을 때의 살벌할 정도로 느꼈던 긴장감이 이해되었다.

마사다를 나와서 다시 이집트로 가기 위해 에일랏을 향해 광야를 달리는 내내 사막 지대에는 비닐하우스가 늘어서 있는데 그런 사막에도 물을 공급하여 채소와 과일 농사를 하면 아주 잘 된다고 하였다. 그런 풍경을 보며 이스라엘 땅에서의 며칠 간이 긴장의 연속이었다.

4. 시내산

며칠 전 현대판 나무꾼과 선녀의 가이드를 만났던 항구 도시 에일랏에 오자 평온함이 느껴졌고, 타바 국경에서 까다로운 출국 절차를 마치고 이집트 땅에 들어서니까 첫날 카이로공항에서 맞아 주었던 외교관 사모님 가이드가 반갑게 우리를 맞아 주었다.

관광버스에 오른 우리는 야간 이동으로 시나이반도의 삼각형 모양의 남쪽 끝에 있는 샤롬엘 셰이크라는 도시에 밤 늦은 시간에 도착하여 호텔에 들었는데 홍해 바다가 가까운 이 사막에 있는 도시의 야경은 참 좋았다.

뒷날 일정이 시내산 등정이다. 사막 지역의 더운 기후 때문에 자정이 조금 지난 시간에 출발해야 한다며 일찍 쉬라는 가이드의 안내에 잠을 잔 듯 만 듯한데 모닝콜이 울렸다. 서둘러 집합하여 관광버스에 올라서 두어 시간쯤 가는 동안 또 자는 둥 마는 둥 하고 차에서 내리니까 한밤중이었다.

산에 오를 자신이 없는 사람은 전날 밤에 미리 파악해서 나이 드신 목사님 내외분과 몇 사람이 빠졌는데, 아뿔싸 나는 역시나 여행의 초보였다. 생전 처음 가는 외국 여행을 준비하면서 새 옷에 새 신발을 사서 나름 멋을 부리고 간 여행에서 결국 신발이 말썽을 부렸다.

요르단과 이스라엘 여행 내내 차로 얼마 움직이나 싶으면 차에서 내려 한참을 걸어서 산 위에 있는 다 부서진 성터에 올라 유래를 들어야 했고, 십자가 체험을 한다고 제법 무거운 십자가를 짊어지고 골고다를 올라가고, 종일 걷고 또 걷기를 반복하다 보니 신발과 발등

이집트 - 시내산

사이에 싸움이 났다. 그런데 이걸 달래서 시내산을 오를 일을 생각하니 아찔했다. 그런데 전날 밤에 산에 못 오를 사람을 파악할 때 보니까 기상학 교수님이 몸이 좀 불편하다고 빠진다고 했다.

며칠 간의 친분을 핑계로 가만히 사정해 보았다.

"교수님, 신발을 좀 바꿔 주시면 안 되겠습니까?"

어려서부터 나이가 많아지도록 여전히 낯가림이 심한 내가 참 뻔뻔스러웠다. 그런데 그 교수님은 선선히 허락하고 바꿔 주셨다.

그렇게 등산 시작 지점에 도착하자 별이 초롱초롱한 밤인데 거기는 완전 시장통이었다. 세계 각처에서 온 순례객들의 필수 코스인 시내산을 가기 위한 집결 장소였는데 그곳은 어둠 속에서 플래시를 들고 자기 일행을 챙기는 가이드들의 고함이며, 일행을 찾는 소란함으로 가득하였다.

우리 일행도 등산로에 진입하였다. 해발 2,291미터라 하니 우리 한라산보다 더 높은 산이다. 나무도 풀도 거의 없는 돌산인데 하늘이 맑고 별빛이 밝아서 아주 어둡지만은 않은 산길에 접에 들자 여기저기서 호객꾼이 다가와서 하는 말이 "낙타, 낙타"였다.

가이드의 설명이 산길이 험하고 멀기 때문에 힘드신 분들은 낙타를 타는 것이 좋을 것이라고 했다. 몸이 약한 내 우렁이 각시는 낙타를 안 타도 충분히 걸을 수 있다고 했지만 내가 억지를 쓰다시피 해서 낙타를 타게 했다. 산을 제법 오르는 동안에도 낙타 꾼의 호객은 계속되었고 어둠에 눈이 익숙해져서 보니까, 산길 옆 여기저기에 검은 바위 같은 것들이 있는데 모두 낙타였다.

어쨌든 낙타 타기는 어쩌면 시내산을 오르는 이벤트일 것으로 생각하며 제법 거금을 주고 우렁이 각시를 태웠는데 밤 산길을 몇 시간 걸어가고서야 낙타를 안 태웠으면 어쩔 뻔했을까 하는 생각이 들었다.

그렇게 어느 지점에서 낙타도 돌아가고 휴게소에서 간식을 사서 먹고 휴식한 후 본격적으로 산행을 시작하는데 이건 정말 장난이 아니었다. 동이 틀 무렵 정상에 올라 모세가 십계명을 받은 호렙산이라고도 하는 시내산에서 명상하며 기다리는 동안 해가 떠오르자 그 일출의 장관을 보며 산 능선 여기저기 흩어져 있던 수많은 사람이 환호성을 질렀다.

이 땅에 사는 각국의 크리스천들이 가 보고 싶어 하는 곳, 날이 밝아 오며 그곳에 있는 사람들은 피부색이며 옷차림이며 정말 각국 나라 사람이 다 모여 있는 것 같았다. 더워지기 전에 하산해야 한다는 가이드 선생님의 독촉을 받으며 내려오는데 낮이 되자 정말 더워졌다.

바위투성이 돌산을 내려오는 길에 눈길을 사로잡는 것이 노새였다. 산 정상에 오른 순례객들에게 팔기 위한 물과 식료품을 산 8부 능선쯤에 있는 휴게소로 운반하는 중이었다. 등 양쪽에 무거운 짐을 메달고 낑낑거리며 올라가는 노새를 주인은 연방 채찍질을 했다.

우렁이 각시는 그 모습을 보며 눈물을 찔끔거리며 노새가 짠하다고, 저렇게 무거운 걸 힘들게 짊어지고 가는데 채찍질은 안 해야 하지 않느냐며 자꾸만 뒤돌아보았다. 그러면서 새벽에 비록 덩치 크고 힘이 센 낙타를 타고 갔지만 노새를 보니 낙타에게도 미안해했다. 모든 짐승은 인간을 위해 있나 보다. 저렇게 얻어맞으며 일하다가 어느 순간에 인간의 먹이가 되니 말이다.

산 중턱에는 갈멜산에서 기도로 승리한 엘리야가 아합왕의 왕비 이세벨을 피해 와서 숨어 살았다는 유적이 있었고, 산 아래 도착한 곳이 성캐더린수도원이었다. 그 수도원은 이집트의 왕자로 살다가 출생 신분이 탄로 나서 이곳에 도망쳐 와서 목동으로 평화롭게 살던 모세가 신의 부름을 받은 곳에 세워져 오랜 세월을 지키며 그곳에 있었다.

어느 한 방 앞에서 가이드가 설명했는데, 그 수도원에서 수도하다가 죽은 수도사들 시신의 살이 다 없어지도록 어느 장소에 두었다가, 뼈만 모아 가져와서 모아놓은 방이라며 볼 사람만 보라고 했다. 몇 사람이 같이 그 방에 들어가 보았는데 정말로 크나큰 방에 사람의 뼈가 가득하였다.

모세를 통하여 출애굽한 루트를 순례하는 여행이니까 원칙은 이집트에서 나와서 홍해를 건너고 마라의 쓴 우물을 보고 시내산으로 들어와야 하지만 그렇게 하면 너무 힘들까 봐 시내산 등정을 맨 나중에 넣었다는 여행사와 가이드의 배려에 감사하며 우리는 귀국 비행기를 타기 위해 카이로공항으로 향했다.

이렇게 해서 나는 평생 처음 해외 여행으로 성지 순례를 택했는데, 세월이 흐를수록 그 감동은 끊임없이 이어지고 15년이 지난 지금도 그 한곳 한곳의 장소와 의미가 눈앞에 환하게 떠오른다.

2014년에 우리나라의 한 성지 순례팀이 갔었는데 이 팀은 카이로에서 홍해를 지나 시내산을 등정하고 이스라엘과 국경인 타바로 이동하는 중에 관광버스가 테러를 당해 3명이 죽고 모든 일정이 취소되어 중도에 귀국하는 사태가 발생했다. 그 후부터 출애굽 루트의 성지 순례에서 이집트는 제외되고 요르단과 이스라엘만 가능하게 되었다고 한다.

그런데 공교롭게도 2020년에 봄에 코로나19라는 감염병이 온 세상을 휩쓰는 초기에 우리나라 성지 순례팀이 이스라엘까지는 도착했으나 결국 격리하다 되돌아오는 사태도 발생했다. 그 여행을 가기 위해 여러 해 전부터 계획하고 준비하고 경비를 마련하고 하는 과정이 전혀 쉽지 않은데, 그러고도 이런저런 이유나 사건 때문에 순조로운 순례 여행을 할 수 없는 경우가 생기는 걸 보면서 잘 다녀온 성지 순례에 주님께 늘 감사드린다.

어느 날 그분은 아브라함을 부르시고 가나안 땅으로 인도하시며 그곳을 후손에게 주겠다는 약속하시고 그 약속을 따라 아들 이삭을 주신다. 아브라함은 아들 이삭이 잘 장성할 무렵 그 아들을 제물로 바치라는 계시를 받는다. 인간적으로 생각할 때 아브라함은 단 한 번 하나님의 계시를 잘 못 들은 것으로 할 수도 있겠고 아니면 거부할 수도 있을 것 같은데 그 즉시 함께 사는 부인에게도 말하지 않고 멀고 먼 3일 길의 모리아산으로 제물로 바칠 아들을 데리고 여행을 한다.

그 여러 날을 가는 길에서 얼마나 많은 번민을 하였을까?

이 부분에서 나는 언젠가 목사님께 항의 아닌 항의를 한 적이 있다.

"목사님, 아브라함은 이미 100년 하고도 몇십 해를 사시는 양반이었는데 혹시 치매기가 있었던 것 아닙니까?

하나님의 계시를 듣는 순간 차라리 '살 만큼 산 나를 데려가소서' 해야지 어떻게 얻은 아들이며, 어떻게 키웠으며, 또 당신의 대를 이을 장성한 아들에게 칼을 대어 제단에 얹어 놓겠답니까?"

"그러기에 믿음의 조성이라 하지 않느냐"는 목사님의 답을 들었지만 믿음이 적은 나는 이해하기 힘든 부분이었다. 그랬던 내가 성지 순례 여행을 통하여 그 모든 과정이, 예수를 세상에 보내 인류를 구원하려고 하신 그분의 계획과 성서의 일목요연함에 감탄할 수밖에 없었다.

여행을 떠날 때는 열두 시간 동안 바람을 거스르고 해를 따라 서쪽으로 갔기에 가도 가도 해가 넘어가지 않더니 귀국 길에는 밀어 주는 바람을 타고 동쪽으로 오니까 시간이 훨씬 덜 걸렸다. 역시 세상은 넓고 신비롭다.

여행이 끝나고 한 달쯤 되었을 때 소포를 하나 받았다. 그 내용물은 깨끗이 세탁된 유명 메이커 운동화 한 켤레였다. 메모지에는 이렇게 적혀 있었다.

이 운동화는 내가 많이 아끼는 운동화이지만 이 신발을 신고 시내산을 가신 집사님께 드리는 것이 좋을 것 같아서 보냅니다.

반기성 교수 드림

제2장

학창 시절 친구들과 동남아 여행

1. 캄보디아

전직 국무총리셨던 정세균 님의 출생과 이력을 보면 전북 무진장(무주·진안·장수) 중 진안군 출생이시고 집안이 가난해서 어렵게 학업을 이어 가셨다고 한다. 그분과 나이가 네 살 아래인 나는 그분의 후배로서 같은 시대를 살며 같은 어려움을 겪으며 자라왔다.

내 꿈의 전당 초등학교 도서관 생활은 졸업과 함께 끝이 나고 학비 때문에 중학교를 포기하였다. 내가 살던 면 소재지에 오래된 교회가 있었는데 그 교회 목사님이 시골 형편을 잘 아셔서 가난 때문에 초등학교 졸업 후 중학교 진학을 포기한 아이들이 절반도 더 된다는 사실을 알고 교회 예배당을 사용하여 중등 과정을 가르치셨다.

그렇게 아이들을 모아서 가르치기를 2년쯤 되었을 때 교회 건너편 산 아래에 대지를 마련하고 교실 세 칸짜리 미니학교를 세우셨다. 그래서 그때 당시 가난해서, 또는 진학 시험에 붙지 못해서 진학을 못한 아이들을 모집하여서 중등 과정을 가르치셨는데, 나도 다행히 그곳에서 중등 과정을 공부하게 되었다.

정식 학교 인가를 얻지 못한 중학교를 고등공민학교라 하였는데, 위에서 말한 정세균 전 국무총리님도 전라북도 진안에서 고등공민학교를 다녔다. 그는 방과 후 집에 가면 지게를 지고 일하는 시간이 많아 이러다 평생 지게를 못 벗고 살겠구나 싶어 빵 장사를 하며 공부를 하셨다는데, 내가 다니던 학교의 친구들 대부분이 그분과 비슷하였다. 공부보다는 가사를 돕는 친구들이 대부분이었다.

　중등 과정 3년이 지나는 동안 많은 친구가 중도에 포기하고 생활 전선으로 뛰어들었고, 여러 명의 친구는 검정고시를 패스해서 고등학교에 진학하였다. 그렇게 만나서 공부했던 우리 친구들이 살다가 어느 길목에서 서로의 소식을 묻고, 안부를 전하고 해 보니 사업을 하여 크게 성공한 사장도 여럿이고, 도 의회 의장이 되어 있는 사람도 있었다.

　그렇게 다들 열심히 살다 몇 사람이 모여 그때 그 목사님께서 우리에게 배움의 길을 열어 주신 것에 감사하며, 힘들 때 만난 친구들끼리 형제같이 지내자고 했다. 그런 의미로 정규 모임을 만들어서 전국의 유명 관광지를 순회 관광하며 친목을 하다가 어느 해 의기투합하여 회갑 기념으로 해외 여행을 가기로 하였다. 목적지는 베트남과 캄보디아였다.

　대부분 주 생활권이 순천이었는데 수도권과 각 지방에 사는 친구들은 개별로 인천공항으로 모였고 순천에서는 관광회사 사장님이 직접 인솔하여 관광버스로 올라왔는데 남녀 합하여 25명쯤 되었다. 나이는 60을 넘겼지만, 함께 모이면 모두가 중학교 교실로 돌아가 있었다. 그날도 오래간만에 만난 기쁨에 웃고 떠들며 우리가 이제는 발이 넓어져서 해외로 튄다고 모두 즐거워했다.

　우리 일행이 탑승한 비행기가 베트남 하노이에 도착했고 공항 대기실에서 오래지 않은 시간을 기다려 캄보디아 앙코르 와트로 가는 비행기에 환승해서 한 시간쯤 비행하는데 창밖 풍경이 장관이었다. 그동안 앙코르 와트에 대해서는 수없이 많은 매스컴을 통해서 내가 직접 가 본 것보다 더욱더 자세히 알고 있다고 생각했기에 단지 그곳을 확인하러 가는 차원으로 여겼었다.

비행기를 타고 창밖으로 보이는 베트남과 캄보디아의 모습은 푸른 숲이 펼쳐진 대지에 뱀처럼 구불거리며 흐르는 강줄기가 계속 보이는데 이 강은 티베트에서 발원하며 라오스, 태국, 미얀마, 캄보디아, 베트남을 지나는 4,350킬로미터의 메콩강이다. 하늘에서 내려다보는 강줄기가 장관이었다.

그렇게 우리가 탄 비행기는 앙코르 와트 씨엠립공항에 내렸는데, 씨엠립공항은 우리 고향인 여수공항보다 작고 비좁았다.

캄보디아 - 타프롬사원

공항 청사를 빠져나가자 후끈한 날씨가 우리를 맞아 주었다. 다음 날 일찍 관광버스에 몸을 싣고 출발하면서 대단한 기대에 부풀었다. 왜냐하면, 호텔을 나온 버스는 산이 아닌 평지를 달리는데, 내가 아는 앙코르 와트는 밀림 속에서 수백 년 동안 사람의 발길이 닿지 않은 곳으로 알고 있었기에 그 미지의 밀림으로 가려면 적어도 몇 시간을 꼬박 달려야 도달할 것이라는 계산이었고, 그러면 어려서 읽었던 『타잔』이나 『밀림의 왕 레오』에 나오는 무시무시한 밀림이 나를 기다리고 있을 것이라는 생각 때문이었다. 그러나 그것은 어디까지나 나의 편견이며 착각이었다.

숙소를 출발한 차가 얼마쯤 움직이나 싶더니 앙코르 와트에 도착했다고 했고, 차에서 내리면서 속으로 '뭐가 이래?' 하고 투덜거릴 정도로 주위를 둘러봐도 산도 밀림도 안 보이고 또 있을 것 같지도 않았기 때문이다.

그러는 사이에 수십 대의 오토바이를 개조한 일명 툭툭이가 우르르 우리 앞에 대기했다. 그 툭툭이에 몇 명씩 나누어 태우고 먼지를 일으키며 무성한 숲길을 한참을 달려가서 넓은 호숫가의 다리 곁에 우리를 내려놓았다. 이 호수를 건너는 다리를 지나면 그곳이 인공섬처럼 만들어진 사원 앙코르 와트였다.

1860년 프랑스가 캄보디아를 장악하고 있을 때 탐험가이며 박물학자인 앙리 무오가 나비 채집을 하기 위해서 현지인들을 앞세우고 밀림에 들어갔는데 어느 지점에 다다르자 현지인들이 더 이상 앞으로 나가기를 거부했다고 한다. 그들이 설명하기를 그 앞쪽에 유령들이 사는 비어 있는 도시가 있다고 했다. 그 말에 더욱 흥미를 느낀 앙리 무오는 결국 이 밀림 속에서 앙코르 와트를 발견하고 발표하면서 세상에 드러냈다고 한다.

그 후 많은 고고학자가 연구에 연구를 거듭한 결과는 앙코르 와트 유적지는 9세기 초 자야바르만 2세부터 시작해 12~13세기 최고 전성기를 누리며 600여 년이나 존속한 크메르 왕국의 유적이라고 한다. 절대로 망할 것 같지 않던 크메르 왕국도 1431년 동쪽으로 국경을 접하는 타이(타이란 지금의 태국을 말한다) 샴족에 의해 멸망해 왕국은 철저하게 파괴됐고, 앙코르 와트 유적은 열대 밀림 속에 오랜 세월 방치돼 있었다. 우리가 단순하게 생각하는 거대 사원일 것이라는 추측은 이건 아니올시다였다.

정확히 말하면, 평지에 한 변이 1, 5킬로미터와 1, 3킬로미터인 직사각형의 땅을 측량해서 성을 쌓고 그 성 밖 사방으로 190미터의 넓이를 측량하여 땅을 깊이 파고 거기에 물이 흐르게 하여 사원 안으로 사람의 접근을 막았다. 그리고 거기에 들어갈 수 있는 통로는 차가 들어갈 수 있는 넓이의 넓은 길이 있는데 그곳은 일반 교량이라기보다 다리 아래로 물이 소통할 공간을 둔 것 같았다. 걸으면서 보기에는 호수를 건너는 도로 같았고 양옆 난간에는 돌로 만든 조각상이 수없이 늘어서 있다.

거기서부터는 걸어 들어가는데 넓은 돌다리를 건너자 검은색 돌로 만든 사원이 우리 일행을 맞아 준다. 우리말을 유창하게 하는 현지 가이드는 열변을 토하기 시작했다. 그때 그 시간은 40여 년 전 우리 학교의 역사 공부 시간을 옮겨다 놓은 것과 같았고 우리는 마치 수학여행을 온 학생들과 같았다. 돌들을 만져 보고, 돌에 새겨 넣은 무늬와 글자들을 더듬어 보고, 가이드의 설명을 듣고, 마치 이곳을 나가면 시험을 치를 학생들인 양 열심이었다.

돌 색깔은 한결같이 검은색인데 이 돌들은 날카로운 칼로 긁으면 파이는 돌인지는 몰라도 이 돌벽에다 전쟁하는 과정이라든지, 제사하는 의식이라든지, 짐승의 모양이라든지, 하는 그들의 모든 생활상이 질서 정연하게 그려져 있었다. 나는 거기에서 꼭 그것을 알아야 할 이유는 없었기에 별로 관심을 보이지 않았지만, 무엇인지는 몰라도 대단한 건 사실이었다. 우리 일행 중의 한 사람이 가이드에게 물었다.

"이 많은 돌은 어디에서 가져왔나요?
누가 이걸 모두 새겨 넣었나요?"

그러자 현지 가이드는 자랑스럽다는 듯이 말했다. 여기서부터 수 킬로미터 떨어진 산에서 돌을 자르고 다듬고 하는 동안 앙코르 와트 주변을 둘러서 깊이 판 해자에 물을 끌어오기 위해 먼 곳에 흐르는 강물을 끌어들이는 물길을 내었고. 그 물길을 따라서 다듬어진 돌들을 배로 운반해 왔을 것이라고 한다. 그렇게 실어 온 돌들로 의미 부여가 된 탑들을 쌓았고 그 과정에는 크메르의 막강한 힘으로 정복한 나라들의 포로들이 사용되었다는 대목에서는 목에 힘을 주고 말하였다.

인도차이나반도에는 베트남, 라오스, 태국, 미얀마, 말레이시아 등 여러 나라가 다닥다닥 붙어서 서로 힘을 겨루며 살아왔기에 앙코르 왕국이 이 지역을 통치할 때 주변 여러 나라의 사람들을 포로로 잡아와서 그 포로들을 시켜 이런 사원들을 건설하였기 때문이다.

그렇게 처음 사원에 들러서 설명을 듣고 발길을 옮겼는데 가는 곳마다 검은색 돌들로 쌓은 사원들이 있고, 그 크고 작은 사원들은 오랜 세월 인간의 발길이 닿지 않았던 관계로 무너지고, 부서지고, 기울어진 것이 대부분인데 사원을 지을 때마다 값진 보물들을 끼워 넣었다는 전설 때문에 도굴꾼들의 표적이 되어서 더 많이 손상되었다는 것이다.

그중에 제일 인상 깊은 것은 사원을 통째로 감싸고 자란 나무들이었다. 가이드의 설명으로는 새들이 나무 열매를 먹고 돌로 된 사원의 지붕에 싸 놓은 배설물에서 씨앗이 나 자랐기에 땅 위가 아닌 이끼 낀 돌 위에서 자라며 자연스럽게 뿌리가 땅으로 찾아 들어가게 되어 나무 몸채는 사원의 지붕에 있고 뿌리는 사원 지붕에서부터 본체를 감싸고 내려와 땅으로 들어갔다는 것이다. 정말 희한하기도 하고, 기묘하기도 하고, 강한 생명력의 식물의 세계를 보며 그저 감탄할 따름이었다.

그렇게 아름드리 나무는 돌 지붕 위에 있는데 뿌리는 큰 구렁이 같은 형태로 돌들을 감고 땅속으로 들어가는 모습이었다. 마치 뱀이 금방 살아서 달려들 것 같아 소름이 돋았다.

다른 곳으로 이동할 때마다 툭툭이가 우리를 수송했고 그때마다 후끈하게 달궈진 먼지가 날려 앞에 가는 툭툭이가 안 보일 정도였다. 듬성듬성 있는 휴게소에서 과일이랑 코코넛을 사서 목을 축이며 한바탕씩 떠들고는 다음 코스로 움직이곤 하였다.

내 인생에 첫 해외 여행지에서 만난 이집트의 피라미드나, 홍해 해변에 있는 자연 동굴에서 뿜어져 나오는 동굴 찜질방, 요르단의 패트라 이런 것에도 놀랐지만 캄보디아 유적에서도 놀랄 뿐이었다. 이렇게 대단하기에 캄보디아의 국기 중앙에는 앙코르 와트의 대표 사원이 들어 있다고 한다.

하루를 앙코르 와트에서 보내고 저녁 식사는 예약된 북한 식당으로 갔다. 캄보디아도 사회주의 국가라서 북한과 가깝게 지내는 관계로 대도시에는 북한 식당이 있어서 관광객을 상대로 외화벌이를 하고 있었다. 당시는 북한이 미사일을 만들고 우리 남한을 괴롭히던 시절이라 내가 먹어 준 음식이 북한의 외화벌이에 일조한다는 것이 좀 껄끄러웠다. 암튼 넓고 깨끗한 식당에 자리를 잡으니까 앳돼 보이는 아가씨들이 음식을 날라 오는데 한결같이 미인들이었다.

남남북녀랬는데 북한의 미인 중에서도 미인을 골라서 보냈을 테니 얼마나 예쁘겠는가?

우리 일행 중 한 친구는 몇 해 전에 동료들과 앙코르 와트 여행을 와서 이 식당에서 저녁을 먹었는데, 친구 한 명이 한 아가씨한테 콩깍지가 씌어서 그곳에 다시 여행 오기를 세 번이나 했다고 한다. 이 얘기를 식당에 들어가기 전부터 몇 번을 반복하더니 그 친구의 말대로 식당 종업원들은 과연 미인들이었다. 한복을 곱게 차려입은 미인 아가씨들이 음식을 다 나르고 무대를 올라가더니 공연을 하는데 공연 또한 일품이었다. 〈반갑습니다〉라는 노래는 북한 노래 중에 유일하게 귀에 익은 노래였다.

그렇게 식사를 마치고 캄보디아 민속 공연을 관람하는데 어여쁜 아가씨들이 부드러운 몸놀림에 손가락을 움직이는 그런 춤이었다. 심하게 몸을 흔들며 흥을 돋우는 살사나 람바다와는 완전 대조를 이루는 캄보디아의 춤은 가냘픈 몸매의 미인들이 몸과 손으로 누구를 유혹하는 듯 간드러진 몸짓으로 추는 춤이었다. '압살라'라는 캄보디아의 전통춤이며 왕들 앞에서 추는 춤이라고 했다.

호텔로 돌아오자 우리의 일정이 본격적(?)으로 시작되었다. 유머 가득하고 입담 좋고 재치 있는 총무가 방 배치를 하고 나서 최대한 빨리 샤워하고 00호 방으로 집결하라고 명령하였다.

00호실 배정받은 친구들은 빠른 동작으로 씻고는 침대 매트를 한쪽으로 세우고 대형 방으로 리모델링을 해 놓았다. 잠시 후 모두 모였는데 얼마나 여행 준비를 잘했는지 고운 옷으로 갈아입고 모인 회갑 맞은 친구들이 나이답지 않게 화사한 모습으로 변신해서 왔다. 더구나 순천에 가면 인물 자랑 말라는 그 순천 아낙들 아닌가.

출발하기 전에 사서 넣고 온 4홉들이 소주를 꺼내 놓고 밤 늦도록 떠들며 얘기하고 노는데 60년을 살면서 싸인 스트레스가 다 날아가 버렸다.

'맞다. 이래서 많은 사람이 여행, 여행 노래를 불렀구나!'

이해되었다. 힘들고 어려운 시대에 태어나서 어디를 가든 과도기라 했고 낀 세대라는 꼬리표를 달고 다녔는데, 그렇게 살아온 우리가 나이는 들었어도 어린 시절 마음이 가득 들어 있고 그 와중에서도 모두 열심히들 살아서 이런 흥겨운 시간을 가질 수 있다니, 모두가 서로에게 감사하고 또 감사하다며 웃음소리가 그치질 않았다.

그런데 지나고 보니 그날 밤 우리들의 파티는 서막에 불과했다. 뒷날은 맹그로브 숲으로 유명한 톤레사프 호수 코스였다. 동남아시아에서 제일 큰 호수라는 톤레사프로 가는 길도 쉽지 않았다. 길이 뚝방처럼 높지막하게 있고 양옆으로는 끝없는 논이었는데 그 논은 온통 연밭이다. 우기 때는 양옆으로 보이는 논들이 모두 물에 잠겨 톤레사프 호수의 상류가 된다. 그래서 길이 뚝방처럼 높게 있고 작은 산 모양의 언덕배기에는 듬성듬성 집이 있는데 우리나라의 어느 교회에서 선교지로 정하여 지은 교회도 보여서 무척 반가웠다.

그렇게 평탄치 않은 길을 달려 도착한 곳이 선착장이었는데 작은 배들이 누런 황톳빛 물 위에 여기저기 묶여 있었다. 그중 하나에 우리가 승선하였다. 배에 올라 자리를 잡자 열두어 살쯤 되어 보이는 꼬맹이가 올라오더니 이 사람 저 사람에게 다니면서 시원스럽게 안마를 해 준다.

'고맙기도 해라 여기는 이런 서비스도 있네!'

이런 생각이 끝나기도 전에 요 녀석이 원 달러, 천 원을 외치며 손을 내민다. 서비스가 아니라 아이들의 상술이었다. 가이드의 설명을 들으니 학교에 다녀야 할 아이들이 학교는 안 가고 관광객들을 상대로 이런 돈벌이를 한다고 한다.

아무튼 큰 나룻배 정도의 우리 배가 지나가는 옆으로 우리나라에서 제일 작은 0.5톤 화물차만 한 나무배에 소형 엔진으로 프로펠러를 돌려 아주머니 한 사람이 운전하여 마주 오다가 우리가 탄 배와 가깝게 스치자 하마터면 전복될 뻔했다. 그 아주머니는 뭐라고 욕을 해대는 것 같았는데, 그러거나 말거나 우리 배를 모는 선장은 눈도 깜빡이지 않고 내달렸다. 어찌 보면 참 쉽고 편한 나라 같았다.

물길 양옆으로는 물에서 자라는 맹그로브 숲이 있고 우리 배가 지나가는 곳보다 한참 높은 곳에 있는 나무 허리에 비닐이나 덤불이 걸려 있는데, 해마다 우기 때면 높은 곳에 있는 맹그로브나무 허리까지 물이 찬다고 하니 그것도 상상이 안 되었다.

그렇게 30여 분쯤 내려가니까 폭이 점점 넓어지더니 어느 순간 바다처럼 확 트이며 물 가운데에 수상 마을이 보였다. 베트남 전쟁 때 피난 온 베트남인들이 갈 곳이 없자 이 호수 위에다 집을 짓고 살았다. 전쟁이 끝나고 고국인 베트남에서도 무관심하고 캄보디아에서도 무관심하여 결국 호수 가운데 물 위에 마을을 만들고 지금은 베트남과 캄보디아 사람들이 거의 반반 섞여 살며 주로 호수의 물고기를 잡아 생활한다고 했다.

수상 마을에는 학교가 있을 정도로 큰 마을인데 우리가 탄 배는 마을 가까이까지만 가고 마을은 들어가지 않았다. 물빛이 황토색인데 그 사람들은 그 물에서 고기를 잡고 그물을 먹고 마시고 생활한다니 참 힘들겠다 싶지만, 그 사람들 나름대로 적응하고 살기에 육지에 나와서는 못 산단다.

그렇게 바다같이 넓은 톤레사프 호수를 둘러보고 나와서 몇 군데 관광지를 다니는데 가는 곳마다 어린 꼬맹이들이 원 달러를 외치며 손을 내민다. 애들이 그렇게 구걸하는 재미에 학교도 안 다닌다며 돈을 주지 말라고 하는데 얼마나 끈질기게 따라다니며 보채는지, 결국 주지 않을 수가 없었다.

온 세계가 코로나19 팬데믹이라 모두 국경을 닫고 관광을 못 가는 지금, 그 아이들은 어떻게 지낼까?

날이 저물어 호텔에 여장을 풀고 모두 모여 야시장에 갔다. 열대 지방이라 낮보다는 밤 문화가 발달해서 시장도 밤에 성시를 이룬다. 시장은 마치 우리 초등학교 때 면 소재지 학교 부근에 있는 5일장 같았다. 돈 얼마를 주고 화살로 풍선 터트리기, 멍석 위에 앉아 꼬치구이 사 먹기 등 우리의 가난했던 시절을 회상해 가며 캄보디아의 밤을 보냈다.

캄보디아에서의 일정을 끝내고 베트남으로 가는 비행기에 오르면서 생각했다.

'캄보디아 국민은 조상들에게 감사해야겠다.'

좋은 국토와 풍부한 자원을 가지고 있으면서도 사회주의 국가로 가난에서 벗어나지 못하고 있는 지금, 옛 조상들이 일궈 놓은 앙코르와트 때문에 많은 외국인이 와서 달러를 풀어 주고 가며 그 수입이 나라 전체의 국고에 상당 부분을 차지한다고 하니 말이다.

2. 베트남

캄보디아에서 베트남의 하노이로 왔다.

국경을 맞대고 있는 가까운 나라인데 공항을 나서는 순간부터 확 다른 느낌이 다가왔다.

한마디로 가난한 나라 캄보디아, 부자 나라 베트남이다. 내가 초등학교 4, 5학년 무렵 학교에서 중간 놀이 시간이 있었다. 오래되어 기억이 희미하지만, 오전 둘째 시간인가가 끝나면 전교생이 운동장에 모여 즐겁게 춤도 추고 간단한 운동을 하고 각 학년 반별로 열을 맞춰 노래를 부르며 교실로 들어가서 수업을 계속했는데 그때 꼭 나오던 행진곡이 〈콰이강의 다리〉였다. 뒤이어 〈맹호부대의 노래〉를 합창하면서 교실로 행진했던 기억이 생생하다.

> 1. 자유 통일 위해서 조국을 지키시다
> 조국의 이름으로 임들은 뽑혔으니
> 그 이름 맹호부대 맹호부대 용사들아
> 가시는 곳 월남~~땅 하늘은 멀더라도
> 한결같은 겨레 마음 님의 뒤를 따르리라
> 한결같은 겨레 마음 님의 뒤를 따르리라
> 2. 자유 통일 위해서 길러 온 힘이기에
> 조국의 이름으로 어딘들 못 가리까~~

이렇게 이어진 노래가 3절까지 있었는데 어린 악동들이 목이 터지도록 불러 대던 파월 장병을 위한 맹호부대의 노래였다.

무슨 뜻인지도 모르면서 악을 쓰며 이 노래를 불러 대면 애국자가 된 기분으로 울컥해지기도 했고 우쭐해지기도 했던 어린 시절을 지나온 나는 삿갓처럼 생긴 모자를 쓴 작달막한 공산주의 월맹은 무조건 없어져야 하는 나쁜 사람으로 인식했다. 그래서 우리 맹호부대와 백마부대 군인 아저씨들이 싸우는 걸 무조건 응원했는데, 베트콩이 승리하고 우리 군인들이 돌아오자 나쁜 사람들이 나라를 차지했다는 단순한 논리가 나의 생각이었다.

그런 베트남 여행의 첫 일정을 시작하며 오랜 세월 동안 고정되어 있던 내 생각은 착각이었음을 알았다. 어제 보았던 캄보디아와 완연히 다른 모습의 베트남을 보았다. 깨끗한 환경이며, 좀 작달막해 보이는 사람들의 밝은 표정이며, 친절함, 캄보디아에서 보았던 꼬맹이들의 구걸하는 모습은 볼 수 없고, 더운 나라지만 가는 곳마다 잘 되어 있는 냉방 시설이 갖추어져 있었다.

베트남 - 하롱베이

그중 특별히 눈에 띄는 것은 젊음, 젊음이었다. 어쩌면 모두가 청년들만 있는 것 같은 느낌이 들 정도로 온통 젊은 사람들이 밝은 모습으로 움직이고 있었다.

오래전 미국과 전쟁할 때 한국 군인들이 용병으로 와서 그 사람들과 싸우면서 서로가 서로에게 얼마나 많은 피를 흘렸는가. 그랬던 베트남이 골리앗인 미국을 이기고 통일을 이루고서 잘사는 나라 한국을 모델로 삼아 부자 나라가 되었다. 베트남 사람들은 한국 사람에게 적개심을 갖고 있지 않을까 하는 의구심은 나만의 착각이었다.

생기가 넘치는 도시의 거리에서 셀 수 없이 많은 오토바이가 차선맨 앞을 차지하며 신호가 바뀌면 우르르 쏟아지는 광경도 장관이고, 눈에 보이는 모두가 평화스러운 모습이 참 감명 깊었다.

내가 이런 감상에 젖어있을 때, 베트남 주재원으로 와 있는 남편 때문에 베트남 생활이 여러 해째라는 사모님 가이드가 자기 소개를 했는데 특이했다. 처음 베트남에 왔을 때는 열대 지방의 더위 때문에 너무너무 힘들었는데 적응이 되니까 참 편하고 좋은 나라라고 했고, 베트남 사람 대부분이 전후 세대라서 젊고 활발하고 부지런하며 친절하단다.

국토는 바다를 끼고 긴 모양으로 이뤄졌으며 아름다운 해안과 산악 지대 등 아름다운 곳을 많이 가지고 있는 나라, 젊은 인력이 풍부해서 경쟁력이 있는 나라라고 칭찬이 대단하다. 날씨가 더우므로 대부분 집을 다닥다닥 붙여 지어 열이 들어오는 걸 막고, 또 대부분 많은 사람이 집에서 음식을 해 먹는 대신 가까운 곳에 지정 식당을 정해서 식사를 해결한다고 했다.

가령 한 달 가족 식비를 미리 지급한다거나 돈이 없는 사람은 돈 대신 돼지나 그 밖의 식대 대용을 내는 사람도 있고 해서 그런 생활에 익숙하게 자란 처자가 한국으로 시집오면 그 부분에서 많이 힘들어하기도 한단다. 가이드 사모님이 특이하게 느낀 것은 대부분의 베트남 사람들의 수명이 우리보다 훨씬 짧다는 것과 머리카락이 엄청 빨리 자란다는 것이었다. 기후 때문이 아닌가 싶단다.

첫째 날 베트남의 백미 하롱베이를 보러 가는데 설명이 또 구구했다. 아침에 호텔에서 나와 배를 타면 바다 위에서 하루를 보내야 한다. 밥은 제공되지만, 그 밖에 먹거리며 카메라며 챙길 것 잘 챙겨 나오란다. 선착장으로 가는 버스 안에서 가이드는 또 일장 연설을 했다.

우리 일행을 VIP로 모시려고 하롱베이로 가는 유람선을 최근에 건조한 좋은 배로 예약했다고 자기 자랑을 하는 가이드를 따라서 드디어 해변에 나오니 수많은 유람선이 대기하고 호객하며 야단법석이었다.

우리는 예약된 좋은 배를 타고 너른 바다로 한참을 나갔다. 아름답다는 하롱베이는 바다 어느 곳에 여러 섬이 옹기종기 모여 있을 것이라는 내 생각은 나만의 착각이었음을 하롱베이에서 또다시 알았다.

항구에서 한참을 나가자 듬성듬성 섬들이 보이고 더 멀리 나가자 점점 많은 섬이 보이더니 결국 입을 다물 틈이 없도록 탄성이 나온다. 베트남의 지폐에 나온다는 작은 돌섬은 바닷물이 닿는 부분이 거의 닳아 없어지고 밑동만 버티며 바위섬을 지탱하고 있는가 하면, 신기하게도 파도가 전혀 없는 바다는 가도 가도 섬, 섬, 섬들이 널려 있다.

섬들은 거의 모두가 가파른 산으로 되어 있어서 사람이 올라갈 수도 없고 기암괴석과 나무만 있어서 사람이 사는 섬은 거의 없다. 우리가 탄 배가 섬을 지나갈 때면 작고 귀여운 원숭이들이 물 가까이 내려왔고 먹을 것을 던져 주면 들고 가는 모양이 귀여웠다. 그런 섬들이 16,000여 개나 널려 있다는데, 가면 갈수록 멋지고 아름다운 섬들이 서로 자태를 뽐내고 있었다.

그래도 역시 여행은 식후경이었다. 관광객을 상대로 하는 어선이 접근해 왔고, 다금바리 생선을 한 마리 샀는데 큰 다랑어만 했다. 우리 영리한 총무가 순천에서 출발 전부터 철저하게 준비했는데 그중에 일품은 플라스틱에 든 4홉들이 소주였다. 여행이 끝날 때 보니 몇 병 안 남을 정도였으니 여러 사람의 여행용 캐리어마다 얼마나 많이 넣었겠는가.

하롱베이에서 하루를 보내기로 한 날 아침 출발할 때도 소주를 넉넉하게 가지고 들어갔기에 싱싱한 다금바리 회에다 우리 국산 소주를 곁들여서 기분 좋게 먹고 떠들었고, 유람선 안에 갖춰진 노래방 기기에 맞춰 노래하며 잔잔한 바다 한가운데서 즐겼다.

적어도 그 시간만큼은 우리가 모두 열심히 살아온 데 대한 보답이었다. 선장은 종일 멋있고 아름다운 섬 곁으로 운전하여 눈을 즐겁게 해 주다가 어느 섬에서는 하선하여 섬으로 오르게 했다.

현지 가이드의 안내를 따라 올라가니 동굴의 입구가 조그맣게 있는데 그곳으로 들어가니까, 동굴 안은 넓고 쾌적했다.

월남전 당시 우리가 말하는 소위 베트콩들이 이런 동굴에 숨어 있다가 밤이면 소리 없이 배를 저어 나가서 미군 부대를 공격하여 괴롭히고는 땅굴로 숨어들든지 이런 동굴로 다시 숨어들었다고 한다. 그래서 미국은 최첨단 무기를 가지고도 어쩔 수가 없었다고 했다.

동굴 안쪽으로는 아기를 낳는 출산실도 있고, 동굴 밖에는 커다란 호수가 있어서 식수를 해결했다고 한다. 하롱베이라는 말의 뜻이 산속에 있던 용이 내려왔다는 뜻이라는데 용이 꼬리를 흔드는 바람에 수천 개의 섬과 동굴이 생겼다는 전설답게 중국의 계림과 견줄 풍경이라 한다. 그렇게 하루를 바다 위에서 보내고, 지친 몸으로 호텔에 와서는 씻고 옷을 갈아입고 또다시 한 방에 모여서 떠들었다.

그러던 한 날 저녁에 피로를 풀어 주는 마사지를 받으러 갔다. 여자는 여자방으로 갔고 우리 남자들 열 명쯤은 남자 방에서 마사지를 받는데, 친구 중에 학교 다닐 때 유독 힘들게 장남으로 어린 가장 노릇까지 했으나 장성한 후 크게 성공한 친구가 있는데 그 친구가 마사지 도중에 가만가만히 노래 한 곡을 불렀다.

> 이 풍진 세상을 만났으니 너의 희망이 무엇이냐
> 부귀와 영화를 누렸으니 희망이 족할까
> 푸른 하늘 밝은 달 아래 곰곰이 생각하니
> 세상만사가 춘몽 중에 또다시 꿈 같도다

2절까지 노래가 끝나고 우리가 모두 박수했는데 그 친구 마사지사 아가씨가 주머니에서 지폐 한 장을 팁이라며 내놓았다. 그 돈이 우리 돈으로 환산했을 때 얼마인 줄은 모르나 팁을 받아야 하는 일을 하면서도 그런 유머러스한 행동에 모두 또 한바탕 박수를 보내며 나는 생각했다.

'베트남, 절대로 궁색하게 사는 나라가 아니구나!'

하노이 시내에 들어갔을 때, 꼭 타 보아야 한다는 씨클로를 타고 길지 않은 코스를 돌았는데 씨클로는 자전거를 개조해서 뒤에 두 사람을 태우고 페달을 밟아 운행하는 우리나라의 옛날 인력거와 비슷한 교통수단이다. 지금은 관광객을 태우고 시내의 일정 구간을 운행하는 이벤트의 하나였다. 땀을 흘리며 자전거 페달을 밟는 나이가 드신 분에게 미안한 마음이 들기도 했지만, 한편으로는 그들의 고객이 되어서 그들로 수입을 얻게 하였다는 생각도 들었다.

호찌민 기념관을 방문한 소감은 오랜 전쟁을 끝내고 통일을 이룬 후 우리나라 정약용 선생님의 『목민심서』를 곁에 두고 교훈을 삼았다는 그가 위대한 인물이라는 위압감보다는 소탈한 시민이라는 느낌을 받았다. 전쟁기념관에 갔을 때는 전쟁으로 인한 부상자들과 고엽제 피해자들의 안쓰러운 모습을 보며 절대로 전쟁은 없어야겠다고 느꼈다.

대단지 공장 지대를 지나갈 때 우리 가이드가 저 공장들은 대부분이 우리나라 기업들이 입주해 있는 공단이라고 할 때 뿌듯함을 느꼈고, 베트남의 모든 고속버스도 우리나라 기업이 운행한다는 설명을 들으며 나의 조국 대한민국이 자랑스러웠다. 그래서 베트남은 한국을 모델로 발전했다고 하고 한국을 좋아하나 보다.

내 주변에 베트남전에 참전한 선배와 지인들이 있는데 그분들에게 베트남 여행을 다녀온 얘기를 하면 그분들은 추억을 되새기며 그때 당시 사이공이라고 부르던 호찌민시에 꼭 가 보고 싶다고 하였다.

우리 친구 일행은 캄보디아 앙코르 와트와 베트남 여행을 이렇게 즐겁게 다녀왔고 그 기억들이 생생하여 만날 때마다 얘기했다. 그것이 불씨가 되어 3년 후 인도네시아로 2차 여행을 갔다.

3. 인도네시아

인도네시아는 17,504개의 섬으로 구성되어 있고 이들 중 6,000여 개의 섬에 사람들이 거주한다. 인도네시아의 영토는 오스트레일리아, 싱가포르, 말레이시아, 베트남, 필리핀 등 그 밖의 작은 나라들과 국경을 이루며 길게 뻗어 있다. 섬나라면서 동서로 길게 뻗어 있는 나라이기에 차지하고 있는 바다도 그만큼 넓을 것이다.

우리나라에서 인도네시아 여행을 간다고 하면 보통 보르네오나 발리를 가는데 우리의 영리한 총무와 회장단은 족자카르타를 선택했다. 나는 그 이름이 생소해서 몇 번을 확인해 봤다.

'인도네시아의 수도는 자카르타로 알고 있는데 족자카르타는 어디인가?'

우리 친구 일행 25명은 3년 만에 다시 뭉쳐 베트남보다 더 멀리 날아서 인도네시아로 갔다. 인천공항을 출발한 비행기 한나절을 날아 도착한 곳은 귀에 익은 발리다. 발리공항에서 기다렸다가 국내선으로 환승하여 족자카르타로 날아갔다.

우리를 맞은 현지 가이드는 30살쯤 되어 보이는 현지 남자 청년이었는데 가무잡잡한 외모에 우리말을 우리가 충분히 알아들을 만큼

인도네시아 - 무라피화산

잘했다. 한국에서 몇 해쯤 살았는지 물으니까 한국에 갈 계획으로 한국말을 배웠을 뿐 한국은 한 번도 안 가봤단다.

해외 여행으로는 특이하게 3박을 여행하는 동안 호텔을 한곳에 정해 놓고 아침에 관광차로 관광하고 호텔로 돌아오기를 반복했다.

관광 코스는 주로 돌을 쌓아 만든 사원인데 이슬람교 문화는 동남아가 거의 비슷한 것 같았다. 그 종교에 별 관심이 없는 탓도 있지만 몇 해 전 캄보디아의 앙코르와트에서 싫증 나도록 봐 버린 돌탑 때문인지 별 흥미는 없었는데 다만 그 사원의 넓은 면적과 웅장함은 놀라기에 충분했다. 현지 원주민의 생활상도 들여다보고 문신하는 체험도 해 보았는데 여행의 백미는 화산 체험이었다.

그날은 아침 식사 후 관광버스를 타고 므라피 화산을 향하여 출발하였다. 가슴이 두근거렸다.

'TV에서만 보던 화산을 볼 수 있다니, 불구덩이도 볼 수 있을까?'

기대에 차서 술렁이는 우리 일행을 태운 관광버스는 도심을 빠져나가 한적한 시골을 지나는데 밖으로 보이는 풍경이 완전히 이국적이었다. 농촌에서 태어나 어린 시절을 보내고 장성해서도 오랫동안 시골에서 과일 농사를 하며 살아온 내 눈에 이해할 수 없는 풍경이 보였다. 누렇게 벼가 익은 논에는 새 떼가 앉지 못하게 그물을 쳐 두는 곳이 있고, 그 곁 논에서는 여러 사람이 모여서 모내기하고, 한쪽에서는 탈곡하고 있는 것이었다. 겨울이 없고 태풍이 없는 나라여서 계속 심고 거두기를 반복한단다.

코코넛, 바나나 등 열대과일이 1년 내내 열고 익기를 반복하니 월동 준비를 할 필요도 없고 그래서 그런지 사람들이 바빠 보이지도 않고 욕심도 없고, 보통의 시골 마을 집들은 대나무로 엮은 허름한 집에서 느긋하게 살아가는 모습이 한편은 부럽기만 했다.

그렇게 창밖의 모습을 보는 동안 비탈진 도로를 힘겹게 올라가던 관광버스가 멈추었고 작은 상점들이 몇 있는 광장에 많은 사람이 모여 있었다. 그 사람들도 화산을 보러 가는 사람들이었다.

관광버스가 산 중턱에 내려놓은 우리를 화산까지 데리고 갈 특수 교통편을 기다리는 동안 열대과일을 사 먹으며 나름대로 화산에 관한 얘기들을 나누고 있는데, 한편에선 히잡을 쓴 그 나라 아가씨들 한 무리가 우리처럼 화산으로 가는 특수 교통편을 기다리고 있었다.

그때 우리 일행 중 아주 유머러스하고 재치 있는 J라는 친구가 그 아가씨들과 손짓, 몸짓으로 뭐라고 대화를 나누는가 싶었는데, 그 아가씨들이 깔깔거리며 즐거워했고 어느 순간 이 친구가 〈강남 스타일〉을 흥겹게 부르니까, 이 아가씨들이 머리에 두른 히잡을 휘날리며 말춤을 춰 대는데 이건 완전히 가관이었다.

그렇게 우리 일행과 인도네시아 아가씨들이 어우러져 한바탕 야외 공연을(?) 벌였다. 우리나라와 수천 킬로미터 떨어진 나라, 적도보다 더 아래에 있는 나라의 높은 산 아래 관광지에서, 그것도 여러 나라 사람들이 모인 비탈진 자갈밭에서, 뜬금없이 히잡을 쓴 무리와 춤판이 벌어졌고 그렇게 하기까지에는 〈강남 스타일〉이 모든 언어를 간단히 통일시켜 버렸다.

가는 곳마다 정말 대단한 대한민국을 눈으로 확인하게 된다.

〈강남 스타일〉 춤판이 끝날 즈음 지프가 떼거리로 몰려오는데 이건 또 볼거리이다. 수십 대의 지프가 엔진 소리를 요란하게 내면서 와 서는데 문짝에는 창문도 없고 다 낡아 빠져서 저 차가 정말 굴러갈까 싶었다. 지프의 운전석 옆에 한 명, 뒷자리에 세 명씩 탑승했다. 그리고 출발했는데 주행은 TV에서 보던 〈다카르 랠리〉보다 완전 더 심하다.

비록 진흙 구덩이만 없을 뿐 축구공만 한 짱돌이 널려 있는 비탈길을 올라가는데 비틀거리다 옆으로 넘어질 것 같아 온 힘을 다해 붙들고 비명을 지르는 와중에 앞에 가는 지프가 일으키는 먼지로 아무것도 보이질 않았다. 가다가 듬성듬성 펑크 난 차를 동료들 몇이 함께 갈아 끼워 가며 가파른 산길을 오르는데 참 대단한 운전 실력이었다. 우리나라처럼 안전 또 안전을 강조하는 곳에서는 도저히 용납이 안 될 상황이었다.

그렇게 얼마를 달려서 도착한 곳이 자연박물관이었다. 그곳에는 제법 여러 집이 사는 마을이 있었는데 몇 해 전 밤에 화산 폭발로 용암이 흘러 내려와 거기에 있던 마을을 통째로 덮어 버려서 날이 밝고 구조대가 도착했을 때는 많은 사람과 가축이 묻혀서 손을 쓸 수가 없었다고 한다.

용암이 식은 후 그곳에서 발굴한 뼈만 남은 가축이며 오토바이, 미싱, 텔레비전 같은 가전제품들을 그대로 진열해 놓고 있었다. 그야말로 현장 그대로의 박물관이었다.

그 높은 산 중턱에서 산비탈을 일구어 농사짓고 사는 마을이 있었다는 것도 신기한데, 밤중에 화산이 분화하여 용암이 흘러와서 소리 없이 마을을 덮어 버려 수많은 사람과 가축이 뜨거운 용암에 매몰되었다는 사실은 더 놀라웠다. 사람들은 그곳을 발굴하여 그대로 놔두고 현장 박물관으로 사용하고 있었다.

거기를 답사한 다음 타고 왔던 지프에 다시 타고 한참을 올라가서 안개 덮인 므라피 화산 6부 능선쯤에 하차하여 구름에 덮인 산을 올려다보고 갑자기 내리는 비를 맞으며 하신길에 올랐다. 활화산이기에 어느 순간에 분출할 줄 몰라 위험해서 그 위로는 통제가 된단다. 불 구덩이를 볼 수 있지 않을까 하고 기대했던 나는 아직도 철부지 같다고 혼자 중얼거리며 그 험악한 산길을 내려왔다. 높은 지대에 있다가 조금 더 내려오자 언제 비가 왔느냐 싶게 맑아져서 덜컹거리는 지프를 타고 먼지를 둘러쓰고 내려와야 했다.

내려오다가 멈춘 곳은 몇 해 전 용암이 흘러내리면서 땅을 함께 쓸고 내려간 곳이라는데 넓이와 깊이가 몇백 미터가 되어 보이는 깊은 계곡이 산 아래로 쭈욱 형성되어 있었다. 활화산의 모습을 본다는 기대는 거기까지였고 높게 솟은 산 방향을 올려다보니 므라피 화산은 짙은 안개에 가려져 있었다.

해발 2,968미터 므라피 화산은 인도네시아 활화산 120여 개 가운데 활동이 가장 활발한 활화산이라고 한다. 인구가 가장 많은 자바섬에 위치하며 인구 약 40만 명의 고대 도시 족자카르타 인근에 있다. 2010년 대폭발 당시 374명이 사망하고 이재민 1만 명이 발생했다.

귀국해서 검색해 본 므라피 화산은 이렇게 무서운 산이었다.

숙소로 돌아오는 길에 시골 마을의 집마다 담 너머로 휘어진 여러 종류의 열대과일이 탐스럽게 열려있는 것을 봤다. 특별히 눈에 띈 것은 우리나라의 밤송이가 아직 작았을 때 모습과 같은 빨간 열매였다. 결혼식 피로연 때 뷔페식당에서 보아 온 열매였는데 현지에 가서야 알게 된 이름은 람부탄이다. 거의 집집마다 람부탄 나무가 몇 그루씩 있고 담 밖으로까지 휘어지게 열려 있었다.

몇 시간 전 므라피 화산 가는 길 중간에 현지 아가씨들을 춤추게 했던 J라는 친구가 현지인 가이드를 꼬드겨서 그 람부탄을 사 오라고 했고 과일값은 그 가이드에게 부담시켰다. 관광객인 우리가 팁을 줘야 하는 처지에 가이드에게 과일을 사게 해서 미안했다. 나뭇가지 채

꺾어서 두 손으로 안고 온 람부탄을 까먹으며 므라피 화산의 화산재 먼지를 흠씬 둘러쓰고 호텔로 돌아온 우리는 씻고 저녁 식사를 마친 다음 곱게 변신한 모습으로 어김없이 한 방에 모였다.

이번에도 호텔 방 천정이 흔들릴 만큼 웃고 즐기는데 친구 J가 또 입을 열었다.

학창 시절에 동창 하나가 오래전에 거의 빈손으로 인도네시아에 와서 대성한 친구가 있는데 연락이 닿았단다. 인도네시아에 우리 교민이 많이 살지만, 이곳 족자카르타에는 교민이 많지 않단다. 그 친구는 이곳 족자카르타에 터를 잡고 살면서 유명 상표의 가방 공장으로 성공한 친구라며 친구들과 여행 왔다니까 꼭 모두 초대하여 대접하고 싶다고 하여 마지막 날 저녁을 약속했단다.

우리는 환호성을 지르며 친구의 친구 덕을 보기로 했다. 그렇게 마지막 날 약속된 장소로 간 우리는 모두 놀랐다. 2억 7천 인구의 나라 인도네시아의 제2 도시 족자카르타에서 제일 좋은 호텔에서 제일 좋은 음식으로 우리 25명을 대접한 사장님 내외는 기독교 장로이면서 이슬람교의 나라에서 사업을 하며 전도를 한다고 했다. 직원이 2천여 명이며, 제2 공장이 곧 완공되고 제2 공장이 완공되면 직원이 합 4천 명이 된다고 했다.

고국에서 온 손님을 위해 사모님이 손수 담갔다는 김치를 가져와서 푸짐하게 대접하고, 또 그 공장에서 제작한 여행용 가방을 인원수대로 가져와 선물했다. 시간을 쪼개 꼭 공장을 방문해 달라는 부탁에 귀국하는 날 일찍 서둘러 공장을 견학하였는데 그 규모가 엄청났고 남녀 직원들이 타고 다니는 오토바이 주차장만 해도 끝이 안 보일 정도였다. 자랑스러웠다.

어쩌면 우리 한국 사람은 이런 낯선 곳에서도 이렇게 성공할 수 있단 말인가!

정말로 자랑스러웠다. 여러 곳을 여행하면서 그때마다 대단한 대한민국임을 실감한다.

그렇게 여행을 마치고 공항으로 가는 길에 인도네시아산 커피가 좋다고 하여 현지 가이드를 통하여 커피도 사고 그동안 수고한 가이드와 마지막 인사를 나누는데, J라는 친구가 앞으로 가더니 가이드를 불러내 어제 람부탄을 사 줘서 우리가 모두 맛있게 잘 먹었다고 인사했다. 그리고 친구 사장님한테 저녁을 대접받음으로 우리 일행의 한 끼 식비가 남았는데 임원들이 의논하여서 이것을 수고한 가이드에게 팁으로 주겠다 하며 건네주었다. 우리는 모두 또 한 번 환성을 질렀고 적지 않은 돈을 팁으로 받은 가이드는 울먹이며 감사하다고 인사하는 바람에 모두가 감격의 눈물을 보이며 헤어졌다.

여유롭고 풍성한 환경에서 살아온 사람들은 그 나름 우리가 상상할 수 없이 흥겨운 인생을 살겠지만, 우리의 고등공민학교 출신의 친구들은 우리 나름 열심히 살아온 덕에 보고 듣고 먹고 하는 모든 것에 감사하며 지난 시절의 어려움보다는 함께 살아온 친구들을 친 형제처럼 알고 아끼며 살아간다.

이 얼마나 소중하고 감사하지 아니한가!

우리 친구들의 여행은 아직도 진행형인데 눈에 보이지도 않는 코로나19 감염병이 발목을 잡는다.

이놈 코로나19는 물렀거라!

제3장

중국 여행

1. 별아

지금 첫째 딸 별아는 K대학 부속 병원 수술방에서 오래전부터 근무하고 있는 베테랑 간호사이다. 우렁이 각시와 나는 동갑내기다. 혼기가 찬 처자 우렁이 각시는 과수원집에서 일하는 청년이 눈에 밟혔는데 관심을 두고 보다가 일생을 맡겨도 되겠다고 결심했고 그렇게 해서 우리는 부부가 되었다.

우리가 처음 만나고 결혼을 약속할 당시에 둘 다 양부모님과 형제들이 있지만, 부모 형제의 도움 없이 둘만의 힘으로 독립하기로 했다. 내가 배 과수원 농삿법을 배우며 일해서 모은 돈과 결혼을 위해 모은 처자의 돈을 합하여 마을에서 제법 떨어져 있는 과수원을 3년간 농사하기로 세를 얻었다.

내 직장이었던 과수원집에서는 한두 해만 더 일해 주기를 바랐지만, 새색시를 얻어서까지 남의집살이를 한다는 것은 별것도 아닌 나의 자존심이 허락하지 않았다.

우리가 세를 얻어 들어간 과수원은 연세가 있으신 주인이 황토로 된 얕은 야산을 일궈서 수익이 높다는 배나무를 심어 15년쯤을 가꾸며 농사를 지었지만, 과일 농사 지식이 짧고 다른 농사가 많아 결국 애물단지처럼 여겨지던 과수원이었다.

우리는 총재산의 100퍼센트를 투자해서 농사를 짓기 시작했다. 7,000여 평의 넓은 땅에 제대로 가꿔지지 않았던 과수원을 거금 주고 세를 얻어서, 내가 3년간 남의 집에서 일하며 배우고 기록한 자료와 경험으로 우리의 농사(사업)를 시작했다. 마을에서 제법 먼 곳 산속에 있는 과수원에 집이 딸려 있지 않았으므로, 과수원과 가까운 마을에 있는 부잣집에 한 달에 이틀씩 일해 주는 조건으로 허름한 아래채를 얻어 신혼살림을 꾸렸다.

이 신혼살림이 지금 생각해도 기가 막힌다.

총각 혼자 쓰던 빨간색 흑백 TV 하나와 트랜지스터라디오, 3년간 써 왔던 과일 농사 일지, 성경 찬송을 포함한 책 몇 권과 옷 몇 가지가 신랑의 살림이었고, 시집온 처자는, 짬짬이 마련한 그릇 세트와 양장 일을 하며 쓰던 미싱, 성경 찬송을 포함한 몇 권의 책과 옷가지 그리고 이불 한 채가 전부였다. 두 사람의 살림을 우리의 운반 수단 1호인 리어카에 싣고 가서 옷과 이불은 천으로 된 옷장에 들여놓고 나머지는 윗목에 정리해 놓은 신혼 방은 정말 가관이었다.

신랑은 그동안 주인집에서 해 준 밥을 먹으며 열심히 일만 하다가 어느 순간 어린 시절부터 꿈에서도 따라다니던 우렁이 각시가 생겼으니 횡재한 것이지만, 시내 변두리에서 작은 양장점을 운영하며 많은 시간을 교회에 할애해서 아이들을 가르치던 곱디고운 처자 우렁이 각시는 어쩌란 말인가?

우리의 신혼 생활은 그렇게 시작되었다.

새벽 일찍 일어나서 우렁이 각시가 해 준 밥을 먹고 정성껏 싸 준 도시락을 가지고 자전거를 타고 멀리 떨어진 과수원으로 출근해서 스물아홉 청년의 힘을 최대한 사용해서 일했다. 250그루쯤 되는 배나무는 15년여 만에 처음으로 임자를 만난 거였다.

남들이 설 명절을 즐기고 있을 때부터 아직 녹지 않은 땅을 파서 거름을 넣고, 가지치기하고, 덕을 매고(열매가 비바람에 떨어지지 않도록 설치해 놓은 철사에 가지를 묶는 작업) 어두워지고도 한참 뒤에 지친 몸으로 자전거를 타고 우렁이 각시가 있는 집으로 왔다. 창호지가 붙여져 있는 길옆으로 난 작은 창 앞에 와서는 불빛이 있는 걸 확인하고 색시가 도망가지 않았음에 안도의 숨을 쉬기를 매일 반복했다.

그 이유는 곱디고운 처자, 우렁이 각시가 너무 힘들고 어처구니없는 결혼 생활에 어느 순간 제정신이 돌아와서 가 버릴 것 같은 두려움이었다. 그렇게 그 첫해 봄이 와서 배꽃이 피고, 배꽃이 지고, 과일 솎음질을 하고, 봉지를 씌우고, 철부지 같은 우리 부부는 부족한 일손은 사람을 사서 써 가며 열심히 일했고, 그러는 사이에 우렁이 각시는 첫아이를 임신했다.

그렇게 가을이 왔다. 그 과수원이 생길 때부터 상황을 잘 아는 마을 사람들이 어쩌다 지나가는 길에 우리의 과수원을 보고 놀라지 않은 사람이 없었다.

어떻게 이 과수원의 나무들이 이런 열매를 맺어서 이렇게 잘 키울 수 있느냐고 (다음 어디엔가에서 이 말을 똑같이 쓸 데가 있다) 그렇게 1년의 농사를 지어서 올 품종 과일은 때를 맞춰서 팔고 서리가 내리기 전에 늦은 품종의 과일까지 수확하여 저장고에 넣고 나자 나의 색시 우렁이 각시가 아주 예쁜 첫딸을 낳았다. 딸의 이름은 나의 고향과 우렁이 각시의 고향에서 한 글자씩을 따와서 별아라고 지었다.

그렇게 우리는 세 식구가 되었고 이듬해 농사지을 최소한의 경비를 놔두고 황소를 한 마리 샀다. 결혼 첫해에 엄청난 수확을 한 것이었다. 새 생명인 첫 딸을 얻었고, 황소도 얻었기 때문이다.

그 이듬해 봄에는 큰 목욕 함지박을 사 와서 거기에 두꺼운 이불을 깔고 아기 별아를 담아 놓고 우산으로 그늘을 만들어서 배나무 아래에 두었다가 작업 진도에 따라 함지박을 끌고 다니며 일했다.

그렇게 어려운 부모 밑에서 태어났어도 구김살 없이 예쁘게 자라서 직장에 다니는 별아가 어느 날 퇴근해서 하는 말이 동생들과 의논했다며 엄마 아빠 좋아하는 여행을 다녀오시라고 하면서 적지 않은 돈을 내놓았고 우리 내외는 또다시 엉성하고 갑작스럽게 계획을 세워서 중국의 장가계 여행을 갔다.

2. 장가계

인천공항에서 중국의 후난성 창사국제공항에 내려서 관광버스로 장가계를 가는데 고속 도로를 4시간가량 달린다. 가다가 휴게소에 들렸는데, 우리나라의 한적한 시골 도로의 식당이 딸린 휴게소처럼 초라했고 휴게소 한편에서는 시골 아낙네들이 강냉이 대를 잘라 와서 팔고 있었다. 이때가 2010년 5월이었으니까 지금은 많이 변했을 것이다.

관광버스에서 가이드의 안내로 자기소개를 해 보니까, 우리 또래의 젊은 부부 다섯 쌍이 한 그룹이었고, 우리같이 개별로 온 부부 서너 쌍 해서 열대여섯의 조촐한 식구가 3박 4일을 함께 여행할 일행이었다. 다음도 또 다음 여행도 계속 그렇게 여행사에 패키지로 접수해서 다녔기에 여행 때마다 일행 중에는 아는 사람이 없는 우리 둘만의 여행이었다.

그렇게 4시간 넘게 고속 도로를 달리는데 가끔 보이는 야트막한 야산 외에는 끝없는 평야였다.

어쩌면 이 넓은 땅에 산도 없이 들판이 펼쳐져 있을까?

처음 가 본 중국이지만 참 대단한 나라라고 시작부터 감탄사가 나왔다. 그렇게 몇 시간이 지나서야 멀리 있는 산들이 희미하게 보이고 석양 무렵에 어두컴컴한 터널을 지나자 딴 세상처럼 산으로 둘러싸인 장가계 관광지에 도착했다.

여장을 풀기도 전에 서둘러 동굴 탐방을 하였다. 우리나라의 환선굴이나 고수동굴, 제주의 만장굴 등을 보아 왔기에 별 관심 없이 따라 들어간 그곳 동굴은 내부가 넓기도 했고 물이 많았다. 심지어 어느 곳을 지날 때는 조그만 보트를 타고 지나야 하는 대목도 있어서 잠시 후 밖으로 나왔을 때 동굴이 있는 산을 바라보면서 저 산은 겉모양만 산이고 속은 비어 있다고 생각했다.

중국 - 장가계

다음날 장가계 여행을 시작했다. 장가계 정문은 허가된 차량만 들어갈 수 있는 셔틀버스제였다. 주차장에는 수많은 중형 관광 셔틀버스들이 있었고 우리는 그중 한 대의 버스에 올랐다. 경부 고속 도로의 서울 톨케이트와 비슷한 출입문을 들어선 버스가 계곡을 따라서 얼마 가지 않았을 때부터 산세가 험해졌는데 웅장하고 신비한 계곡을 지날 때마다 탄성을 지르던 우리 일행을 어느 한 곤돌라 승차장에 하차시키고 버스는 떠났다.

우리는 곤돌라에 승차하여 가파른 산을 오르며 입을 다물지 못하고 감탄사를 지르며 산의 아름다움에 빠져들었다. 곤돌라에서 내려 가이드의 안내에 따라 설명을 들으며 구경하다가 어느 지점에 가면 우리를 태우고 갈 버스가 대기하고 있다가 우리 일행을 태우고 다음 장소로 이동하기를 종일 계속하였다.

어느 장소에서는 아래가 내려다보이지 않을 정도의 깊고 깊은 협곡과 끝없이 늘어선 산봉우리들, 그 계곡 사이를 흐르는 물, 그런 것에 정신이 팔려 있을 때 그 협곡 위 평지에서는 농사를 지으며 사는 현지인들도 있었다.

어떻게 이런 산속에서 농사하며 사람이 살고 있을까?

신선이 된 듯한 느낌으로 종일 끝을 모르는 산수를 구경하는 어느 순간 우리는 평평한 분지 위에 섰고 아래는 아찔한 낭떠러지인데 그곳에 설치되어 있는 엘리베이터를 탔다. 통상 엘리베이터는 건물 내에 설치되어 있는데 여기 엘리베이터는 절벽에 붙어 있다. 천자산 백룡 엘리베이터라는 이름표를 달고 있는 이 엘리베이터는 높이가 335미터이며 세계에서 몇 손가락 안에 드는 높이라고 한다. 이 엘리베이터를 타고 내려오는 내내 유리 벽 밖으로 보이는 기암괴석의 절경이 환상이었다.

미국의 제임스 캐머런 감독의 영화 〈아바타〉의 촬영지로 알려지며 세계의 관광객이 몰린다는 장가계는 정말 장관이었다. 경치야 조물주의 작품이라지만 그런 아름다운 곳을 편하게 관광할 수가 있게 구석구석 편의 시설을 해 놓은 것 역시 대 중국다웠다.

마지막 코스에서 기다리던 우리의 셔틀버스를 타고 처음 들어갔던 광장으로 나오는 동안 몇 번을 뒤돌아보며 딴 세상에 들어갔다가 나오는 얼얼한 느낌을 지울 수가 없었다. 하나의 티켓으로 셔틀부터 모든 시설을 이용할 수 있게 진행되는 과정이, 아름답고 멋진 풍경과 잘되어 있는 관광 시스템으로 어우러져 있었다.

다음날 일정을 시작하기 전에 보고 느낀 것은 현지인들의 여유로움이었다. 전날 도착했을 때는 늦은 시간이었고 서둘러서 가까이 있는 동굴 탐방을 했던 관계로 몰랐으나 아침 일찍 호텔 밖으로 나온 나의 눈에 띄는 것은 관광객을 상대로 조성된 산으로 둘러싸인 계곡 주변에 호텔들과 작은 마을이었는데 마을 사람들이 많이 모여 아침을 운동하고 있었다. 대부분이 다 상가나 호텔에서 일하며 사는 사람들이겠지만 넓은 광장에 함께 모여 경쾌한 음악을 틀어 놓고 음악에 맞춰 춤추고 운동하는 모습이 아주 낯선 모습이 아니었다.

건강을 위하고 이웃과 교제하며 협력하는 모습이 참 아름답게 보였다. 내가 어렸을 적에 새마을 운동이 시작되었는데, 새벽이면 마을 이장님이 앰프를 틀어 온 마을에 새마을 노래가 울려 퍼졌다.

    새벽종이 울렸네 새 아침이 밝았네
    너도나도 일어나 새 마을을 가꾸세

이렇게 시작하는 새마을 노래가 3절까지 이른 새벽에 울리면 사람들은 부지런히 일어나서 일터로 나갔던 기억이 새롭다. 물론 부지런한 농부는 이미 들녘에 나가서 일하는 사람도 있었지만 말이다.

모두가 열심히 일해서 잘살게 될 때 나만 뒤처지면 안 된다는 생각을 일깨우던 새마을 노래가 중국의 한복판 깊은 산중 마을 장가계에서의 아침에 갑자기 떠오르며 어렵던 시절을 지나온 지금은 호사스럽게 외국 여행을 와서 고급 호텔에서 먹고 자고 관광한다는 사실에 새삼 감사를 느꼈다. 장가계를 나와 한참을 버스로 이동해서 장가계시에 있는 천문산으로 갔다.

조선족이라는 청년이 우리 일행의 가이드를 하면서 하는 첫마디가 자기 부모님의 고국인 한국이 잘 살아서 자기들도 대우받으며 산다고 감사해했다. 한국에는 한 번도 가 보지 않았다는 가이드는 우리와 같은 민족이기에 우리와 똑같이 유창한 한국말로 틈만 나면 장가계에 대해 이야기했는데 그 긴 설명을 간추려 보았다.

최초로 중국을 통일한 진시황이 죽고 난 후 어수선한 틈을 타서 다시 나라가 분열될 때 항우는 초나라를 세우며 승승장구하고 있었다. 그러나 한때 동지였던 유방이 항우를 물리치고 한(漢)나라를 세운다. 힘으로나 군사 수로나 항우에게 항상 밀리고 있던 유방이 한(漢)나라를 세우는 데는 소하, 한신, 장량이라는 세 명의 호걸이 있었다.

한(漢)나라가 어느 정도 안정이 되어 갈 무렵에 한 고조 유방은 함께 전장에서 고생한 신하들을 위로하는 연회를 베풀었다. 이 연회의 흥이 무르익을 무렵에 한 고조는 소하, 한신, 장량을 한 사람씩 지명하여, 그 재능을 칭찬했는데, 어려운 문자를 써 가며 말끝마다 이러이러한 부분은 내가 소하만 못하다. 이러이러한 부분은 내가 한신만 못하다. 이러이러한 부분은 내가 장량만 못하다고 치하를 한 다음, 세 명의 호걸들에게 물었다.

"그런데 왜 나는 황제가 되고 경들은 내 밑에 있는가?"

이때 장량이 대답했다.

"그것은 폐하께서 이런저런 재주를 가진 사람들을 믿고 일을 맡기고, 그들에게 열성을 다하여 일할 수 있도록 하는 더 큰 재주를 가지셨기 때문입니다."

그 일 후 장량은 한 고조가 중국 천하를 통일한 다음, 장량 자신의 앞날이 절대 평탄치 않을 것을 내다보았다. 그래서 한 고조가 하사한 삼만 호의 봉토를 사양하고, 병을 핑계하여 은퇴한 후에 바로 이곳 장가계로 와서 신선처럼 살았다는 것이다. 처음에는 이 지역의 주인으로 행세하던 토가족의 거부반응이 거세었으나 장량은 수차를 고안하여 그들의 농사에 큰 보탬을 주는 등의 노력으로 차츰 토가족의 신임을 받으며 자리를 잡고 살게 되었다.

한편 한 고조 유방과 결혼한 여치라는 여인은 유방이 한(漢)나라를 세위 한 고조가 되면서 황후인 여후가 되었다. 여후는 남편인 한 고조가 죽으면 자기가 정권을 잡기 위한 계획을 세우면서 세 명의 호걸 중 두 명인 소하와 한신을 누명을 씌워 죽이고, 나머지 한 사람인 장량도 없애야겠다고 맘먹고 한 고조 유방에게 초야에 묻혀 사는 장량이 언젠가는 반역을 일으킬 것이라고 모함했는데 아내인 황후의 말을 들은 한 고조는 눈엣가시로 여기던 토가족도 정벌하고 장량도 제거할 목적으로 장가계를 침공하였다.

그러나 용감한 토가족은 험준한 지형을 이용하면서 장량을 중심으로 일치단결하여 끝까지 저항함으로써 결국 한 고조도 이들을 정복하지 못하고 이곳을 장량 일가의 땅으로 인정하고 물러갔다. 그래서 이곳

지명이 장가계가 되었다고 한다.

그러고 보면 장량은 전쟁에서도 앞일을 내다보고 전략을 잘 세웠지만, 개인의 앞날도 잘 볼 줄 아는 명석한 사람이었다. 예로부터 이곳을 신선들이 산다는 낙원이나 무릉도원이라 불렀다고 하는데 바로 이곳에 한 고조의 명장 중 한 사람인 장량의 묘가 있다고 했다.

이왕에 말이 나왔으니 장량과 함께 삼걸에 포함된 한신 장군을 얘기해 보자.

한신의 어린 시절은 얼마나 가난했던지 빨래터에서 아주머니들 밥을 얻어먹으며 자라는 중에 게으르다고 구박을 받기도 했다. 그렇게 자라서 청년 때는 지나가던 불량배들이 칼을 주면서 배짱이 있으면 나를 찌르고 지나가던지, 아니면 내가 벌린 가랑이로 기어 나가든지 하라고 했는데 무릎을 꿇고 불량배들의 가랑이로 기어 나가는 비굴함을 보였으나, 그 나름 원대한 꿈을 품고 때를 기다리는 인물이었다.

그런 그가 초나라를 이끈 천하무적 항우의 장수가 되었으나 재능을 인정받지 못하자, 항우의 적인 유방에게로 전향하면서 유방의 인정을 받아 훌륭한 장수가 되어 한 고조의 삼걸 중 한 명이 되었다.

우리가 잘 아는 다다익선이라는 말이 그의 입에서 나왔는데, 은근히 거만한 티를 보이자 한 고조 유방의 부인 여후가 애초에 한신을 천거하고 키웠던 소하와 모의해서 한신을 살해했는데 한 고조 유방은 너무 커 버려서 우환거리가 된 한신이 사라진 것을 기뻐하는 한편 자신이 나라를 통일하는 데 일등 공신이었던 한신의 죽음을 아까워했다고 한다.

여후는 남편인 한 고조가 죽으면 한신의 세상이 되며 그를 막을 도리가 없을 것으로 생각하여 숙청했는데, "간사한 토끼가 죽으면 사냥개가 삶긴다." "하늘 높이 나는 새가 없어지면 좋은 활은 소용이 없게 되어 간직하게 된다"라는 토사구팽이라는 고사성어를 풀이할 때 자주 등장하는 인물이 이 한신 장군이다.

3. 천문산

천문산으로 가는 도중에 건강식품을 소개하고 파는 곳에 들렀다. 그곳 직원들로부터 여러 가지 제품의 설명을 듣는 중에 넓은 중국 땅의 큰 산에서 나는 신비한 약초들로 만든 명약들의 소개가 끝나고, 칸막이가 있는 작은 공간에 우렁이 각시와 나만 따로 불려 들어갔다.

머리가 반백으로 아주 점잖게 생긴 하얀 가운을 입은 의사(?)는, 내 몸의 맥을 짚으며 진단하고 곁에 앉아 있는 여자분에게 중국말로 말하면 그 여자분이 우리 말로 통역을 해 주며 명약을 추천해 주는데, 그 와중에 오래전에 읽은 책, 소설 『동의보감』이 떠올랐다.

허준 선생님을 어의이며 동의보감을 저술한 훌륭한 분으로만 알고 있었는데, 이은성 님의 소설 『동의보감』을 읽고 나서 진짜 소설 같은 인생을 살다가 가신 허준 선생님을 존경하게 되었다.

그런데 그 허준 선생님이, 지금 내가 중국까지 와서 의사복을 입고 내 몸을 진단하고 설명해 주며 명약을 추천해 주는 분 앞에서 고개를 끄덕이고 있는 내 모습을 보신다면 얼마나 안쓰러워하실까?

중국의 그분이 열심히 진맥하고 설명하는 동안 나는 허준 선생님을 떠올리고 있었다.

아버지가 양반 허씨 가문의 무사로 평안북도 용천 부사를 하고 있었지만, 서자로 태어난 허준은 자기의 태생을 비관하며 방탕했다. 이런 그를 보다 못한 어머니가 그를 데리고 자기들 신분을 모르는 곳으로 숨어들어 간 곳이 산청이었다.

그곳에서 유명한 한(漢)의원인 유의태 선생을 운명처럼 만나고, 나이가 비슷한 선생님의 아들과 갈등하고 좌절을 겪으며 의술을 배웠다. 유 의원은 당신의 의술을 전수할 적임자로 혈육인 아들이 아닌 제자 허준을 택하여 수제자로 삼았다. 유의태 의원은 조선 최상의 의술인이면서도 암을 앓고 있는 자신의 병을 고칠 수 없음을 알고, 죽을 때가 가까워졌을 때 허준에게 스승인 자신의 몸을 해부할 기회를 마련해 준다. 그 시대에 허락되지 않았던 인체 해부를 말이다.

허준이 어느 날 선생님의 글을 받아 읽고 급히 선생님을 찾아 깊은 산에 들어가자 그곳에 임종 직전의 선생님이 있었고 그 곁에는 인체를 해부할 도구가 마련되어 있었다. 선생님의 유언대로 혼자 울면서 선생님의 몸을 해부하여 사람의 각 부위와 기관을 익히고 훌륭한 의원이 된 허준, 그 훌륭한 허준 선생이 있기까지 그보다 더 훌륭한 유의태 선생님이 있었다는 사실에 눈물을 흘리며 읽었던 소설 『동의보감』의 감동이 내 안에 자리를 잡고 있었다.

그런 훌륭한 의원의 후예들인 우리 의사들이 내 몸을 지켜 주는데, 지금 여기서 아주아주 심각한 모습으로 내 몸을 진단해서 그것을 통역에게 중국말로 말하고 그 여자 통역은 그 의사 선생님보다 더더욱 심각한 표정으로 나에게 통역을 하고 있었다. 그때 곁에 앉아 있던 우렁이 각시가 그만 일어나자고 옆구리를 찔렀다.

우렁이 각시 생각에는 신랑이 아무래도 이 사람들의 설명에 현혹되어 비싼 약을 살 것 같다는 생각이 들었던가 보다. 그 순간 허준 선생님 생각에서 깨어나 감사하다고 꾸벅 인사를 하고 물러 나왔다. 이래서 어느 분들은 중국 관광을 갔다가 고가의 약을 사 오게 되고 그로 인해서 가정불화가 나고 그랬던가 보다. 나 또한 여행을 다니면서 꼭 이 부분이 힘들었다.

중국말로는 톈먼산이라 불리는 천문산은 해발 1,518미터의 산인데 정상 부근에 하늘이 훤히 보이게 뻥 뚫린 구멍이 있어서 산 아래 멀리서도 그 구멍 사이로 하늘이 훤히 보여 '하늘로 가는 문'이라 하여 천문동이라 했단다.

세계에서 제일 길다는 7,455미터의 곤돌라는 장가계시 시내 한복판 기차역 부근에 터미널이 있고 여기에서 출발해 도시의 건물 위를 지나고 시골 마을 위를 지나더니 중간에 휴게소에서 환승을 하여 가파르게 산 정상 쪽을 향하여 오르는데 곤돌라 밖으로 보이는 광경이 무척 아름다웠다.

곤돌라에서 내려 그 높은 곳에 대기하고 있는 셔틀버스를 타고 더 높은 곳으로 올라가는데 중국도 우리처럼 9라는 숫자를 좋아하는지 아흔아홉 구비라는 천문산을 오르는 길이 뱀처럼 구불거리며 높은 산 정상의 바로 아래에까지 이어져 있다. 차에서 내려 마지막 관문인 천문을 향하여 올라가는 계단도 구백구십구 개라고 했다.

1999년에 외국 곡예비행 팀이 비행기로 이 동굴을 통과하면서 장가계와 천문산이 유명해졌다고 한다. 부산의 용두산 에레지에 나오는 계단은 일백구십사 계단인데, 이곳 천문을 오르는 계단의 구백구십구 개를 올려다보며 오르기를 포기한 사람이 많았으나 우렁이 각시와 나는 가위바위보를 해 가며 낑낑거리고 올라갔다.

뻥 뚫린 굴 앞에 서니 머리 위 높은 천정에서는 물방울이 활처럼 휘어지며 떨어지고 있었고 굴 밖 그러니까 산 반대편 모습이 그림처럼 펼쳐졌다. 천문산의 진정한 볼거리는 해발 1,400미터 지점에 절벽을 따라 설치한 귀곡잔도이다.

거의 8~90도가 될 것 같은 가파른 절벽 허리에 J자 모양의 지지대를 놓고 그 위에 선반을 얹듯이 시멘트를 깔아 만든 길 아찔한 경치는 접어 두고라도 도대체 어떻게 이런 작업을 할 수 있었을까?

궁금해서 물으니까, 가이드의 설명이 이렇다. 작업 인부는 사형수를 동원했고, 작업 요령은 산 정상에 튼튼하게 고정한 밧줄을 수없이 내려뜨리고 그 밧줄을 타고 오르내리며 일을 하고 자재를 옮겨 설치했다니 아마도 여러 사람이 희생되지 않았을까 싶다.

그런 과정을 겪으며 설치한 길 덕분에 엄청난 수의 관광객이 몰려오고, 이런 절경을 보며 감탄하지 않을까?

천문산 어느 편에 천문사가 있는데 규모가 대단하다기보다는 높은 산 정상 부근에 있는 사찰이라 둘러보고 하산길에 오르는데 좀 힘들겠다 싶은 곳에는 반드시 곤돌라가 있어서 노약자도 높은 곳에까지 올라가서 관광할 수 있는 시설들을 잘 갖춰 놓았다. 우리 한국 관광객이 얼마나 많이 찾는지 가는 곳마다 한국어 지명이나 설명이 있었는데 사실은 외화는 1달러도 못 벌면서 남의 나라에 다니며 외화를 쓴다는 미안한 맘이 있었다.

그렇게 장가계 관광을 마치고 귀국하기 위해 처음 비행기에서 내렸던 창사로 왔다. 상강이라는 큰 강이 창사 도심을 흐르고 있었고 유람선을 타고 야경을 구경하는데 조용히 흐르는 우리의 한강과는 달리 강물의 물살이 어찌나 세던지 만약 멀고 먼 상류에서 큰비가 오면 무서운 물이 되겠다 싶었다.

여기 창사는 예부터 큰 인물이 많이 나는 곳인데 모택동이라 불리는 마오쩌둥도 이곳 출신이라 한다.

제4장

필리핀 여행

1. 막내딸 은실이

  남의 집 과수원을 빌려서 농사짓기 5년째에 우렁이 각시는 세 번 셋째 딸 은실이를 낳았다. 내리 딸 둘을 놓은 뒤 또 하나가 따라 나와 딸이 셋이 되는 순간이다. 원래 몸이 약한 우렁이 각시가 셋째를 낳는 날 아침을 먹고 얼마쯤 지났을 때 배가 아프다며 아마 아기가 나오려는 진통인가 싶다고 해서 우리가 세를 살던 집의 안집으로 가서 전화를 빌려 교회에 전화하니까 사모님이 받으셨다. 나는 덮어 놓고 소리를 질렀다

  "사모님, 울 집사람 애기 놓을는지 배가 아프답니다."

  사모님이 대답하기를 금방 택시 불러서 갈 테니까 기다리라고 하셔서 전화를 끊었다. 1년 전에 둘째를 놓을 때 시골에 계시던 어머님이 와 계셨는데 만삭된 우렁이 각시가 산기가 오니까 병원에 갈 것 없다며 손수 아이를 받으셨다. 내가 곁에서 도왔고 어머니는 아이를 잘 받으시고 태를 정성스럽게 싸 주시면서 적당한 곳에 땅을 깊이 파고 묻으라 하셨다. 과수원 중앙에 있는 감나무 밑을 허리가 들어갈

만큼 깊이 파고 태를 묻으며 임산부가 아이 낳는 고통스러운 과정과 아이를 받는 산파의 힘듦을 보고 겪었기에 막내 아이 산기가 왔을 때 미리 약속해 둔 사모님께 SOS를 보냈다.

사모님이 우렁이 각시를 택시에 태워서 데려간 후, 점심때가 지날 무렵 어린 딸 둘을 데리고 있으면서 초조하게 기다리고 있을 때 안집에서 전화 받으라고 불렀다. 뛰어가서 전화를 받으니까 우리 사모님의 첫마디가 이랬다.

"집사님, 애기를 순산했는데 애기가 크고 이뻐요."

그 말끝에 나는 이렇게 대답했다.

"아이고, 또 딸인가요?"

그래도 혹시나 하는 기대로 다시 물었다.

"사모님, 딸인가요?"

여기에 우리 사모님은 이렇게 대답했다.

우리 가족

"애기가 얼마나 크고 이쁜지….”

임산부가 출산하기 전에 남아, 여아 감별이 철저하게 금지된 시절이었고 남아 선호시대였으며 아들 못 낳으면 소박까지 맞던 우리 선조들 시대의 끝자락이 아니었던가!

그런데 그 와중에 나의 우렁이 각시는 딸을 내리 셋을, 그것도 둘째의 돌이 아직 보름이나 남았을 때 놓았다. 농사꾼이지만 내 땅 한 평 없고 오두막집 한 채도 없는데, 식구부터 불려서 다섯 식구가 되었다.

우렁이 각시를 얻고서 꿈에 부풀어서, 열심히 사랑하고 열심히 일해서 부자로 행복하게 살자고 약속했고, 틈만 나면 그 약속을 확인하고는 했는데, 아무것도 없이 우리 부부 몸만 가지고 있으면서 다섯 식구에 그것도 아들도 없이 어쩌란 말인가?

얼마 지난 후 멀리 떨어져 사시는 어머니가 오셔서 셋째 딸을 낳은 작은 며느리의 등을 토닥이시며 이렇게 말씀하셨다.

“아가, 가난한 집에 시집와서 고생만 시켜서 미안하다. 앞으로는 아들보다 딸이 더 좋은 세상이 올 것이다. 힘들어도 잘 키우거라.”

그렇게 세월은 가고 세월이 가니 아이들도 세월에 얹혀서 잘 자랐고, 그 막내딸이 키 크고 날씬하고 한 인물 하더니 기어코 일을 저질렀다. 아빠가 알면 반대할 것이 뻔하니까, 엄마와 짜고 중학교 3학년 때부터 무용을 배웠고, 대학교 진학을 대비하는 고 2쯤에 이런 사실을 안 나는 우렁이 각시를 잡아먹을 듯이 닦달했다.

“당신 제정신이에요?

잘은 모르지만 예능 계통은 엄청난 경비와 뒷바라지가 따른다는데 우리의 가족 상황과 형편도 모르고 그렇게 한 거예요?”

그 순간 곱디곱고 순하디순해서 신랑에게 늘 순종했던 우렁이 각시가 처음으로 발악을 하고 대들었다.

"커 가는 새싹이 그렇게도 원하고 또 하고 싶어 하는데 어미가 어찌 못 하게 합니까?

당신 이렇게 나올 것이 뻔해서 애써 감췄어요. 당신 못하겠으면 내가 책임지고 키우겠어요."

세상의 자식 가진 어머니들이 다 이런 모성애(母性愛)를 가졌는지는 모르지만, 나의 우렁이 각시는 정말 대단했다. 그동안 덮어 두었던 처녀 때의 양장 솜씨를 꺼내어 마트의 안쪽 곁을 얻어 수선방을 차려 몸을 돌보지 않고 일하며 다섯 식구를 거두며 막내딸 뒷바라지 해냈다.

그때가 얼마나 힘들었으면 지금도 늦가을에 나오는 좋은 머루 포도나 고급 사과 상자를 보면 꼭 짚고 가는 말이 있다.

"k 원장님께는 아까운 줄 모르고 바리바리 선물했지만, 나는 저렇게 좋은 것 사서 가족들 먹일 엄두도 못 냈어요."

광주광역시에서 무용을 전공하는 학생들을 명문대학 무용과에 진학시키는 유명 학원이 있는데 그 학원 원장에게는 선물을 하면서도 정작 가족에게는 머루 포도 한 송이도 제대로 사 먹이지 못했다는 것이다.

그 막내딸이 결국 명문대 무용과를 좋은 성적으로 졸업하고 학원 아이들을 가르치며 일을 하더니 어느 만큼의 돈이 모이자 어느 날 또 엄마를 꼬드겨서 어학연수 유학을 하여야겠단다. 별로 능력 없는 아빠인 내가 아이들이 철들 무렵에 모아 놓고 이렇게 얘기했다.

"부모가 최대한 학비는 뒷바라지해 보겠다. 그다음 학업을 마치면 열심히 일해서 월급은 부모에게 가져오지 말고 잘 모으고 관리해서 결혼자금을 하도록 해라."

그랬는데 다음에 얘기하겠지만 첫째도 둘째도 어느 만큼 모으면 계속 모으기보다는 저들을 위해 써 버리는 것이 아닌가!

아버지인 나만 속을 태우지 어느 때부터인가 우렁이 각시가 세 딸 편에 서서 거들고 나섰다.

그렇게 막내가 2009년에 필리핀으로 유학을 떠났고, 유학 일정상 절반을 넘길 무렵 오스트레일리아로 건너간다며 가기 전에 머물며 정들었던 곳 세부에 온 가족이 한번 모이면 좋겠다고 하여 우리 가족 모두 특별한 준비도 없이 필리핀의 세부로 여행을 갔다.

2. 세부(보홀)

지나고 보니까 세부에도 좋은 관광지가 많이 있던데 막내딸 은실이는 나름 가족들을 위해 얼마나 열심히 준비했던지, 유학 생활을 하면서 가 보고 인상 깊었다는 보홀을 계획에 넣어 놓고 있었다.

몸 하나 의지하고 사는 내가 우렁이 각시로 인하여 다섯 식구를 이루고, 각자 삶을 열심히 살았던 우리 가족은 드디어 막내가 있는 세부로 날아갔다. 세부에서 잠시 막내딸이 공부하는 학교 주변과 생활관을 보고서 선착장으로 움직여 보홀로 가는 배를 타기 위해 항구로 가는데 택시를 타라고 호객하는 사람들이 얼마나 끈질기게 달라붙는지 우리 어렸을 적 지방 도시의 호객꾼이 생각났다.

세부는 항구 도시 특유의 비린내와 지저분함과 시끄러움 더구나 열대 지방이라서 생선 상한 냄새가 후끈한 더위와 함께 따라다녔다.

세부항에서 보홀로 가는 페리를 타고 망망대해를 몇 시간쯤을 가는 것 같았는데, 가도 가도 끝이 없는 바다를 보며 이런 생각이 들었다.

'필리핀은 7,000개가 넘는 섬으로 된 나라라는데 그 넓은 바다에 흩어져 있는 섬들을 어떻게 관리하며 통치할까?'

괜한 걱정을 하는 동안 보홀이라는 섬에 도착했고 특별히 항구랄 것도 없이 배가 닿을 수 있게 방파제를 겸한 선착장에 닿아 페리에서 내렸는데 나의 우렁이 각시가 발걸음을 못 떼고 멈추어 섰다.

우렁이 각시가 바라보고 있는 곳에는 성인 세 명이 앉기도 비좁을 통나무를 파서 만든 배가 조금 전에 크나큰 페리가 들어와서 정박한 틈바구니에서 밧줄을 잡고 출렁이는 물결에 위태롭게 흔들리는데 그 통나무배 안에는 햇빛에 새까맣게 그을린 아가씨 같은 아이 엄마가 아기를 안고 배에서 내리는 사람들을 올려다보며 구걸하고 있었다.

필리핀 보홀 - 초콜릿마운틴

그 모습을 본 우렁이 각시는 우선은 앞뒤 생각 안 하고 신발을 벗어서 던져 주고는 그래도 불쌍하다며 눈을 못 뗀다.

그 나라의 전직 어느 영부인의 사치는 극에 달해서 대통령이 해외 순방 갈 때면 비행기 두 대가 가는데 한 대에는 대통령 내외와 수행원이, 그리고 한 대에는 영부인의 며칠 동안 여행 중 갈아입을 옷과 소지품을 담은 여행용 가방 2~3백 개를 실었다고 하는데, 이 선착장의 통나무배에서 구걸하는 그 여인과 아이는 어쩌란 말인가?

막내딸이 이미 예약해 놓은 코스대로 패키지 아닌 패키지여행은 그렇게 시작되었다. 제일 먼저 찾은 곳이 로복강 투어였다. 필리핀의 아마존이라 불린다는 로복강은 말이 강(江)이지 우리의 안양천보다 훨씬 좁은데 물이 하늘색이고 강 양옆으로는 야자나무와 이름 모를 열대 지방의 나무들이 강물에 닿을 듯이 휘어져 있었다. 우리가 탄 유람선이 지나가면 어디에선가 아이들이 튀어나와 야자나무로 다람쥐같이 올라가서 우리가 탄 유람선 곁으로 다이빙을 해댔다.

이 투어는 유람선을 타고 뷔페식 점심을 먹으며 로복강을 거슬러 올라갔다가 내려오는 코스인데, 음식은 별로였지만, 강변의 숲이 아름다웠고 가끔 그 숲속에서 튀어나와 다이빙하는 아이들이 재미있었다.

유람선의 앞쪽에는 무대가 꾸며져 있고 그 무대에서 가수들이 밴드를 겸하여 노래하는데 노랫말은 알아들을 수 없지만 수준급이었다. 그 무대에서 악기를 다루며 노래하는 가수들을 보자 갑자기 필리핀의 가수 '프레디 아길라'의 노래 〈아낙〉이 떠올랐다.

나의 청년 시절에 우리나라 가수 정윤선이 번역하고 노래해서 청년들이 많이 좋아했던 노래이다. 나라는 달라도 같은 시대를 살아온 나도 이 노래를 무척 좋아했었다. 이 노랫말을 보자.

사랑스런 나의 아들아 네가 태어나던 그 날밤

우린 너무 기뻐서 어쩔 줄 몰랐지

사랑스런 나의 아들아

천사 같은 너의 모습을 우린 언제나 보고 있었지

밤새 엄마는 너에게 우유를 따뜻이 데워 주었지

낮엔 언제나 아빠가 네 곁을 감싸며 지켜 주었지

너는 크면서 언제나 말했지, 이제는 자유를 달라고

진정한 의미도 모르며 졸랐지

사랑하는 나의 아들이

변해 가는 너의 모습에 우린 너무나 가슴 아파했지

엄마 아빠의 사랑을 버리고 너는 그만 떠나 버렸지

엄마 아빠의 마음에 아픔을 남기고 떠나 버렸지

지금 네가 가는 그 길은 거칠고 험한 길이지

갈수록 험하고 나쁜 길이지

사랑하는 나의 아들아 너도 이제는 후회하겠지

엄마는 언제나 울고만 계신다

너도 이제는 후회의 눈물이 두 눈에 고여 있겠지

필리핀의 국민가수 프레디 아길라는 1953년생이다. 경찰서장인 아버지는 아들이 변호사가 되기를 원했는데 청년이 된 아들은 달랑 기타 하나를 들고 가출해서 떠돌다 도박에 빠졌고, 그리고 5년이 지난 어느 날 이 곡을 만들었다. 노래 가사는 부모님께 대한 사죄와 집을 나온 자신을 걱정할 부모님의 심정으로 만들었다. 그는 집으로 돌아왔다. 노래 가사를 본 아버지는 아들을 따뜻하게 받아 주었다.

그는 처음에 이 노래를 따갈로그어라는 필리핀 원어로 불렀는데 그 후 세계의 많은 나라에서 번역해 불렀다. 이것으로 인하여 필리핀의 국민가수가 된 프레디 아길라는 필리핀의 마닐라 빈민촌에 학교를 세우고, 불우한 이웃을 돕는 등 자선사업도 열심히 한다고 한다.

필리핀의 외딴섬 보홀에서 화려하지도 않은 유람선을 타고 식사하면서 보고 듣는 이 가수들이 아낙으로 착각되는 것은 왜일까?

〈아낙〉이라는 노래로 유명해진 프레디 아길라도 성공하기 전에 저런 과정의 시간이 있지 않았을까?

이 노래하는 사람들도 어느 땐가는 프레디 아길라처럼 될 수 있을 것이라는 꿈을 꾸고 있겠지?

보홀 여행 내내 이 〈아낙〉이라는 노래를 가는 곳마다 들었다. 유람선 안에서 맛있는 뷔페 음식을 맘껏 먹으며 이런 깊은 상념에 젖어 있는 동안 유람선은 서두르지 않고 천천히 상류로 올라갔다.

강가 마을 어느 곳에서는 그들의 민속 공연이 펼쳐졌고, 또 다른 장소에서는 색다른 이벤트를 준비하여 공연하고, 그 사이로 악동들은 강 쪽으로 휘어진 야자나무에 올라가서 다이빙하기를 여러 차례, 세상에 아무것도 아쉬운 것이 없는 듯한 평화로운 모습뿐이었다. 눈을 들면 보이는 것은 온통 야자나무요 야자나무마다 야자가 주렁주렁 열려 있어서 모든 것이 풍성함 그 자체였다.

그 모습을 보면서 조금 전에 보았던 통나무배 여인을 잊고 참 평화로운 나라라고 생각했다.

로복강 투어를 마치고 막내딸이 어디엔가 전화를 하니까 우리나라 쉐보레의 '라보'와 같은 작은 차가 왔다.

그 작은 차는 군용 트럭처럼 양옆으로 의자가 있고 그 의자의 한쪽에 3명 정도가 앉을 수 있는데 평상시는 시내버스로 사용하다가 관광객이 부르면 택시가 된단다. 이 차를 타고 한적한 시골길을 달리는 동안 육지와 바다가 거의 같아서 도로 바로 아래는 바닷물이 들어오고 바닷물에는 나무가 자라고 있었다. 요즘 매스컴에서 빙하가 녹으며 해수면이 높아진다고 하는 말을 들을 때면 보홀 거기도 괜찮지 않을 것이라는 걱정이 든다.

그렇게 도착한 곳은 바닷가에 있는 호텔인데 우리가 아는 그런 고층 건물이 아니고 단독 주택 같은 집들이 야자나무 사이에 여기저기 흩어져 있었다. 마당은 온통 가는 모래로 되어 있고, 집 둘레는 야자를 잔뜩 달고 있는 야자나무가 그늘을 만들고 있었다.

예약된 방에 여장을 풀고 광장으로 나가니까 여러 나라 관광객들이 함께 모여 야외 뷔페로 식사를 하는데 여기서도 여전히 소규모의 밴드와 가수가 공연하고 있었다. 이곳의 문화는 어디를 가나 이런 소규모 공연이 있고 조금 규모가 있는 식당이나 손님을 상대하는 서비스업 장소에는 으레 공연이 따르는 모양이다.

그런 문화가 어느 날 프레디 아길라 같은 스타를 탄생시켰나 보다. 다음날 모래사장에서 휴식을 취하는데 기어코 일이 터졌다. 비취 파라솔 아래서 일광욕을 하던 건장하고 점잖게 생긴 사람이 말을 걸어왔다. 영어로 묻는데 중학교에서 영어를 배우고는 쓸 일이 없어서 다 잊었지만, 그 사람 말을 들어 보니 꼬레아에서 왔느냐는 물음이었다.

"예스!"

여기까지는 잘했다.

"노스 꼬레아, 사우스 꼬레아?"

순간 나는 잔머리를 빠르게 굴렸다. 노스와 남쪽이 같은 ㄴ으로 시작되니까 노스 꼬레아가 남한일 그것으로 생각하고 "노스 꼬레아"라고 대답했다. 그 순간 그 건장한 남자가 벌떡 일어나며 표정이 돌변했다.

'아차, 내가 북한 사람이라고 했구나!'

순간 바다에서 즐기고 있는 딸들에게 SOS를 보냈고 딸 셋이 급하게 뛰어와 해결해 주었다. 이래서 사람은 배워야 하는구나 하고 한숨을 쉬었다.

다음날 초콜릿마운틴을 보러 갔다.

보홀의 중앙 넓은 지대에 볼록볼록 솟은 초콜릿 언덕은 보홀에서만 볼 수 있는 장관이라고 했다.

초콜릿 모양을 닮은 이 언덕의 수는 무려 1천 3백 개 가까이 된다고 한다. 그중 가장 높은 언덕에 전망대를 만들어 놓았는데, 정상으로 걸어서 올라가니까 진짜 끝없이 넓은 벌판에 크고 작은 봉우리들이 끝없이 널려 있었다.

초콜릿마운틴 정상에서 우리 가족 다섯 명은 탄성을 지르고 사진도 찍고 하였는데, 철부지로만 알았던 세 딸은 멋을 잔뜩 부리고 선글라스를 쓰고 포즈를 취해 가며 사진을 찍었다. 열대 지방의 가무잡잡한 여자들보다 피부도 눈부시게 곱고 아름답고 성숙한 아가씨들로 성장해 있음을 보았다.

초콜릿 언덕의 전망대에서 내려와 세상에서 제일 작다는 원숭이를 사육한다는 곳을 가는 길목에 시골길을 가는데 주변의 작은 봉우리들은 초콜릿처럼 솟아 있고 그 주변의 조금 넓은 공간은 논을 일궈서 벼가 익어 있었다. 2차선으로 된 포장도로에는 허름한 자동차든 오토바이든 무질서하게 보일 정도로 서로 편하게 다니며 걸핏하면 습관적으로 경적을 울려 댔다. 어릴 적 우리나라 교통문화 같았다.

교통문화와 화장실을 보면 그 나라의 수준을 볼 수 있다고 수없이 강조하고 교육하고 하던 우리나라는 정말 수준 높은 나라가 되었다는 것을 몸으로 느낄 수 있었다.

원숭이 사육장에 도착했는데 무슨 가정집 같은 데서 몇 마리를 기르고 있었다. 작은 원숭이가 나무를 타고 재주를 부릴 거라고 상상하며 기대했는데, 웬걸, 집안에 작은 나무가 몇 그루 있고 거기에 좀 크다 싶은 쥐만한 원숭이들이 나무 몸통 가지 사이에 웅크리고 앉아서 사람들이 만져도 움직이지도 않고 모든 것이 성가시다는 표정으로 사람들을 바라보고 있을 뿐이었다. 원숭이라기보다는 쥐라고 했으면 맞을 듯했다.

사실은 막내딸이 세부에서 공부하다가 틈을 내어 보홀에 갔을 때 바닷속에 들어가서 물고기와 함께 놀다 나오는 호핑 투어를 했는데 너무 환상이어서 가족들 모이면 꼭 보여 주고 싶어서 보홀을 정했다고 했다. 정작 우리가 갔을 때는 파도가 높아서 배가 못 나간다고 해 3일 내내 배가 나갔는지 확인했지만 바닷속에 들어가 물고기와 노는 것은 하지 못했다.

우리 막내가 무척 섭섭해했지만 결국 포기하고 첫날 불러서 타고 갔던 시내버스라는 작은 트럭을 불러서 섬 이곳저곳을 둘러보고 농촌과 코코넛 농장을 방문했다. 열대 지방은 참 좋겠다고 생각하며 세부로 돌아와 귀국길에 올랐다.

세 딸이 장성한 후로는 모두 자기의 일이 있어서 함께할 시간이 많지 않았는데 필리핀의 휴양 섬 보홀에서 3일을 보내며 끈끈한 가족애를 다졌다.

며칠 후에는 다음 교육 일정표에 따라 시드니로 간다는 막내딸을 떨궈 놓고 오는데 얼마나 섭섭하던지 다 그만두고 함께 귀국하자고 하고 싶은 것은 나만의 마음이었을까?

며칠 동안 함께 지낸 가족을 보내는 막내 본인은 얼마나 힘들었을까?

제5장

미국 서부 여행

1. 둘째 딸 시은

　내가 청년 때 그러니까 1978년에 「진주」라는 월간지가 있었다. 지금의 여성 월간지처럼 크고 두껍고 고급스러운 종이에 멋진 화보가 가득 들어 있는 그런 월간 잡지가 아닌, 작고 별로 두껍지 않은 책인데 내용이 꽤 알차서 매월 초에는 꼭 사서 첫 페이지부터 거의 다 읽었다. 그 책 중간쯤에 몇 페이지의 연재소설이 실렸는데 거기에 나오는 주인공의 이름이 시은이었다.
　시은!
　시은!
　참 마음에 드는 이름이었다. 그런 인연으로 「진주」라는 월간지를 오래도록 구독했었고 다음에 내가 결혼하고 딸을 낳으면 이름을 시은이라고 지어 주겠다고 마음먹었다.
　우렁이 각시와 사랑을 하고 결혼을 하고 덜컥 딸을 낳았을 때 이름을 시은이라고 짓자는데, 우렁이 각시는 별아라는 이름이 이쁘다고 하여 첫딸을 별아로 지었고, 그 이름을 아까워하는 신랑을 위해 둘째도 딸을 낳았고 그때는 이유 없이 베풀 시(施) 은혜 은(恩)자를 써서 김시은(金施恩)이 되었다.

그 시은이는 두 살 터울의 언니가 아직 애기 티를 벗기도 전에 태어났는데 첫돌이 보름 남짓 남았을 무렵 동생이 생겼다. 남들은 뭐가 그리 급했느냐, 아들 낳을 욕심으로 그랬겠다 했지만 어쨌든 우렁이 각시는 일복이 터졌다. 고만고만한 아이 셋 키워야지 신랑 챙겨야지 과수원 집 아줌마 노릇 해야지.

어느 시인의 글에 "이 또한 지나가리라" 했는데 그렇게 나도 모르는 사이에 세월이 가니까 이 아이들이 크게 아프지도 않고 야단 한 번 하지 않는 엄마(우렁이 각시) 사랑을 받으며 잘 자라 주었다. 그 둘째가 전국버스공제조합 가족 현상 공모 글짓기에 응모했던 것을 조금 옮겨 본다.

내가 가지고 있는 통장의 비밀번호가 8576입니다. 둘째 딸 나의 생년월 일이고요. 두 살 위인 언니와 정확히 350일 차이로 연년생으로 따라온 동생을 둔 내가 철이 들었을 때는 전남 함평의 산속 독립가옥의 과수원집 딸이었습니다.

자라는 동안 부모님의 몇 번의 이사와 함께 커 가는 과정에서 제일 힘들었던 때가 여고 시절이었습니다. 아버지는 몸이 약한 아내 때문에 시골 과수원을 정리하고 광주광역시로 이사하고 건축 현장 목수 일을 하셨는데 IMF가 닥쳤습니다. 그 맞바람을 피해 서울 이모 소개로 서울로 가시는 아버지는 눈물을 흘리셨습니다. 사랑하는 가족과 헤어지기 힘들어서였겠지만 알지도 못한 서울에서 시내버스를 운전하겠다고 가는 것이 두려워서서 그랬을 겁니다.

그 후 간호대학에 진학한 언니와 무용을 하는 중학교 3학년 동생을 사이에 두고 고등학교에 진학한 나는 옷 수선을 하여 딸 셋 뒷바라지하며 한 달이면 한두 번씩 신랑 보러 서울 가시는 엄마의 모습이 얼마나

힘들어 보이고 안쓰럽든지 그래서 용돈 한번을 자연스럽게 달라고 못
해 보고 그렇게 학교생활을 했습니다.

어느 날 밤 늦게 시간을 내어 다니러 오신 아빠가 조용히 부르시더니
은행 카드를 하나 주시면서 이러시는 겁니다.

"시은아, 아빠 생각에 아무래도 네가 가출을 할 것만 같다. 힘들어도
잘 참고 커 주면 고맙겠고, 살다가 정 못 견디고 가출을 하거든 이 카
드를 사용해라. 통장은 아빠가 가지고 있으면서 여유 있는 대로 조금
씩 넣어 주마."

그러시며 아버지는 또다시 새벽 첫차로 서울로 가셨고 내 방으로 들
어온 나는 책상 앞에서 많이 울었습니다.

… 중략 …

그 후 광주에서 학교 졸업하고 경복궁 부근의 배화여대에 입학할 땐
우리 딸 4 대문 안에 있는 일류 대학교에 들어갔노라고 대한민국에서
제일 좋은 대학에 들어간 것으로 알고 자랑하고 다니시던 그분, 대학
2년을 꼬박 연신내에서 아르바이트하며 학교에 다닐 때도. 여의도로
취업해 왔을 때도. 대한민국에서 제일 좋은 직장에 들어갔다고 기뻐
하시던 그분, 딸 셋이 시집가거든 아이를 둘씩은 낳아야 국가에 도
움이 된다며 협박(?)하시는 그분. 그러던 어느 날 또 부르십니다.

"시은이 이젠 그 은행 카드 아빠한테 반납해도 되지 않겠니?"

그랬습니다. 6년 동안을 늘 품에 안고 다니며 세상의 그 어떤 보물보
다 심지어는 알라딘의 요술램프보다 소중하게 사용했고, 몇 번의 가
출 충동에서 날 지켜 주었던 그 카드를 아빠에게 돌려 드렸습니다.

… 하략 …

시은이 응모한 이글이 최우수상을 받았는데 발표 소식을 들은 우렁이 각시와 두 딸은 난리가 났다. 두 딸은 아빠와 둘째가 가족 몰래 그런 사연이 있었다는 건 엄연한 편애라며 방방 뛰었는데, 그 상금 50만 원으로 김치 냉장고를 사고서야 조용해졌다. 그 후 큰딸이 좋은 청년과 결혼하고 2년쯤 뒤에 둘째 시은이도 K 그룹에 다니는 좋은 청년과 결혼하였다.

나와 우렁이 각시는 말띠 동갑인데 이때부터 말띠의 늦바람 본색이 드러나기 시작했다. 시은이 신랑의 회사가 항공사를 운영하는 그룹이어서, 부모님과 처부모님까지 항공권 혜택을 받는 아주 좋은 직장의 사원이었기 때문이다.

그때 나는 다니던 시내버스 회사에서 정년퇴임을 하고 퇴직금과 부족분을 이리저리 꿰어 맞춰 개인택시로 전업한 시기였다. 우리는 그 항공권의 혜택을 누리며 살기로 했고 철저한 계획도 없이 여행을 다니게 되었다. 기억나는 여행을 여기에 기록해 본다. 그러니까 앞서 쓴 성지 순례나 중국 필리핀 여행은 예고편에 불과하다.

사위 혜택을 받은 첫 여행은 미국 서부로 잡았다. 언제까지 이런 좋은 기회가 주어질는지 사람 일은 모르는 것이기에 최대한 가고 싶었던 먼 곳을 택했다. 왜냐하면, 동남아나 가까운 곳은 나이가 들어 힘들고 또 혜택 없어질 때가 와도 갈 수 있으니까 아껴 놓자는 계산이었다.

2. 3대 캐니언

그렇게 2014년 12월 9일부터 16일까지 미국 서부 여행의 비행기를 타고 로스앤젤레스로 직항했는데 비행 시간만 11시간이 걸렸다. 드디어 우리는 미국 땅을 밟게 되었고 우리와 밤과 낮이 반대이기 때문에 도착했을 때는 한낮이었고 그래서 여행 일정이 바로 진행되었다.

아마 우리나라로 한다면 한밤중이지 않을까 싶은 시간이라 피곤한데 공항에서 기다리는 가이드와 미팅을 하고 보니까, 관광버스가 거의 한 차가 되었다.

여행 때마다 느끼는 것이지만 여행사에서 사람을 모집하고, 모든 절차를 밟아 주고, 현지에 있는 가이드와 연결해 주고, 가이드가 여행 기간 내내 챙겨 주고, 해박한 지식으로 여행지를 설명해 주고, 먹

미국 - 그랜드캐니언

여 주고, 재워 주고, 귀국하는 비행기까지 태워 주고 하는 그 모든 시스템이 어느 정밀한 기계가 돌아가는 것처럼 정확함에 놀랐다.

2019년에 최초 시작된 코로나19가 이 글을 쓰고 있는 2022년 봄까지 이어지고 있는데, 모든 여행이 중단된 지금 관광업에 종사하는 분들은 얼마나 어렵고 암담할까?

언제 끝날지도 모르는 이 상황에서 어떻게 지낼까?

한편, 여행을 가고 싶어 하는 사람들은 얼마나 좀이 쑤실까?

보통 사람들은 여러 가지 이유로 여행을 미루며 자금과 시간이 여유로울 때 맘껏 여행 다니겠다고 하는데 정작 그 여유가 충족되었을 때는 몸이 안 따라 주거나 코로나19 같은 상상도 못할 일이 앞을 막는다. "이 또한 지나가리니"라는 말처럼 모든 것이 제자리로 돌아오기를 바라며 수없이 많이 보아 온 미국 서부 영화에 자주 등장하는 서부로 가 보자.

로스앤젤레스 시내를 벗어나자 대부분 메마른 땅이었다. 관광버스로 몇 시간을 가는 동안에도 끝없는 황량한 들판을 지나고 그러다 푸른 나무들이 보인다 싶으면 작은 마을들이 형성되어 있고 강물이 흐르는 곳에는 도시가 형성되어 있는 그런 곳의 연속이었다. 우리가 첫날 호텔에 여장을 푼 라플린이라는 도시도 그랬다.

우리나라에 살면서 처음 들어 본 생소한 도시 라플린, 우리가 탄 버스가 허허벌판을 달리나 싶은 어느 순간 눈앞에 숲이 보였고 산모퉁이를 돌고 언덕 아래로 가는가 싶었는데 거기에 화려한 호텔들이 들어선 도시가 나타났다. 어두워져 가는 시간인데 불빛이 강물에 비쳐 아름다운 야경을 연출하고 있었다.

라플린은 네바다주 최남단에 위치하여 애리조나주와 경계를 이루고 있고 콜로라도강을 끼고 있는데 도시의 이름은 돈 라플린의 이름에서 유래했다. 카지노로 부를 이룬 라플린이 비행기를 타고 지나가다가 아래로 내려다보이는 강과 모래사장의 아름다움에 반해 거기에 호텔을 지으면서 사람들이 모여들었고 그렇게 도시가 형성되었다. 강가의 작은 마을이 도시가 되었다는 라플린, 땅도 많고, 부자도 많고, 말도 많은 미국이다.

역시 미국의 서부는 나를 실망시키지 않았다. 라플린에서 첫날밤을 보낸 우리 일행을 새벽 일찍 모닝콜로 불러 모은 가이드는 우리 일행을 차에 태워서 실내 등을 끄고 잠을 재웠다.

그렇게 몇 시간을 갔는지 어디를 어떻게 갔는지도 모른 채 거금 들여 미국까지 온 나를 잠만 재우다니, 차 안에서 잠을 자는 둥 마는 둥, 꿈결에 혼자 투덜거리다가 날이 밝아 왔다. 차 창밖으로 보니 서부 영화에 나오는 듯한 산에서 고사목이 나타났다. 푸른 나무들이 듬성듬성 나올 때쯤 휴게소에 도착해 아침을 먹고, 또 다시 출발하여 얼마를 더 가서 닿은 곳이 그랜드캐니언이었다.

차에서 내려 걸으면서 나는 입을 다물지 못했고, 내 곁의 우렁이 각시는 "햐아!! 햐아!!" 하는 감탄사를 그칠 줄 몰랐다.

어떻게 세상에 이런 지형이 있을 수 있을까?

서부 영화에서 보던 서부로 가는 행렬의 앞길을 막던 강들과 계곡들이 이해되는 순간이었다.

그랜드캐니언은 미국 애리조나주 북서부 고원 지대가 콜로라도강에 침식되어 생긴 협곡이다. 여기 그랜드캐니언 지역에 인디언 보호구역이 있는데 푸에블로 원주민을 비롯해서 실제로 원주민 5개 부족이 그랜드캐니언 근처 인디언 보호구역에서 거주하고 있다고 한다.

케빈 코스트너와 매리 맥도넬 주연의 〈늑대와 춤을〉이라는 영화가 떠올랐다. 군인이었던 '늑대와 춤을'과 인디언 여인 '주먹 쥐고 일어서서'가 금방 어느 앙상한 숲에서 나와서 반겨 줄 것 같은 착각에 빠져들었다.

여행 때마다 애초에 여행 자금이 거의 없는 상태에서 마이너스 통장을 사용했고 여기 미국 서부 여행도 둘째 사위 덕에 항공권 혜택을 받아 여행 경비가 다른 사람들의 절반 수준이었다. 여행사에 지급한 돈 외에 두 사람이 지참한 돈은 70만 원 정도였다. 그래서 웬만한 패키지는 모두 제하고 꼭 하고 싶은 것 두세 개만 미리 체크를 해 갔는데 그 리스트에 그랜드캐니언 경비행기가 있었다.

경비행기에 탑승했더니 운전석에 기장과 부기장 두 명이 앉아 있고 탑승 인원은 30여 명쯤 되는 것 같은데 비행기 조종사와 승객 간에 분리 공간이 없어서 조종사가 직접 비행기를 띄우는 모습을 볼 수 있어서 참 좋았다.

활주로를 속력 내어 달리면서 어느 순간 조종사가 사인을 보냈고, 그때 부조종사가 머리 위에 있는 손잡이 같은 부품을 힘껏 잡아당기니까 우리가 탄 비행기가 땅에서 일어서며 하늘로 날아올랐다. 비행기가 이륙하는 순간의 그 모습도 참 신기했다. 기내에 있는 이어폰을 귀에 꽂으니까 우리 말 해설이 나왔다. 활주로를 이륙한 비행기가 조금 전 전망대에서 보았던 협곡 위를 나는데 이건 완전히 딴 세상이다.

캐니언이 우리 말로 협곡이니까 당연히 어느 험악한 산속에 깊은 계곡이 있을 것으로 알았는데 그건 착각이었다. 허허벌판이 끝도 없이 펼쳐져 있고 그 한가운데가 깊게 파여 있으며, 그 깊은 협곡 아래로 물이 흐르는데, 어떤 줄기의 협곡에서는 파란색 강물이 흐르고, 어떤 협곡에서는 황토색 물이 흐르며 협곡마다 기이한 모양의 기암괴석이 있어서 40여 분을 비행하는 내내 새로운 모습을 보여 주었다.

이런 협곡이 자그마치 440킬로미터가 이어진다고 하니 상상이 안 되었으며, 협곡의 깊이도 수백 미터가 넘으니까 서부 개척 시대 마차를 끌고 이주해 오던 행렬이 이런 곳을 만났을 때 너무 멀리 와 버려서 돌아갈 수도, 그렇다고 이 험한 협곡을 건널 수도 없는 상황에 부닥친 장면들이 이해되었다.

먼저 언급한 〈늑대와 춤을〉이라는 영화와 꿈을 찾아 서부로 오는 한 무리의 행렬이 멀고도 험난한 길을 오면서 겪는 일을 그린 스타인백의 소설 『분노의 포도』라는 소설의 줄거리가 서부 관광 내내 머리에서 맴돌았다.

그렇게 그랜드캐니언의 관광을 마치고 이동하는 버스 안에서도 조금 전의 감동에 젖어 있는 동안 버스는 또 인적이 없는 사막의 고속 도로를 열심히 달렸다.

고속 도로 곁으로 기차가 지나가는데 이건 또 무엇인가?

기차의 머리도 끝도 없는 몸통만 가고 있었다. 한참을 지나서 보니까 기차가 칸을 하도 많이 달아서 앞에 기관실을 두 개 달고, 중간에도 달고, 끝에도 달고 가고 있었다.

동부와 서부를 오가는 기차는 보통 100칸을 달고 다닌다니 보고 듣는 모든 것이 놀라울 따름이다. 가도 가도 황량한 들판이고 그러다가 물이 흐르는 곳에는 작은 마을이 형성되어 있는데 그런 곳에서 사는 사람들은 부자 나라 미국과 관계가 없을 것 같다는 생각이 들 무렵 황혼에 라스베이거스에 도착했다. 라스베이거스는 오직 카지노의 도시란다.

내가 워낙에 시골에서 나서 자랐고, 나이 들면서도 어렵게 살아온 관계로 도박이나 카지노 같은 오락에는 무지한데, 수많은 사람이 이곳 라스베이거스에 도박하러 왔다가 돈을 다 잃고 차도 버리고 간 사람 이 있는가 하면, 오지도 가지도 못하고 거지가 되는 사람도 있으며, 일확천금을 얻어 가는 사람도 있다고 했다. 또 재미있는 것은 그날 만난 남녀가 서로 맘에 들면 결혼하고 혼인 신고까지 할 수 있고. 이혼까지도 할 수 있다는 환락의 도시인 점이다.

라스베이거스 도시 전체가 최고급 호텔로 이루어져 있어서 황홀한 야경을 꼭 봐야 한다며 데리고 다니는 가이드를 따라 여기저기 다니다가 이름도 별난 벨라지오호텔 앞의 춤추는 분수를 보기 위해 이동하였다.

벨라지오호텔 앞으로 가는 대낮 같은 밝은 거리에는 정해진 시간에 정해진 시간만큼을 가동한다는 분수 쇼를 보기 위한 인파가 무슨 시위대처럼 몰려가고 있었다. 그 인파를 뚫고 간 우리도 좋은 자리를 잡으려고 이리저리 밀려다니다가 사람들 틈을 비집고 겨우 자리를 잡았다. 그런 다음 호텔 앞에 있는 넓은 호수에 핸드폰의 동영상 촬영을 설치해 놓고 기다렸다.

어느 순간 음악이 나왔고 그 음악에 맞춰서 잠잠하던 호수가 일어나서 춤을 추는데 이 또한 환상의 도가니였다. 도시가 떠나갈 것 같은 웅장한 음악, 더는 찬란하게 할 수 없을 것 같은 네온과 공중으로 뿜어져 올라와서 춤을 추고 다시 호수로 떨어지는 물소리, 그 중간중간에 쏘아 올린 물이 151미터의 호텔 높이까지 뿜어져 올라가는데 그러기 위한 물대포 소리, 우렁이 각시와 나를 비롯한 사람들의 환호 소리, 이 모든 것이 아름다운 표현으로는 환상이요 아름답지 않은 표현으로는 아수라장이었다.

웅장한 음악과 멋진 물의 춤을 보며 감격의 눈물이 자꾸만 앞을 가려서 몇 번이나 눈가를 훔쳐야 했다.

3대, 사람들은 3대를 좋아하는가 보다. 이 벨라지오의 분수가 두바이 분수와 바르셀로나의 몬주익 분수와 함께 세계 3대 분수라고 한다니 말이다.

그곳을 나와 라스베이거스의 스트립 중심부에 가서 최대 네온사인 공사를 세계의 유수 기업과 경쟁해서 따내고 시공한 우리나라 기업 LG의 조명 쇼를 보았다. 그 화려함에 감탄을 하면서 한편으로는 대단한 우리나라 기업에 감사했다.

100층이 넘는 전망대에 올라가서 화려한 라스베이거스 시내의 야경을 보고 숙소 호텔에 왔다. 많은 사람이 카지노 하는 모습, 한숨 짓는 사람, 환호하는 사람들을 보면서 과연 환락의 도시라고 느꼈다.

공항이 도심 한가운데에 있어서 밤이 깊도록 수시로 비행기 뜨고 내리는 소음이 가득했다. 사막의 한가운데에 이렇게 많은 물을 끌어와서 도시를 만들었다는 사실이 놀라울 뿐이다.

라스베이거스에서 시끄러운 비행기 이착륙하는 소음을 자장가 삼아 잠을 자고 일어나 아침 식사를 일찍 마친 후 여장은 숙소에 두고 버스를 탔다. 브라이스캐니언과 자이언캐니언 두 곳을 보고 오는 것이 하루의 일과였다. 정확한 기억은 없으나 한 곳을 보러 가는데 한나절 그리고 점심을 먹고 다시 이동하여 한 곳을 보는 것이 한나절씩 걸렸으니까 아마 이동하는 시간이 서너 시간도 더 되었던 것 같다.

애리조나주의 그랜드캐니언의 감동이 너무 커서였을까? 유타주에 있는 브라이스캐니언에 갔을 때는 아기자기한 아름다움이 환상적이기는 하지만 그랜드캐니언만큼 감동적이지 않았다. 나만 그런지 사람 마음은 참 간사하다고 생각하며 이런 비경이 이 나라에만 다 몰려 있지 말고 우리나라에도 하나 있었으면 좋겠다는 엉뚱한 욕심을 부려 봤다.

한 곳의 황홀한 풍경에 취하고 사진 찍고 감탄사를 연발하는 시간은 불과 한 시간에서 두 시간 그리고는 서둘러 버스에 탑승해서 또 몇 시간을 달리며 가이드로부터 다음에 도착해서 봐야 할 곳의 배경과 아름다움에 대한 설명을 열심히 듣고 도착하기를 반복하는 빡빡한 일정이 계속되며 창밖으로 펼쳐지는 광활한 대륙에 매료되고 있었다.

서부를 대표하는 모하비 사막을 지나는 동안 내내 도대체 이 땅은 얼마나 넓은 것인가?

산을 넘으면 또 산이요 황량한 사막을 지나도 끝없이 펼쳐진 황량함에 그저 넋을 잃을 뿐이었다. 그런 여러 가지 상상에 빠져 가이드의 설명은 듣는 둥 마는 둥 하다 졸음에 빠져 자다 깨기를 반복하는 사이 또다시 귀에 익은 목소리에 정신을 차렸다. 그날의 마지막 일정인 자이언캐니언이다. 광야를 지나는 동안 멀리서 높은 산이 다가오는데 그 산의 계곡을 따라가는 것이 자이언캐니언의 일정이다. 어느 순간 우리의 버스가 계곡 속으로 빨려 들어가자 내 곁에 앉아 있던 우렁이 각시가 야단했다.

우렁이 각시는 과수원에 딸려 있던 시골집에서 둘째 딸을 낳을 때 산고 신음이 방 밖으로 들리지 않을 정도로 큰 소리가 없고 얌전한 사람이었는데 자이언캐니언의 계곡을 들어서는 순간부터 감탄사를 지르더니 결국 둘째 딸 출산 때보다 더 요란하게 소리를 질러대는 거였다.

버스가 굽이를 돌 때마다 가이드는 오른쪽을 봐라, 왼쪽을 보라며 설명을 해대는데 그 설명이 무슨 소용이 있다는 말인가?

그저 지금까지 살아오며 최고의 감탄사를 연발할 뿐이었다.

그렇게 얼마를 곡예하듯 내려가던 버스에서 음악이 흘러나왔다. 지나고 나서 보니 자이언캐니언의 최대 절경을 지나는 길목이었고 버스가 울릴 만큼 큰소리로 울린 음악은 헨델의 〈할렐루야〉였다. 어렸을 때부터 교회를 다닌 크리스천인 우리 부부가 가끔 들어 본 찬양곡이었고 장성해서는 찬양대에서 몇 번 불러 본 적도 있는 곡이었지만, 감동과 은혜보다는 어려운 곡이라는 생각이 더 깊었던 곡이다.

이 〈할렐루야〉가 깊고 깊은 바위투성이 산속에 등장했다. 세계적으로 유명한 불문율과 전통 가운데 하나가 "할렐루야 할렐루야"로 시작되는 헨델의 〈할렐루야〉 연주될 때는 관객들이 자리에서 일어서야 한다는 것이다.

이 전통은 1742년 런던에서 헨델이 작곡한 〈메시아〉가 처음으로 연주되었는데 이 〈할렐루야〉 부분에서 영국의 왕 조지 2세가 감격한 나머지 저도 모르게 벌떡 일어섰다는 데서 유래한다. 왕이 일어섰으니 당연히 모든 사람이 일어섰을 것이고, 그 이후로 메시아 연주를 들을 때 〈할렐루야〉 부분에서는 청중이 모두 기립하는 것이 불문율이 되었다고 한다.

쉼 없이 계곡 사이를 달리는 버스에서 헨델의 〈할렐루야〉가 나오는 동안 결국 일이 터지고 말았다. 얌전한 우렁이 각시가 황홀한 광경에 "히야~~~!!! 히야~~~!!!" 하는 감탄사를 내지르며 이쪽 편, 반대편 의자를 전전하며 다니던 와중에 헨델의 〈할렐루야〉가 나오니까 결국은 울음을 터트리는 것이었다. 어제 라스베이거스의 벨라지오호텔 분수 쇼를 볼 때는 눈물만 글썽글썽했는데, 그랬었나 보다. 인간이 만든 아름다움보다 조물주 그분이 만든 자연이 비교할 수 없이 크고 감명 깊었나 보다. 늘상 보고 다니는 사람은 보통이겠지만 과연 울음이 터질 만큼의 감동적인 웅장한 자연과 더불어 거기에 어우러진 음악이었다.

　길고 험한 계곡을 지나오면서 아름다운 광경을 보고 깊은 탄식을 하는 사이에 우리가 탄 버스는 산 아래 광장에 있는 휴게소에 들렀다. 쉬면서 지나왔던 곳을 올려다보니까 신기하게도 산봉우리들 몇 개가 어우러져 있을 뿐 그 아름답고 꿈속 같던 광경은 어디에도 없었다. 그래서 사람들은 그런 곳을 감춰져 있는 아름다움이라 해서 비경이라고 불렀나 보다.

　십여 해가 지난 지금도 우렁이 각시와 그때를 얘기하면 그 진한 감동이 바로 얼마 전처럼 떠오르고는 한다. 그렇게 협곡 두 곳을 보고 짐이 있는 숙소 라스베이거스로 돌아와서 쉬고 다음 일정을 향해서 가는 길에 후버댐을 지나게 되었다. 뉴욕 맨해튼의 9, 11테러가 있고 오래지 않은 때였기에 후버댐을 테러로부터 지키는 관계로 댐 가까이는 갈 수 없었다. 심지어 멀리 댐이 보이는 지점을 지나갈 때는 버스의 속력도 늦출 수 없고 빨리 지나가야 한다고 했다.

　후버댐을 지나가는 길에 우리의 여정을 함께 따라온 콜로라도강이 후버댐, 그랜드캐니언, 라스베이거스 그리고 미 서부가 연관되어 있기에 들여다보고 가도록 하자.

　길이가 약 2,330킬로미터의 콜로라도강은 콜로라도주 북부의 로키산맥에서 발원하여 콜로라도주, 유타주, 애리조나주, 네바다주, 캘리포니아주를 거쳐 멕시코령 캘리포니아만으로 흘러든다. 이렇게 멀리서부터 흘러 내려오며 여러 개의 강이 합류하고, 그랜드캐니언 대협곡을 지나는 동안 인간은 그 강에 여러 개의 댐을 짓고 발전소를 지어 전기를 만들고 댐을 지어서 모인 많은 물을 서부에 형성된 대도시에 공급하고 농사를 짓고 공장을 만드는 크나큰 역할을 담당한다.

그중 대표적인 댐이 후버댐인데 후버댐은 1931년 미국 경제 대공황 때 늘어난 실업자 구제와 공황을 탈피하는 한편 서부 개척이 시작되어 서부에 대폭 늘어난 인구로 인해 대도시들이 형성되어 그로 인해 필요한 생활용수와 농업용수 또 전기확보를 위해 건설된다. 후버댐을 짓는 데 많은 노동자가 동원되었는데, 이 노동자들이 낮에는 댐 건설 현장에서 일하고 밤이면 숙소에 돌아와서 술을 마시거나 도박을 하는 것이 일상이 되었다.

이 설명을 듣는 중에 어렸을 때 추억이 떠올랐다.

우리 마을 앞을 흐르는 냇물을 막아 큰 저수지를 만들었다. 냇물이 흘러가는 아래쪽으로 우리 면의 대표적인 넓은 들이 있는데 그 들판에 가뭄 때에 물을 대 주기 위해 우리가 살던 마을의 좁은 다랑논을 보상해 주고, 저수지를 만드는 공사를 하였다. 열일곱 살쯤의 나이에 거기에서 일하고 밀가루를 받아 간 내 친구들이 몇 명 있어서 어렵던 시절 이야기를 하면 그때 일을 말하고는 한다. 그때 일하고 나서 받는 보수 제도는 보수를 티켓으로 받아 그 티켓을 밀가루로 바꾸는 것이었다.

어른들은 공사장 일이 끝나면 현장 식당과 주막집에 모여 밤 늦도록 그 티켓으로 술을 먹고 화투를 했었는데 그 모습이 아마도 후버댐 공사 현장과 같지 않았을까?

아메리칸 드림의 바람을 타고 온 중국이나 가난한 여러 나라의 노동자들이 낮에는 공사 현장에서 일하고 밤이면 숙소로 왔는데, 숙소의 이러한 상황을 지켜보던 마피아들과 미국의 부자들이 라스베이거스라는 도박의 도시를 만들어 보자는 생각을 가지게 되어 지금의 라스베이거스가 생겨난 것이다. 우리 말로 하면 후버댐을 짓는 함바 역할을 한 것이 라스베이거스였다.

후버댐은 후버 대통령이 시작하여 4년의 기간이 걸려 루즈벨트 대통령 때 완공하였다. 처음 이 댐을 지을 당시 지역 명칭인 볼더댐이라 이름을 지었지만, 워낙 크고 위대해서 이 댐을 짓기 시작한 후버 대통령의 이름을 따서 후버댐이라 했다. 이 후버댐의 수력 발전으로 만들어진 전기가 도박과 환락의 도시 라스베이거스와 주변 도시를 밝히고도 남는다고 한다.

3. 샌프란시스코

우리 일행은 은광 촌인 캘리코와 작은 도시 몇 곳을 들리며 드디어 샌프란시스코에 도착했다. 우리 교과서에 등장하는 애국지사들이 기선을 타고 미국을 갈 때 처음 도착했던 도시가 샌프란시스코다. 바닷냄새가 물씬 나는 항구 도시 샌프란시스코는 정말 아름다웠다.

며칠을 황량한 벌판만 돌아다녔던 우리 일행은 고층 빌딩이 꽉 들어찬 샌프란시스코 시내를 지나서 금문교에 닿았다. 총 길이 2,789미터, 기둥과 기둥 간 거리 1,280미터의 금문교는 다리 상판에서 바다까지의 높이가 67미터가 되어 이 다리 아래로 통과하지 못하는 배가 없다고 한다.

금문교가 자리한 샌프란시스코만의 해협을 골든 게이트라고 하기에 여기에 다리를 놓고서도 골든게이트브리지라는 이름이 붙었다. 입구에 도착하여 가이드로부터 여러 가지 설명을 듣는 동안에도 다리 아래 넓은 바다에는 대형 컨테이너선이 오가고 요트가 오가는 풍경을 이루고 있었다.

우리 일행은 샌프란시스코에서 숙박하고 다음날은 이 다리를 건너서 LA로 간다고 하며 다리 근처를 둘러보고 선착장에 들어와서 대형 유람선에 승선하였다.

넓은 바다로 나간 유람선이 크게 돌아 금문교를 향하여 가는 곳에 그리 크지 않은 바위 섬이 하나 있는데 이 섬이 옛날에 유명한 앨커트래즈감옥이다. 건너편 샌프란시스코 시내가 가깝게 건너다보이지만, 바다의 수온이 낮고 워낙에 물살이 거세어서 이 감옥에서 탈출을 시도한 죄수는 자살 행위나 같았다는 감옥이다. 지금은 감옥으로 사용하지 않고 서울의 독립문 부근에 있는 서대문 형무소처럼 유적지로 남았다고 한다.

우리의 유람선이 금문교 아래를 향하여 가는데 높은 파도가 일었다. 금문교 아래를 지나갈 때 고개를 젖히고 올려다본 금문교는 정말 아름다웠다.

미국 - 앨커트래즈감옥

어떻게 이 험한 바다 위에다 저렇게 높은 다리를 지을 수 있었을까?

공사 중에 일하는 사람이 여러 명 떨어져 죽는 사고가 발생하자 그 공사장 아랫부분에 그물로 안전장치를 했는데 그 그물 장치를 하는 것만으로도 그 이전보다 훨씬 적은 추락 사고가 발생했다고 한다. 그건 아마 인간의 심리에 만약 떨어져도 아래에 나를 받아 줄 안전장치가 있다는 안도감에 그렇게 되지 않았나 싶다. 실제로 추락한 사람들 여러 명이 그 그물망으로 떨어져서 구조되었다고 한다.

정말 대단한 다리였다. 대자연의 아름다움도 위대하지만, 인간의 도전과 작품 또한 대단했다. 바닷새와 옆을 지나가는 배들과 대형 컨테이너선들을 보면서 샌프란시스코만을 돌아 나왔다.

우리의 여행 일정에 스탠퍼드대학교 견학이 들어 있어서 스탠퍼드대학교 캠퍼스에 들어갔다. 정문 입구부터 똑바로 길이 나 있고 길 양편으로 멋진 가로수와 넓은 잔디밭이 조성되어 있어서 차로 한참을 들어가서 내려 또 한참을 걸어가야 드문드문 캠퍼스가 나왔는데 캠퍼스에 들어오기 전부터 가이드는 스탠퍼드대학교의 광범위함과 일류대학이라는 것, 또 설립자 릴런드 스탠퍼드에 대해서 많은 설명을 해 댔다.

스탠퍼드대학교를 설립한 스탠퍼드는 부동산 거부였다. 이 부부에게 하버드대학교에 다니는 외아들이 있었는데 그가 사고로 죽게 되었다. 그 일로 상심한 부부가 모든 부와 명예에 대한 애착을 버리고 있던 어느 날 스탠퍼드의 꿈에 아들이 나타나서 말했다.

"아버지, 지금까지는 나 하나를 키웠지만, 이제부터는 미국의 젊은 이들을 아들처럼 키워 주세요."

꿈에서 깨어난 스탠퍼드는 아내와 함께 아들이 다니던 매사추세츠 주에 있는 명문 사립 대학교인 하버드를 찾아갔다.

하버드대학교를 찾아간 노부부는 총장 면담을 요청했는데, 총장 비서는 허름한 차림의 노부부를 보고 문전 박대했다. 어렵게 만난 총장에게 이 부부는 아들이 다니던 학교에 기념될 만한 것을 기증하겠다고 했다. 이 말을 들은 총장 역시 비서처럼 대수롭지 않게 여겼다.

'우리 하버드대학교는 750만 달러라는 막대한 돈을 들여 설립한 대단한 대학교인데 이 허름한 노인네들이 학교의 어디에다 무슨 기념비를 세우겠다는 말인가?'

혼잣말처럼 하는 총장님의 그 말을 들은 아내가 남편의 옆구리를 찔러 데리고 나와서 말했다.

"여보, 그만큼의 돈으로 이런 대학을 설립할 수 있다면 우리가 직접 대학교를 설립할 수 있겠네요."

그래서 그들은 고향 캘리포니아로 돌아와 대학을 세웠고, 그 대학이 바로 그 유명한 스탠퍼드대학교라고 한다. 얼마 후 이 사실을 안 하버드대학교 총장은 사람을 겉으로만 보고 판단해서 엄청난 후원금을 놓쳤다고 아쉬워하고 후회하였다고 한다.

이렇게 설립된 스탠퍼드에서 2019년 11월까지 노벨상 수상자가 83명이 나왔으며 후버댐을 지었던 31대 허버트 후버 대통령과 35대 대통령 존 에프 케네디도 이 학교 출신이라고 한다. 여러 나라에 분교가 있고 캘리포니아의 본교 캠퍼스의 넓이만 우리 서울의 송파구 면적만 하다고 가이드는 침이 마르도록 자랑을 했지만, 내가 거기서 보고 느낀 것은 그저 평평한 교정에 건물들이 서 있고 그 사이사이에 숲이 우거져 있는데 주로 아몬드 나무들이고 바닥에는 아몬드가 떨어져 흩어져 있었다.

지금은 택시 기사로 일하기 때문에 연세대학교나 서울대학교 캠퍼스를 자주 들어가는데 우리의 대학들도 얼마나 넓고 훌륭한지, 나는 우리의 대학이 훨씬 더 자랑스럽다.

하루를 샌프란시스코에서 보내고 다음날 일찍 우리가 첫날 도착했던 로스앤젤레스로 출발했다. 샌프란시스코에서 로스앤젤레스까지 태평양 연안을 따라 내려가는데 고속 도로를 다섯 시간 반 정도를 달린다. 그런데 이 길이 또 나를 놀라게 했다.

도심을 벗어난 버스가 고속 도로를 달리는데 도로 양옆이 끝없는 농장이다. 포도 농장이 끝났다 싶으면 아몬드 농장 같은 과수원이 아무렇게나 있는 것이 아니고 숫제 공장이다. 끝없이 평평한 대지에 과일나무가 좌우 앞뒤로 열을 맞춰져 심겨 있고 키도 똑같다. 이건 말 그대로 농장이라기보다는 공장이었다.

내가 젊었을 때 배 과수원에서 일하고 거기서 자금을 모으고 농사 기술을 익혀 나의 배 과수원을 가진 사람이 아닌가. 나의 과수원에 있는 열 가지도 넘는 배의 품종마다 꽃피는 시기, 열매를 맺고 자라는 시기, 수확하는 시기를 다 외우고 살았는데 이 캘리포니아의 농장 지대를 지나가면서 느낀 것은 내가 하던 과수원은 소꿉놀이에 불과했다는 것이다. 정말 대단했다

차 안에서 가이드가 마이크로 계속 설명했다. 여기 농장주들은 1년에 3일을 일한다고 한다. 하루는 물을 대 주는 회사와 한 해 동안 물을 공급해 줄 것과 물값을 결정하고, 또 하루는 농약 회사와 한 해 농약 방재 작업과 경비를 계약하고, 나머지 하루는 은행에서 한 해의 수입 현황을 파악한다고 우스갯말이지만 그만큼 모든 그것이 기계화되어 이 넓고 광활한 지대의 농사를 짓는다는 것이다.

더 기가 막힌 사실은 원래는 온통 사막 지대였는데 콜로라도강을 막아서 만든 후버댐과 그 밖의 몇 개 댐의 물이 이 도시에 사는 사람들을 먹여 살리고, 그뿐 아니라 사막을 옥토로 바꾸어서 과일 농장을 만들었다는 것이다. 여기에서 수확한 과일이 미국은 물론 세계 과일 시장을 쥐었다 놨다 한다니 기가 막힐 따름이었다.

내 눈으로 보지 않았다면 믿어지지 않았겠지만 버스를 타고 달리면서 눈에 보이는 것만 이 정도인데 실제로 고속 도로 양옆으로 깊숙이 들어가면 얼마나 넓은 농토를 가지고 농사를 하고 있겠는가?

그래서 서부 영화에서 보았던 것처럼 목숨을 걸고 서부로, 서부로 향했던가 보다. 그렇게 고속 도로를 몇 시간 달려 휴게소에 들렀을 때의 일이다. 휴게소 화장실에 갔는데, 전철 탈 때 카드 체크를 하듯이, 문 앞에 설치되어 있는 기계에 지폐를 넣어야 화장실 문이 열리는 것이었다. 얼마를 넣은 지 오래되어서 기억이 안 나지만 돈을 넣으면 문이 열리면서 영수증이 나왔다. 그 영수증을 그 휴게소에서 물건 살 때 사용할 수 있다고 해서 우리 부부는 워낙 좋아하는 사과를 사기로 하고, 가게에서 제법 곱고 큰 사과를 한 개 집어 들고 영수증 두 장을 내밀었다. 영수증 두 장을 주고 사과 한 개를 바꾸면 모자란 돈을 지불하려고 했는데 영수증 한 장에 사과 한 개씩을 쳐 주었다.

우리나라에서 겨울에 나오는 큼직한 부사만한 것을, 그렇다면 도대체 화장실 사용료가 얼마란 말인가?

서울에서 그만큼의 사과를 사려면 한 개에 천 원은 될 거 같은데, 그러니 우리나라는 얼마나 좋은 나라인가?

가는 곳마다 공중화장실이 있지, 주유소마다 화장실 무료로 사용할 수 있지, 화장실에 비누와 화장지까지 비치해 놓았지, 우렁이 각시와 달리는 버스에서 사과를 먹으며 새삼스럽게 우리나라와 잠시 비교해 보았다. 선진국인 미국은 도로 인프라와 교통문화, 그리고 대도시의 빌딩, 이 모든 것이 우리나라와는 비교가 안 될 만큼 뛰어날 것으로 생각했던 것은 나의 착각이었다. 우리나라의 모든 것이 미국에 조금도 뒤지지 않음을 내 눈으로 보았다.

그렇게 휴게소를 나와 다시 LA를 향하여 달리는데 지금까지 내 눈앞에 보였던 농장들은 점차 적어지더니 그 대신 야트막한 야산들이 펼쳐졌다. 그 야산들은 푸른색 풀들로 덮여 있었고 그 사이로 듬성듬성 서 있는 나무 아래서 소들이 한가롭게 풀을 뜯어 먹고 있었다.

어떻게 저 넓은 산에 나무와 풀을 제거하고 초지(소먹이용 풀)를 조성하여 목장을 운영하고 있을까?

본래 시골 출신인 내가 그 궁금증을 가이드에게 물어보았더니 돌아오는 답이 엉뚱했다. 이 지역은 본래 사막 지대인데 오랫동안 비가 오지 않으면 메말라 있다가 어느 날 비가 오면 며칠 안 되어 순식간에 이런 자연산 풀이 자라나서 목장의 소먹이가 된다니 정말 하늘이 내린 땅이었다. 우리나라의 목장주는 이런 목장을 만들려면 국가 부처에 허가를 받아 나무를 베어 내고 잡초를 제거한 다음 사료용 풀씨를 뿌려서 가꾸어야 하는 큰 수고가 따르는데 말이다.

4. LA

그렇게 대여섯 시간을 열심히 달려온 우리 버스가 첫날 비행기에서 내렸던 로스앤젤레스에 도착해서 할리우드로 갔다. 특별히 영화에 대해 아는 것은 없지만 서울에도 허리우드극장이 있었고, 할리우드가 영화의 전당이라는 어설픈 지식으로 들어간 할리우드는 마릴린

먼로를 비롯한 유명 배우들을 살아 있는 모습처럼 재현해 놓았고 각종 기념품을 사라고 호객하는 사람들이 소란스러웠다. 과연 영화의 메카라는 느낌을 받았다.

거리 중앙 어느 곳에는 길바닥 한가운데에 스타들의 손바닥이나 발바닥이 찍혀 있는 곳이 있는데 많은 사람이 거기에 몰려서 스타들의 손과 발에 자신의 손과 발을 맞춰 보고 있었다. 가까운 곳에 베벌리힐스가 있는데 그곳에 지금도 많은 스타가 살고 있고, 할리우드의 공원묘지에는 루돌프 발렌티노, 더글러스 페어뱅크스, 존 길버트 같은 과거의 화려한 연기자들이 잠들어 있다는 설명을 들으며 그 유명한 유니버설스튜디오로 이동하였다.

미국의 많은 영화를 찍은 세트장이라는 유니버설스튜디오는 입장하는 정문에서부터 수많은 사람으로 장사진을 이루고 있었다. 너무 넓고 볼 것이 많은 곳이라 처음 간 사람들은 길을 잃고 헤매다 나오

미국 - 할리우드

는 경우가 많다면서, 가이드가 중요한 몇 곳을 데리고 다니며 관람을 시켜 주었다.

어느 장소에서는 청룡열차를 타고 가면서 갖가지 긴장감 넘치는 체험을 할 수 있었는데, 제일 기억에 남는 것은 초등학교 운동장만 한 연못에서 영화 타이타닉의 많은 부분을 촬영했다는 것이다. 내가 그렇게 즐겨 보는 스케일이 큰 영화들도 결국은 이런 눈속임이었나 하는 작은 실망감이 있었다.

어느 한편에는 대형 여객기가 추락해 있는 모습으로 있었고, 또 다른 한편에는 서부극에 나오는 세트장이 있어서 서부 영화에 나오는 배우 복장의 사람들이 직접 뛰어다니며 스릴 넘치는 장면을 연출하여 주기도 하였다. 내가 봤던 영화의 한 장면 한 장면이 실제로 알고 보니까 이런 공장 같은 시설에서 물품을 찍어 내듯 만들었나 하는 실망감을 가지며 유니버설스튜디오를 나왔다.

이렇게 7박 8일의 서부 여행을 마치고 공항으로 이동하는 버스 안에서 그동안 정들었던 일행들과 인사도 나누고 서로 건투도 빌어 주며 아쉬워하는데 가이드가 첫날 나눠 준 지도를 펴서 그동안 함께 여행했던 루트를 설명해 주었다.

우리의 여행은 애리조나주, 유타주, 네바다주, 캘리포니아주 4개 주를 돌며 4,000여 킬로미터를 달려왔다고 했다. 미국 전체를 놓고 볼 때 극히 작은 한 부분을 여행했지만 그러는 동안에도 시차가 있어서 어느 주로 들어가면 한두 시간씩 시간이 달라지기도 하였다. 51개 주를 가진 나라가 미국이라는데 그 넓디넓은 국토가 아무리 생각해도 상상이 안 된다.

제6장

독일, 오스트리아, 체코 여행

1. 독일

 코로나19 바이러스가 1년 넘도록 극성을 부려서 선진국들을 비롯한 온 세계가 팬데믹 상태인 2021년 1월에 사랑하는 둘째 사위가 독일의 프랑크푸르트로 발령을 받아 떠났다. 45년쯤 전에 있었던 「진주」라는 월간지의 연재소설 주인공 이름을 아껴 놨다가 둘째 딸에게

독일 - 하이델베르크

붙여 준 시은이의 신랑이다.

전 세계가 감염병으로 몸살을 앓고 있을 때 우리나라는 K 방역으로 방역의 모범을 보이며 각국에 나가 있던 우리 국민이 조국 대한민국으로 들어오는 러시를 이루는 때에 시은이의 신랑은 회사의 발령 명령을 받았고, 시은이도 좋은 직장 다니며 아들 둘과 안정적인 생활을 하는 와중에 멀고 먼 유럽의 독일로 가게 되었다.

발령을 받아 놓고 많이 힘들어하고 고민하는 시은이 가족을 안타까운 마음으로 지켜보며 내가 믿는 주님께 기도 드릴 뿐 내가 할 수 있는 일은 없었다.

세계에서 제일 안전한 나라 대한민국으로 들어오지 못해서 야단인 시국에 그것도 감염병으로 어려워하는 유럽이라니, 그래도 젊은 시은이 가족은 과감하게 회사의 명을 따르기로 하고 신랑은 먼저 부임지로 가고 시은이는 다니던 회사 일과 아이들 때문에 일이 정리되는 대로 가기로 했다.

어느 정도 일이 정리되어 가자 이삿짐을 보내고, 최소한의 가재도구와 모자란 부분은 친정 엄마의 도움을 받으며 출국을 기다리는데 이집트의 수에즈운하에서 대형 컨테이너선이 사고를 일으켰고, 그로 인해서 시은이네 이삿짐을 싣고 가는 배도 차질이 생겨서 예정보다 한 달쯤 늦게 도착한다는 연락이 왔다.

우리는 보통 코앞만 바라보고 부지런히 살았는데 둘째 딸 가족이 외국으로 발령을 받아 가는 것이며, 또한 독일로 발령을 받아서 가는데 이집트에서 난 사고와는 왜 연관되는지, 우리 사는 세상을 지구촌이라 하더니 정말 나와 실제로 관계되는 일들이 생기니까 지구촌이라는 말이 실감 났다.

어찌 되었든지 시간이 가고 날짜가 가니까 시은이네 가족도 그 어려운 과정을 다 거치고 무사히 출국하여 온 가족이 프랑크푸르트에 둥지를 틀고 큰아이가 초등학교에 입학하였다는 연락이 왔다. 그러고 나서 며칠 전에 카톡으로 사진이 왔는데 오래전에 엄마 아빠가 다녀갔던 곳이라며 엄마 아빠가 사진을 찍었던 같은 장소에서 포즈를 취하고 시은이 가족이 사진을 찍어 보내 왔다. 그렇지. 오래전 이 둘째 사위 회사의 가족 혜택을 받아 우리 부부는 두 번째 여행을 동유럽으로 잡았다.

사실은 서유럽의 스위스, 이탈리아를 가고 싶었으나 항공사와의 조건 때문에 독일, 오스트리아, 체코 3국의 동유럽 코스가 잡혔다.

인천공항을 출발하여 12시간의 비행으로 프랑크푸르트공항에 기착하였고 우리 여행 팀의 일행이 많았던 관계였는지 출발하면서 가이드와 함께 움직일 수 있었다.

프랑크푸르트에서 로텐부르크라는 도시로 이동하여 옛날 유럽 귀족들이 살던 고풍스러운 도시의 모습을 보고 뮌헨으로 가는 내내 차창 밖으로 목가적인 풍경이 펼쳐지는데 우리의 서울을 생각했던 나는 시골 냄새를 물씬 풍기는 유럽의 첫인상이 우리나라보다 더 촌스럽다는 느낌이었다.

고층 빌딩과 고층 아파트에 익숙해 있던 나에게 독일의 도시에서 도시로 움직이는 동안은 시골풍이 물씬 나고 도시에 들어서면 깨끗하고 잘 정돈된 곳에 고풍스러운 성이 있고 성 주변은 높지 않은 옛 건물이 대부분이고, 도심에도 자연 그대로의 숲이 우거진 작은 산이 있어서 공원 역할을 하는 것도 서울에서 잘 가꾸어진 공원보다 시골스럽다는 느낌이었다.

알프스와 가까운 곳에 있는 도시 뮌헨은 인구 150만 명 정도로 독일에서 세 번째로 큰 도시이다. 우리가 도착했을 때는 11월 중순이었는데 성탄절 분위기를 물씬 풍기고 있었다.

뮌헨 시내에 들어서자 화려하고 큰 규모의 성당들이 듬성듬성 있었다. 거리를 보면서 시청 광장에 이르렀을 때였다. 대형 트레일러들이 컨테이너들을 싣고 와서 하역하는데 그 모든 컨테이너를 시청 광장에 정돈하고 나면 그 컨테이너들을 선물 가게와 싼타 등 모두가 성탄절 행사에 사용한고 한다.

그보다 더 눈길을 사로잡은 것은 시청 정문에 크리스마스트리에 사용할 전나무를 세우는 장면이었다. 전나무를 베어서 대형 트레일러에 싣고 와서 크레인으로 세우는데 이 나무가 얼마나 큰지 나 혼자 안으면 손이 안 닿을 만큼의 아름드리 나무였다. 참 대단했다.

유럽이 가톨릭으로 로마교황청의 영향권에 있을 때, 종교개혁을 한 마틴 루터가 독일 사람인 때문인지 아직 12월도 안 되었는데 성탄절 준비를 대대적으로 하고 있었다. 아마 12월쯤 갔더라면 발 디딜 틈도 없겠다는 느낌을 받으며 오스트리아의 잘츠부르크로 이동하였다. 고속 도로를 달리며 가이드에게 물었다.

"독일에 오면 아우토반이 있다던데 어디가 아우토반인가요?"

그랬더니 독일의 모든 고속 도로가 아우토반이란다. 하지만 지금은 차량이 워낙 많아 아우토반에서도 제대로 속력을 낼 수 없다고 했다.

아주 오래전 흑백 텔레비전 뉴스에서 박정희 대통령이 독일을 방문했을 때 우리 탄광 노동자들과 간호사들의 고생하는 모습을 보고 눈물을 흘리고, 아우토반을 달리다 차에서 내려 넓고 평탄한 도로를 시원스럽게 달리는 자동차들을 보고 감탄했다고 전해진다.

본국에 돌아온 대통령은 서울에서 부산까지 고속 도로를 놓겠다고 하자 많은 반대에 부딪혔다는 이야기가 생각났다. 우리나라에서는 자동차가 미루나무 가로수가 서 있는 신작로를 먼지 일으키며 달릴 때 독일에는 이미 고속 도로가 놓여 있었다는 얘기다.

얼마만큼을 주행했을 때 차창 밖 오른쪽으로 높은 산줄기가 따라와 가이드에게 또 물었다. 우리가 오스트리아를 가는데 국경은 언제쯤 지나가느냐고 물었더니 조금 전에 지나왔고, 지금은 오스트리아의 도로를 달리고 있으며, 오른쪽에 따라오는 산이 알프스산맥이라고 했다. 국경을 넘는다면 당연히 국경 초소를 거쳐야 할 것으로 생각했는데 EU 나라끼리는 국경을 터놓고, 화폐도 하나로 쓰며, 마음대로 오고 간단다.

어떻게 이런 일들을 했을까? 우리는 한민족이면서도 철조망으로 막아 놓고 으르렁거리며 사는데 27개 나라가 뭉쳐서 함께 오가며 살아가다니 실로 놀라웠다. 오스트리아에 들어섰다고 하니까 호주 댁이 생각났다. 이승만 박사가 임시정부 시절인 1931년 빈 회의에 참석차 오스트리아를 방문했을 때 프란체스카 도너 여사를 처음 만났고 그것이 인연이 되어 두 사람은 결혼하였다.

오세아니아주에 있는 오스트레일리아를 우리는 통상 호주라고 부른다. 그런데 유럽에 있는 비엔나가 수도인 오스트리아와 이름이 비슷해서 두 나라를 잘 구분하지 못하고 주변 사람들이 프란체스카 여사를 호주 댁이라고 불렀다고 한다.

그 프란체스카 여사는 한국의 퍼스트 레이드가 되었으며 하와이로 망명한 남편 이승만 대통령을 따라서 하와이에서 살다가 남편이 죽은 다음 친정인 오스트리아로 가서 지내다 다시 한국으로 와서 살았다. 91세 때 세상을 뜨기 전 유언하기를 이승만 대통령이 독립운동할 때 쓰던 태극기와 성경책을 관에 넣고 관 위에는 남편 이승만 대통령이 직접 쓴 남북통일 휘호를 덮어 달라고 했다.

유럽의 선진국 사람이면서 남편의 가난한 나라인 대한민국의 첫 번째 영부인이었던 프란체스카 여사의 친정 나라 오스트리아에 들어섰다.

2. 오스트리아

그렇게 아무런 규제도 국경 검문도 없이 오스트리아로 넘어간 우리는 오른쪽에 계속 따라오는 산줄기를 보며 가다가 어느 순간 산줄기 방향으로 구부러져 들어가니까 거기에 잘츠부르크라는 도시가 있

오스트리아 - 잘츠카머구트

었다. 잘츠부르크는 오스트리아의 수도인 비엔나에서 300킬로미터쯤 떨어져 있으며 알프스 북쪽 경계의 잘자흐강 양쪽 기슭에 있다.

잘츠부르크는 '소금의 성'을 뜻하는 말로 예로부터 소금 산지로 유명한 지역이었다. 바다와 전혀 관계도 없는, 알프스산맥의 깊은 골짜기에 소금 광산이 있어서 여기에서 채굴한 소금을 잘자흐강을 통해 운반하였는데 그 길목이 여기 잘츠부르크다.

소금이 귀해서 대접을 받던 시절에 가까운 곳에 있는 소금 광산의 길목에 있던 잘츠부르크는 오스트리아에서 상업적으로 가장 발전한 도시고 또 천재 음악가 모차르트의 고향이며 뮤지컬 영화인 〈사운드 오브 뮤직〉의 촬영지로 널리 알려져서 오스트리아의 수도인 비엔나 다음으로 많은 관광객이 찾고 있는 도시라고 했다.

버스와 전차가 함께 다니고 있는 잘츠부르크 시내는 활기가 넘쳐났는데 우리의 지하철 대신 그들의 도로는 버스와 전차가 함께 다니고 있었다.

전차를 타고 시내를 돌아본 다음 그리 크지도 넓지도 않은, 그러면서도 맑은 물이 빠른 속도로 흐르는 잘자흐강의 다리를 건너서 건너편 마을로 갔다. 이 강물이 알프스산맥의 깊은 곳에서부터 흘러 내려오는데, 옛날에는 광산에서 채굴한 소금을 배로 실어 나르던 중요한 수송로였다는 이야기를 듣고 이 강의 상류 알프스를 가고 싶은 욕심이 앞섰다.

강을 건너가자 그곳 마을은 예쁘게 꾸민 상점들이 늘어서 있고 관광객들이 무척이나 많은데 유독 많은 사람이 몰려 있는 곳에 가 보니 거기가 모차르트가 살던 집이었다. 잘츠부르크에서 태어난 모차르트는 가톨릭 성당에서 받은 세례명이 '요하네스 크리소스토무스 볼프강구스 테오필루스 모차르트'라는 긴 이름이었다.

음악가인 아버지와 역시 음악을 하는 누나의 영향으로 어렸을 때부터 천재성을 보인 모차르트는 어린 시절에 여기 잘츠부르크의 성당에서 피아노를 치기도 했다. 청년기에 접어들면서 음악적 천재성에도 불구하고 그의 일상생활은 폐인에 가까울 만큼 방탕한 삶의 연속이었다. 버는 돈이 적은 편이 아니지만 버는 족족 결혼한 아내에게 선물 사 주랴 최신 유행에 맞추어 옷 사랴 개인적으로 씀씀이가 헤퍼서 늘 가난에 쪼들렸다고 한다.

TV 명화극장 프로에서 방영한 영화 〈아마데우스〉를 보니까 영화의 내용이 이랬다. 이탈리아 상인의 아들로 태어난 살리에리는 음악을 엄청나게 사랑하였다. 그래서 그는 각고의 노력으로 교회 지휘자 자리를 거쳐 궁정 악장의 자리까지 올랐다. 음악가인 그는 모차르트의 천재성을 보고 감탄하지만, 그 감탄이 차츰 시기심으로 바뀐다. 모차르트는 그렇게 방탕한 생활을 함에도 만들어 내는 작품들은 세상의 관심을 끌었고 그렇게 유명인사가 된 모차르트를 보고 있는 살리에리는 어느 순간부터 모차르트를 저주하고 그것도 모자라 하나님을 저주하기에 이른다. 궁정 악장이라는 높은 자리에 있는 훌륭하고 성공한 음악가였지만 자기보다 더 뛰어난 재능을 가진 천재를 시기하는 인간의 본성이 드러나는 영화인데 살리에리가 그토록 질투하던 천재 모차르트는 결국 35세의 젊은 나이에 쓸쓸하게 죽었다.

1791년에 죽은 모차르트가 200년이 훨씬 지난 지금도 잘츠부르크의 대명사였다. '여기는 모차르트가 태어난 곳', '이 성당은 모차르트가 연주했던 곳', '여기는 모차르트가 살았던 집' 등등 한참 잘 나갈 때는 세상에서 제일가는 천재라는 명성이 따라다녔다.

모차르트가 젊은 나이에 생을 마감할 무렵에는 너무 힘들고 비참하게 살았다며 그의 인생 여정을 닮은 초콜릿이라 하여 겉은 달콤하게 맛있고 입안에서 점점 작아질수록 쓴맛을 내는 초콜릿을 파는 가게가 한 집 건너 한 집이 아니라, 아주 다닥다닥 붙어 있었고, 그것도 자기 집이 이 모차르트 초콜릿의 원조라고 붙어 있었다. 우리나라에서 서로 원조라고 주장하는 장충동 족발집과 흡사했다. 한 사람의 천재가 몇백 년이 지난 지금도 한 도시를 먹여 살리고 있었다.

'모차르트'를 입에 달고 다니던 가이드가 우리를 데리고 간 곳은 미라벨궁전이었다. 오래전에는 일반인이 들어갈 수 없는 궁전이었으나 지금은 개방되어서 우리 같은 관광객이 마음대로 들어가서 관광할 수 있게 되었다.

궁전 안으로 들어서니 전면으로 하얀색 궁전 건물이 보이고 그 건물 앞마당으로 화려한 정원이 꾸며져 있었다. 미라벨궁전 앞 정원은 꽃이며 나무며 모든 것이 자연 그대로가 아닌 사람의 손으로 정교하게 다듬어져 가꾸어져 있었다. 나무를 기계에서 나온 제품처럼 똑같이 다듬어 놓았고, 꽃밭을 둘러 조성한 잔디밭 역시 섬세하게 꾸몄다.

이 궁전이 만들어진 과정이 좀 복잡하다.

잘츠부르크의 주교로 있던 '볼프 디트리히'가 상인의 딸 '살로메'라는 여인과 사랑에 빠지고 말았다. 거의 왕권 수준의 권력을 가진 볼프 디트리히 주교는 잘츠부르크를 훌륭한 도시로 만들기 위해, 너무 많은 공사를 벌이고 사랑하는 여인과 아이들을 위해서도 너무 많은 투자를 하는 등의 죄목으로 결국은 자기가 지은 궁전에서 멀리 언덕 위에서 바라다보이는 호엔잘츠부르크성에 갇혀서 생을 마감하였다고 한다.

내가 훗날 인도의 타지마할에 갔을 때도 비슷한 경험을 하였다. 왕이 왕비를 너무 사랑했는데 그 왕비가 젊은 나이에 죽게 될 무렵 죽음을 앞둔 왕비에게 세상에서 제일 좋은 무덤을 만들어 주겠다고 약속했고, 그 약속으로 타지마할을 만들었는데, 훗날 그 왕의 아들은 아버지가 아내를 위해 타지마할을 지으면서 국고를 탕진하였다는 이유로 쿠데타를 일으켜 아버지를 궁전에서 타지마할이 보이는 구석진 방에 죽을 때까지 가두었다.

　이 미라벨궁전을 지은 볼프 디트리히 주교도 자기가 지은 미라벨궁전이 내려다 보이는 호엔잘츠부르크성에 갇혀서 옥살이하다 죽었다니 동양이든 서양이든 사람이 사는 세상은 다 같은데, 그런 전설 같은 사건들 때문에 수백 년이 지난 지금은 그런 장소들이 유명한 관광지가 되어 세상 모든 사람이 가 보고 싶어 하는 것은 참 아이러니하다.

　아름다운 미라벨궁전을 나와서 잘츠카머구트로 향했다. 할슈타트 호수를 끼고 있는 이곳을 가는 길은 알프스산맥의 산줄기를 따라 깊고 깊은 계곡으로 들어가는데, 가는 길 내내 산을 타고 내려오는 안개가 호수를 가리는가 하면 산비탈이 조금 평평한 곳에는 그림 같은 집들이 흩어져 있었다. 모든 집의 지붕은 가파른 경사로 되어 있으며 삐쭉삐쭉한 창 같은 모양이 박혀 있었다. 겨울에 눈이 많이 오기 때문에 눈이 많이 쌓이면 무거우니까, 흩어져서 내려오는 역할을 한다고 한다.

　좁은 계곡을 따라 한없이 올라가는 동안 작은 호수를 지나면 또 호수가 나오고 그러기를 반복하다 드디어 마지막 골짜기에 닿으니까 거기에는 정말로 동화 속 마을이 자리 잡고 있었다. 보이는 것은 사방으로 높이 솟은 산이고, 앞에는 맑고 넓은 호수였다. 눈을 들면 빼꼼히 보이는 것이 파란 하늘뿐, 그 산자락에 집들은 마치 예쁜 그림을 배치해 놓은 것처럼 아름다운 마을을 이루고 있었다.

어려서 12월이 되면 길거리에서 크리스마스 캐럴이 울리고 가게마다 크리스마스 카드를 진열해 놓았는데 카드에 있던 그 그림들이 거기에 있었다. 할슈타트는 알프스산맥과 할슈타트 호수가 조화를 이룬 자연경관으로 동화와 같은 풍경이 매우 아름다워 세계적인 관광명소가 되었다고 한다. 지금도 소금을 채굴하지만 오랜 역사 동안 할슈타트 경제 활동의 기반이었던 소금 광산업이 사양길에 들어서면서 지금은 관광산업이 할슈타트의 주된 산업이 되었다.

호숫가에 있는 그림 같은 마을 사람들은 호수를 얼마나 철저하게 관리하는지 호수가 전혀 오염되지 않았고 좁은 집과 집 사이 길옆 공간에도 틈틈이 나무를 심어놨는데 어떤 나무는 길 쪽으로 뻗은 가지는 자르고 담 쪽으로만 뻗게 하여 마치 사람이 팔을 벌리고 있는 모양새와 같았다.

마을 뒤쪽에는 케이블카가 있어서 높은 곳에 올라가 알프스를 조망할 수 있다는데 우리가 갔을 때는 아직 12월도 되기 전이지만 안전 문제로 영업을 중단하고, 봄에 다시 연다고 해서 아쉬웠다. 부자 나라답게 안전을 최우선으로 한다고 한다. 여기 할슈타트에서 아쉬운 발길을 돌려서 처음 오르던 길을 따라 내려오던 우리가 탄 버스가 장크트 볼프강 호숫가에 멈췄다.

이 호숫가에 장키트 길겐이라는 아름다운 작은 마을이 있는데 여기가 모차르트의 외가 동네다. 잘츠부르크에서 그리 멀지 않은 곳인데 이곳에서 자란 모차르트의 어머니가 음악가에게 시집을 가서 모차르트와 누나 마리 안네를 낳았다.

잘츠부르크에서뿐 아니라 여기에서도 온통 볼프강 아마데우스 모차르트가 따라다녔다. 잔잔한 호숫가에 선착장이 있고 선착장 주변에는 거위와 물새들이 사람들과 어울리며 피할 줄도 모르는데 우리 일행은 별로 크지도 화려하지도 않은 유람선을 타고 호수 가운데로 나갔다.

이 호숫가 마을 중앙에 성당이 하나 있는데 이 성당의 이름이 볼프강성당이다. 우리말로 나온 해설의 내용은 이렇다.

> 독일 레겐스부르크의 주교였던 볼프강은 종교의 자유를 위해 자신이 있어야 할 터전을 찾던 중 볼프강 호수를 발견하였다. 성당을 지을 장소를 선택할 때 자신이 가지고 있는 도끼를 힘껏 던져서 떨어지는 장소에 성당을 짓겠다고 마음먹고 도끼를 던졌다. 도끼 떨어진 그곳에 성당을 지었고 그 성당이 지금의 볼프강성당이다. 호수 이름에도 볼프강을 붙였으며 모차르트의 이름인 볼프강도 이곳의 이름을 따서 지은 이름이다.

모차르트의 외가가 있는 마을에서 새삼스럽게 모차르트를 더 얘기해 보자.

> 천재 모차르트가 젊은 나이에 죽고 나자 남는 것은 30이 채 안 되어 미망인이 된 아내 콘스탄체와 두 아들과 가난한 처지뿐이었다. 암담한 앞날이 기다리는 콘스탄체에게 덴마크의 외교관인 게오르크 리콜라우스 폰 닛센이라는 외교관 신사가 청혼하였고, 콘스탄체는 그의 청혼을 받아들여 그와 재혼하였다.
> 이 폰 닛센은 평소에 모차르트의 음악을 존경했던 사람이었는데 모차르트가 죽자 그의 미망인과 재혼하여 아들 둘을 잘 키워 주고 모차르트가 작곡한 정리되지 않은 곡들을 모아 정리하고 모차르트 일생의 전기를 써서 세상에 알리는 일을 천직으로 삼았다. 그로 인해 모차르

트의 이름과 음악이 세상에 널리 알려지게 되었다.

가이드는 콘스탄체와 결혼한 폰 닛센을 소크라테스의 제자 플라톤에 비유했는데, 그는 글 한 줄 남기지 않은 철학자 소크라테스가 죽은 후 스승의 사상을 정리하여 알림으로 소크라테스가 대철학자로 추앙받게 된 것과 같다고 하였다.

한 시간 남짓의 유람선을 타는 동안 계속해서 우리말 해설이 나왔는데 그러거나 말거나 호수를 지나가는 곳마다 나타나는 아름다운 풍경에 마음을 뺏겨 사진 찍고 탄성을 지르느라 정신이 없었다. 호숫가 조금 비탈진 산 아래 언덕에는 그림 같은 집들이 있고 푸른 풀밭이 조성되어 있어서 어린 시절 읽었던 동화 알프스의 소녀가 금방 거기서 뛰어올 것 같은 착각에 빠져들기도 하였다.

알프스산맥의 높은 봉우리는 만년설이 쌓여 있고 그 눈이 녹아서 흐르는 물이 이런 호수를 수없이 만들어 놓았다고 한다. 높은 산에 올라가서 만년설에 덮인 알프스를 보고 싶은데 케이블카가 멈춰서 원망스러웠다.

아름다운 알프스를 뒤로하고 오스트리아의 수도인 비엔나로 움직였다. 비엔나로 가는 길에 버스 안에서 한 편의 영화를 보았다. 한 성직자의 이탈된 사랑으로 인해 지어진 미라벨궁전의 아름다움은 로버트 와이즈만 감독의 영화 〈사운드 오브 뮤직〉의 촬영지로 알려지며 더욱 유명해졌다고 한다.

워낙 유명한 영화라서 두 번인가 보았던 기억이 있지만, 줄거리나 내용을 거의 기억도 이해도 못했는데 잘츠부르크를 떠나 비엔나로 이동하는 관광버스에서 이 영화를 보면서 어제 보았던 미라벨궁전과 알프스산맥이 눈앞에 다가오며 선명한 감동으로 이해가 되었다.

주인공인 여배우 줄리 앤드루스가 수련 수녀인 마리아 역으로 나오고 남자배우 크리스토퍼 폴리머가 오스트리아 해군 대령 폰 트랩 역으로 나오는 이 영화는 알프스의 아름다운 자연 전경을 보여 주면서 시작된다.

원장 수녀는 마리아를 일곱 자녀를 두고 아내와 사별한 해군 대령 폰 트랩의 집에 가정교사로 보냈는데 일곱 자녀를 군대식으로 지도하는 폰 대령은 비엔나로 출장을 떠나면서 가정교사인 마리아에게 부탁 아닌 명령을 한다. 자기가 없는 동안 일곱 아이를 아버지가 세워 둔 규율을 철저하게 지키도록 가르치라는 것이다.

그러나 폰 대령이 떠나자 마리아는 아이들을 알프스의 자연으로 데리고 나가서 지금까지 엄한 아버지에게 억눌린 아이들을 풀어 주며 노래를 가르쳐 주고 친해진다. 그 과정에서 우리가 수도 없이 들어 온 〈도레미송〉이 나온다.

엄격한 아버지 아래서 숨소리도 못 내고 자라던 일곱 아이는 마리아를 따르게 되고 언젠가부터 트랩 대령을 사모하게 된 마리아는 딱딱한 해군 대령까지 변화시킨다. 그리고 이들은 온갖 역경을 이겨 내고 따뜻한 가정을 이룬다. 그러나 행복도 잠시, 오스트리아를 점령한 독일 나치군은 폰 대령을 나치군의 해군으로 복귀하라고 명령한다.

폰 대령은 오스트리아의 장교로서 나치군의 복귀를 거절하고 삼엄한 경계를 뚫고 탈출을 시도한다. 마리아가 일곱 아이를 돌보고 가르친 노래로 음악회에 참가하여 1등을 하며 시상식을 하는 짧은 시간을 기회로 삼아 알프스를 넘어 스위스로 탈출한다.

이 영화에서 〈도레미송〉, 〈에델바이스〉 등 귀에 익은 음악과 흥겨운 춤을 추는 공연, 시상식 등 모든 과정이 음악회를 주최한 폰 대령의 친구와 마리아가 있었던 수녀원의 수녀님들이 치밀하게 짠 스케

줄에 따라 진행된 것이었고, 나치 독일을 피해 알프스를 넘어서 스위스로 도피하는 스릴이 있는 영화였다.

몇 번을 보고도 제대로 이해하지 못했던 영화 〈사운드 오브 뮤직〉의 노래와 춤이 있으면서 스릴도 있는 이 영화를 영화의 무대가 된 잘츠부르크에서 보고서야 이해하다니, 내 아둔한 감각에 좀 한심한 생각이 들었다.

영화를 보며 비엔나를 향해 몇 시간을 가는 동안 작은 도시들도 지나고 시골도 지나가는데 신기하게도 농사짓는 모습이 안 보였다. 우리의 시골이면 논이 있고, 밭이 있고, 과수원이 있고, 목장이 있는데 유럽은 무얼 해 먹고 사는지 농사라고 보이는 것은 포도밭뿐이었다. 강가의 언덕이나 상당히 경사가 심한 곳에도 온통 포도밭이고 이 사람들이 먹는 빵의 원료인 밀밭은 어디에 있는지 눈에 띄지 않았다.

독일, 오스트리아, 체코, 이 세 나라를 다니는 동안에도 그랬고 지금 기억을 더듬어 보아도 농사짓는 모습이 거의 기억나지 않는다. 비엔나에 도착하여 지금의 오스트리아를 지배했던 합스부르크 왕가의 화려한 궁전에 들어가서 옛날의 유럽 역사에 대한 설명을 들으며 황제들이 살았던 방, 공주가 살았던 방, 그 호사스러운 궁전 내부를 보며 당시의 세상 모든 사람은 왕들을 위해 존재했나 싶었다. 비엔나의 잘 가꿔진 도시를 뒤로하고 '프라하의 봄'을 연상하는 체코로 이동했다.

3. 체코

내가 초등학교 다니던 때는 체코슬로바키아라고 배웠는데 지금은 분리 독립되어 있는 체코에 갔다. 체코는 폴란드, 독일, 슬로바키아, 오스트리아와 국경을 이루며 인구 1천만이 약간 넘는 비교적 작은 나라이다. 소련의 위성국이었다가 슬로바키아와 분리 독립하여 체코 공화국으로 EU에 가입된 나라다.

오스트리아에서 고속 도로를 달리던 우리가 탄 버스가 어느 지점에 이르자 검문이 시작되었다. 우리는 잘 몰랐지만, 우리가 오스트리아에 있는 동안 프랑스의 축구경기장에서 프랑스 대통령이 참석한 가운데 축구 경기 도중 테러가 발생한 사건이 있었고 그로 인해 체코 국경을 넘을 때 검문을 받게 되었다.

체코 - 카를교

간단한 검문 후 체코에 들어가자 마이크를 잡은 미녀 가이드는 이 길을 스무 번 넘게 다녔지만 검문을 받은 것은 처음이라면서 계속해서 설명했다. 모든 EU 국가가 유로화를 쓰는데 유독 체코는 체코의 화폐인 체코 코루나 화폐를 사용한단다. 그 이유는 체코가 다른 나라에 비해 경제가 많이 뒤떨어져 있어서 유로화를 함께 쓰는 것보다 자국 화폐를 사용하는 것이 더 좋다는 EU의 판단에 의해서란다.

그리고 그 가이드의 입에서 바츨라프광장이 연발되었다. 이틀 전에 모차르트를 그렇게 외워 주던 가이드의 입에서 이번에는 바츨라프광장, 바츨라프광장, 바츨라프광장이 쉴 새 없이 쏟아져 나왔다. 우리가 들어갈 프라하에서의 핵심 관광지를 강조한 말이었는데 오스트리아 잘츠부르크에서 모차르트, 비엔나로 이동하는 중 또 비엔나 관광하는 동안 내내 오스트리아의 전신인 보헤미아 왕국의 구스타프 왕조를 끊임없이 얘기했던 것처럼 말이다.

비엔나에서는 구스타프를 너무 많이 언급하는 바람에 결국 우리 일행 중 한 사람이 그 구스타푼가 뭔가 하는 사람 그만 들먹이라며 공개적으로 짜증을 내기도 했다. 사실 나만 그런지 몰라도 외국의 아름다운 경치와 서양의 음식 또 그들의 생활상 이런 것을 체험할 목적으로 거금을 들여 관광을 왔는데 가이드는 서양사 선생님 못지않은 지식으로 자기에게 1주일간 맡겨진 그룹에게 최대한 많은 역사와 유래를 설명하다 보니 그런 불상사(?)가 발생하게까지 되었다.

첫날 프랑크푸르트에서 버스에 탑승해서 가이드가 제일 처음 소개한 사람이 폴란드 사람이라는 버스 운전사였는데, 구레나룻 수염이 멋진 운전사 아저씨는 세 번째 국경을 넘어서 쉼 없이 프라하를 향해서 달렸다.

차 창밖으로는 독일과 오스트리아의 교외를 달릴 때와 비슷한 풍경이 이어졌는데 높은 산이 거의 없는 야산과 구릉 지대였으며 가끔 지나는 강이 아름답고 그 강 언덕을 따라서 제법 심한 경사지에도 포도밭이 조성되어 그 포도밭이 계속 우리를 따라오는 것 외에는 특이한 것이 없었다.

'아니 유럽 사람들은 포도와 포도주만 먹고 사나?'

그런 생각을 했다가도 호텔이나 식당에 식사하러 가면 맛있는 고기와 과일과 가지가지의 빵이 산처럼 쌓여 있는 걸 보면, 밀 농사나 과일 농장 지대는 어디인지 따로 있나 보다고 생각했다.

드디어 도착한 프라하, 도시 전체가 빨간색이라는 느낌이 들 만큼 건물의 대부분이 빨간색 지붕을 이고 있고 우리 서울의 현대식 건물에 익숙한 내게는 타임머신을 타고 오래전 옛날로 들어와 있는 착각에 빠졌다. 도시 전체를 보전하는 차원에서 중요 도심은 대형 차량의 진입이 금지되어 주로 걸어 다녀야 했는데 바츨라프광장에 도착하니까 거기는 이 지구상의 모든 인종이 모인 장소 같았다.

광장을 중심으로 원으로 건물들이 들어서 있는데 여기까지 오는 동안 가이드에게 들은 역사 공부를 체험하기에 바빴다. 바츨라프광장에 거대하고 아름다운 기마상이 있는데 광화문에 있는 이순신 장군의 동상이 연상되었다.

체코는 보헤미아 왕국 시절 400년 가까이 오스트리아의 지배하에 있다가 제1차 세계대전이 끝나면서 체코슬로바키아라는 새로운 나라로 다시 태어났다. 독립되던 날 바츨라프광장의 기마상 앞에서 건국 선언문이 발표되었다. 그 후 20여 년이 지날 즈음 독일의 히틀러가 제2차 세계대전을 일으키고 체코슬로바키아는 7년간 나치 독일의 지배를 받게 된다. 제2차 세계대전이 끝나고 유럽을 크게 반으로 나누어 서쪽은 연합군이, 동쪽은 소련군이 전후 처리를 맡기로 하는 과정에서 유럽의 동쪽이었던 체코슬로바키아는 소련의 도움을 받던 중 공산주의가 되었다.

체코슬로바키아 사람들이 자유를 억압하는 공산주의에 회의를 느끼게 되고 비판의 목소리를 내기 시작하자 이런 움직임이 소련을 중심으로 하는 주변 공산국가들에 확산할 것을 우려했던 소련은 1968년 8월 20일 바르샤바조약 기구 군대의 탱크를 이끌고 바츨라프광장에 무력 침공했다. 프라하의 시민들은 손을 잡고 인간 벽을 만들어 비폭력으로 대항했지만 결국 발포 명령이 떨어졌고 시위대는 처참하게 진압되었다.

이것이 '프라하의 봄' 사건이다.

내가 병역을 마치고 생활 전선에 뛰어들어 광주광역시 부근 과수원에서 일하며 지금의 우렁이 각시인 처자와 약혼을 해 놓고 있을 무렵인 1980년 5월 광주 때도 이 '프라하의 봄'을 비유하며 시위를 하기 시작했는데 결국 전남 도청 앞이 프라하의 바츨라프광장과 같은 상황이 되어 버렸다. 다음 해에 우리는 결혼했고 그해 말에 큰아이를 출산했는데 그 딸이 잘 자라서 결혼하고 아이 둘을 낳아 두 아이가 초등학생이 된 지금도 광주는 그때 입은 상처 때문에 아파하고 있다.

'프라하의 봄'을 무력 진압한 공산주의 정권의 압제가 더욱 심해지자 대학생 얀팔라흐가 바츨라프광장에 있는 국립박물관 앞에서 분신했고, 그로부터 한 달 뒤 같은 장소에서 두 번째 학생인 얀자이츠가, 또 한 달 뒤 세 번째 에브센 플로체크라는 학생이 분신하였다.

이런 민주화 운동의 결과 대통령을 직선제로 선출하여 오랜 공산주의에서 벗어났다고 한다. 그 장소에는 오랜 세월이 지난 지금도 애도의 꽃과 촛불이 놓여 있었다. 말로만 듣던 '프라하의 봄'에 1980년 봄 청년 때 광주 변두리에서 겪었던 일들이 겹쳐 생각나 대학생들이 분신했던 장소에 놓인 꽃들을 보며 마음속으로 애도의 마음을 보냈다.

그런 상념에 빠져 있는데 가이드는 우리를 재촉하여 광장에서 보이는 구시청 청사 앞으로 데리고 갔다. 높이 세워진 시계탑이 보여주는 쇼를 봐야 한다는 것이다. 시계탑이 서 있는 광장 주변은 모여든 사람들로 끝이 없었다.

조금 후 정시가 되면 울리는 시계 쇼를 보기 위해 모인 사람들이 큰 키를 가진 사람 뒤에 서면 가려서 보이지 않을까 하고 이리저리 옮겨 다니고, 조금이라도 더 잘 보이는 곳에서 사진을 찍으려고 핸드폰이며 카메라를 들고 아우성이었다. 그 틈에서 나도 질세라 좋은 장소를 잡고 기다렸다.

드디어 12시 정시가 되자 종소리가 울리더니 높은 곳에 있는 시계의 창문이 열리며 인형이 나타나서 사라지고, 그렇게 시간을 알리는 열두 번의 종소리에 맞추어 열두 개의 인형이 나왔다가 들어갔다. 이 인형들은 예수의 열두 제자를 뜻한단다. 종소리가 나고 인형이 나타날 때마다 그 숫자를 자기들 나라말로 세는 소리를 듣는 것도 재미있었다.

미쿨라스라는 사람이 이 시계탑의 시계를 제작했는데 프라하 시청의 시계가 아름답다는 소문이 퍼지자 다른 여러 나라의 도시에서 미쿨라스에게 똑같은 시계를 만들어 달라는 요청을 받았고 이 사실을 안 프라하 시청 간부들이 다시는 이런 작품이 나올 수 없게 하려고 미쿨라스를 시각장애인으로 만들었단다.

얼마 후 시각장애인이 된 미쿨라스가 시계탑에 올라가서 시계를 만진 후 시계의 모든 기능이 멈추었는데, 400여 년이 지난 뒤 시계가 스스로 다시 움직이기 시작하여 지금까지 계속 움직인다는 전설 같은 이야기도 침이 마르도록 설명하는 가이드를 보면서 여행객을 위한 가이드로서 참 많은 공부를 하였다고 생각했다.

바츨라프광장을 나와서 카를교로 향했다. 볼거리가 많은 프라하를 조금이라도 더 보여 주려는 욕심 많은 가이드가 우리 일행의 발걸음을 재촉하여 다다른 곳이 프라하 시내를 흐르는 블타바강에 놓인 카를교였다. 카를교에 도착한 나는 이런 생각을 하였다.

'그 많은 여행객이 다 바츨라프광장에 있었는데 언제 우리보다 먼저 이 강가로 몰려왔을까?'

정말 대단한 프라하였다. 버스 안에서 구구절절이 설명을 들은 카를교에 올라서서 보는 내 눈에 보인 블타바강과 카를교는 우리 한강에 놓인 다리와 비교할 정도가 아닌 사람만 통행할 수 있는 돌다리였다.

어떻게 이런 다리 하나가 이런 유명세를 치러서 이 많은 여행객을 끌어들인단 말인가?

서울의 강남과 강북을 잇듯이 프라하의 구시가지와 신시가지를 잇는 카를교는 초상화를 그려 주고 돈을 받는 화가들과 여러 가지 기념품을 파는 노점상, 앰프 하나에 기타를 들고 노래하는 거리의 가수, 여행객들의 환호성, 사진 찍어야 하니까 비켜 달라고 외치는 "아임 쏘리, 쏘리" 등 시끄러운 소리로 가득해 정신없이 떠밀려 다니는 형국이었다.

블타바강의 강폭은 우리 한강의 절반쯤 되어 보이는데 깨끗해 보이는 물이 많이 흘렀고, 그 물살을 거스르며 유람선이 숱하게 다니고 있었다. 블타바강의 카를교는 처음에 나무다리였으나 홍수에 무너졌고, 두 번째는 돌다리로 놓아 몇백 년을 사용했는데, 어느 해 겨울에 대형 얼음덩어리들이 흘러오면서 교각을 망가뜨려 무너졌다. 그 후 다시 거금을 들여 지금의 다리를 놓았다는 카를교는 아름답다기보다는 묵직한 느낌이 드는 교량이었다.

당시 왕이었던 카를 4세가 당대의 최고 건축가를 선정하여 50여 년에 걸쳐 지은 다리의 이름이 카를교인데, 이 다리가 유명해진 것은 그 후 바츨라프 4세와 얀 네포무츠키 신부에 얽힌 사연 때문이다.

바츨라프 4세 왕이 전쟁에 나갔다가 돌아오자 그 아내인 왕비 요안나의 시녀가 왕에게 이렇게 일러바쳤다.

"요안나 왕비님이 어느 장군과 외도하는 것을 보았는데 뒷모습만 보았기에 누구인지는 모릅니다."

왕은 시녀에게 그 장군이 누구인지 말하라고 고문했으나 시녀는 뒷모습만 보아서 누구인 줄 모른다고 했다. 바츨라프 4세는 그런 시녀를 더욱 심하게 고문했다.

왕비는 너무 심하게 고문당하며 고통받는 시녀의 모습을 차마 볼 수 없어서 얀 네포무스키 신부를 찾아가서 자기 사정을 고해성사했다.

바츨라프 4세 왕이 이 사실을 알고 이번에는 얀 네포무스키 신부에게 왕비의 고해성사 내용을 말하라고 했지만, 얀 네포무스키 신부는 성직자로서 주님과의 약속인 고해성사 내용을 말할 수 없다고 했다. 그러자 왕은 신부를 고문했다. 그러나 얀 네포무스키 신부는 심한 고문에도 입을 열지 않았다. 그래서 왕은 그를 카를교에 데려와 교각 위 높은 곳에 세워 놓고, 마지막으로 물을 테니 왕비의 고해성사 내용을 말하라고 했다. 그러나 신부는 끝끝내 말하지 않았다.

바츨라프 4세 왕이 얀 네포무스키 신부에게 죽기 전에 마지막으로 할 말이 있느냐고 물었다. 그러자 신부는 내가 죽은 뒤 누구든지 이곳에서 소원을 빌면 그 소원이 이루어지기를 바란다고 말했다. 그 말을 끝으로 그는 몸에 돌을 매달고 강에 던져졌다.

그 후로 수백 년이 지난 지금까지도 힘들고 어려운 사람들이 이곳에 와서 소원을 빌었고 앞으로도 그럴 것이라는 전설 같은 사실이 이 카를교를 더욱 유명하게 하고 있었다.

얀 네포무스키 신부를 세웠던 그곳에 세워진 청동 성상의 발등은 얼마나 많은 사람이 만지며 소원을 빌었는지 반질반질 윤이 나고 닳아진 모습이었다.

체코를 들어서는 순간부터 다음으로 가야 할 곳에 대한 끊임없는 가이드의 설명 때문에 조금은 짜증이 날 수밖에 없었지만 그럴 수밖에 없는 것이 현지에 도착해서는 엉키는 인파 때문에 모두 모아 놓고 설명할 처지가 전혀 아니었기 때문이었다.

서울에서 근무하던 어느 날 명동에서 한 수녀님을 손님으로 모시고 정릉에 있는 수도원까지 가는 길에 자랑삼아 프라하를 여행하면서 카를교와 얀 네포무스키 신부의 이야기를 해 드렸다.

나이가 들어 보이는 그 수녀님은 그 내용을 이미 알고 계셨으며 한 가지를 덧붙여 말씀하셨다.

"2,000년의 가톨릭 역사에 지금까지 신부님들이 받은 고해성사가 세상 밖으로 나와서 물의를 일으킨 적이 단 한 번도 없었습니다."

나는 비록 가톨릭 신자는 아니지만, 이 수녀님의 말씀이 가슴 깊이 와 닿았다. 어쨌든 그 신부님의 성상을 보면서 존경스러움과 부러운 생각이 들었다.

그런 사연들이 얽히고설켜서 유명세를 치르고 오랜 세월이 흐른 지금도 지구촌의 많은 사람이 끊임없이 이어지고 나도 여기까지 자석에 끌리듯 오지 않았는가!

어디를 가든 이런 훌륭한 한 사람의 명성이 한 도시를 빛내고 있었다. 프라하의 남과 북을 오가는 시민들이 생활 용도로 다니기보다 여행자들이 더 모여드는 다리 카를교를 뒤로하고 프라하성으로 향했다. 프라하성은 체코의 수도인 프라하 블타바강의 서쪽 언덕에 자리를 잡은 성으로 체코의 왕들이 이곳에서 통치했으며 현재도 체코 공화국의 대통령 관저가 이곳에 있다.

프라하성은 크고 규모가 대단해서 감탄할 뿐이었다. 건축 장비나 기술이 탁월하지 않았을 오랜 옛날에 어떻게 이렇게 화려하고 섬세하고 귀한 재료들로 건축했을까 놀라울 뿐이다.

유럽의 다른 도시들도 이렇게 화려한 옛 건축물이 많이 있었으나 숱한 전쟁으로 거의 소멸하였는데 유독 프라하가 모든 도시 형태를 그대로 간직하고 있는 데는 이유가 있다.

제2차 세계대전 때 체코의 대통령은 싸움의 승산이 없을 것으로 판단하고 항복을 결정했다. 많은 정치인이나 젊은 학생들은 비굴한 대통령으로 몰아붙이며 항복하지 말고 싸울 것을 주장했지만, 그런 이유로 프라하는 약 10세기부터 14~15세기 룩셈부르크 왕조 아래에서 보헤미아가 전성기를 누리던 때의 유산, 그리고 근현대의 유산까지 1,000년이 넘는 세월의 흔적을 고스란히 담고 있다.

항복이 비굴하기는 하지만 항복했기에 프라하는 폐허를 면했고 지금은 세계에서 가장 아름다운 도시로 인정받아서 엄청난 관광객을 불러들이고 있고 관광 수입이 체코의 주 수입원이 되었다고 한다. 거기에 나도 일조하여 달러를 쓰고 왔지만 참 부러운 나라인 건 사실이다. 옛날부터 중국 일본에 시달려 온 우리나라처럼 유럽의 많은 강대국 틈에서 홀로서기 하며 살아온 그들이 위대해 보였다.

처음 도착한 프랑크푸르트공항에서 귀국하는 비행기를 타기 때문에 프라하에서 다시 독일로 진입하며 하이델베르크로 이동하였다. 오래된 도시 하이델베르크는 동화 속에 나오는 도시 같았다. 높은 곳에 있는 하이델베르크성을 중심으로 숲속에 조용한 도시가 있는데 도시라기보다는 휴양지 같았다. 대문호라 불리는 괴테와 헤르만 헷세가 잠시 머물렀다는 그곳을 보고 네카강가로 나왔다.

내 눈에는 한강의 지류인 안양천, 탄천 정도밖에 안 되어 보이지만, 깨끗한 물이 많이 흐르는 강이었고 아치형으로 된 오래된 다리들이 고풍스러운 멋을 뽐내고 있었다. 여기도 역시 가는 곳마다 꼭 어떤 조형물을 만들어 놓았고 거기에 얽힌 구구한 이야기들이 담겨 있었다. 강 이편은 도심이고 강 건너편은 아주 높지도 그렇다고 아주 낮지도 않은 산이 길게 누워 있고 그 산자락 아래 강변을 따라 도로가 잘 놓여 있으며 산 중턱까지 주택들이 들어서 있는데 하늘을 가리는 숲이 그 집들을 에워싸고 있어서 수채화를 보는 듯 아름다웠다.

넋을 잃고 바라보고 있는데 가이드가 곁으로 오더니 묻는다.

"선생님, 저 집 한 채 사고 싶지요?

얼마나 갈 것 같습니까?"

머뭇거리고 있으니까 웃으면서 말하기를 서울의 자그마한 빌딩 하나와 맞먹는 가격이라고 했다. 강을 따라 깨끗하고 튼튼해 보이는 주택이 늘어서 있는데 가이드가 일행을 멈춰 세우고는 설명을 했.

어느 집 벽면에 우리 아이들 키재기를 하기 위해 벽에 그려놓은 것 같은 눈금이 있는데, 그 눈금 곁에 17**년 18**년이라고 쓰여 있고, 그것은 그해에 홍수로 네카강이 범람했을 때 거기까지 물이 잠겼다는 표시라고 설명해 주었다. 아름다운 곳에 사는 만큼 그런 수난도 당하지만 그래도 그런 걸 기쁨으로 알고 기록을 남기며 평화롭게 사는 사람들이라고 하는데 그 여유로움이 부러웠다.

별로 넓지는 않으나 깨끗한 물이 넉넉하게 흐르는 네카강은 알프스산맥에서 발원하여 여기 하이델베르크를 지나서 라인강으로 흘러 들어 가는데 이 강의 발원지 가까운 곳에는 또 다른 큰 강 도나우강의 발원지가 있다고 한다.

그렇게 해서 처음 비행기에서 내렸던 프랑크푸르트로 돌아와서 귀국길에 올랐다. 알프스산맥의 자락에 있는 도시들을 다니면서 감탄했지만 정작 높은 곳에 가서 알프스의 비경을 보지 못한 서운함이 내내 따라다녔다. 그래 다음에 또다시 유럽에 오자 그때는 꼭 알프스의 민낯을 보자.

제7장

오스트레일리아 여행

1. 시드니

　오래전부터, 내 생전에 호주라고 하는 오스트레일리아를 꼭 가 보겠다고 다짐했다. 그 이유는 너무 감명 깊게 읽은 오스트레일리아가 무대인 두 권의 책을 읽으면서 받은 감명 때문이었다.
　그 두 권의 책 중 하나는 청년 시절에 읽었던 오스트레일리아의 작가 콜린 매켈로가 쓴 『가시나무새』이고, 또 한 책은 나의 생활이 안정되고 오래된 아파트에서 평온하게 살던 때 미국의 여의사 말로 모건이 쓴 『무탄트 메시지』라는 책이었다. 그 두 권의 책을 읽으면서 광활한 대지의 오스트레일리아를 상상하는 꿈을 여러 번 꾸었었다.
　『무탄트 메시지』라는 책이 우리 집으로 온 것은 내가

오페라하우스와 나의 우렁이 각시

사는 아파트의 재활용 분리 수거장에 패지를 버리러 갔다가 눈에 띄어 별생각 없이 들고 올라온 책이다.

저자인 여의사 말로 모건은 자연예방의학을 전공한 미국인 의사인데 오스트레일리아의 친구 의사로부터 초청을 받아 몇 해 동안 오스트레일리아에서 생활하기로 하고 안정된 미국에서의 의사 생활을 접고 오스트레일리아로 간다.

그렇게 시작한 그곳 생활에서 본토인들의 생활상을 연구하고 그들을 위한 개선 사업을 구상하고 현지의 학계와 정치인들을 만나면서 적응하고 있을 때, 어느 인디언 부족에게 초대를 받았다. 말로 모건 박사는 이렇게 생각했다.

'내가 구상하고 추진하는 일이 드디어 본토의 인디언들에게 관심을 받아서 그들이 나를 초대하는구나!'

그곳에 가면 나를 초대해 준 인디언들로부터 그들만의 특별한 선물을 받고 그들의 방식으로 대접받을 것이라는 기대를 하고 약속된 날 약속한 장소로 갔다. 지프에 앉아 있는 인디언 청년이 차에서 내리지도 않은 채 기다리고 있었다.

박사님을 모시러 왔다는 그 인디언 청년이 모는 지프에 오르자, 그 청년은 말 한마디 없이 거칠게 차를 몰기 시작했고 시내를 벗어나서 아무도 살지 않는 내륙을 향해 몇 시간을 달려서 멈추었다. 그곳은 낡아빠진 창고에 제대로 된 옷도 입지 않고 모여 있는 한 무리의 인디언 집단이었다.

그곳에서 납치를 당하듯 그들의 집단에 합류하면서 그들의 룰에 따라 휴대폰을 포함한 모든 소지품을 버리고 심지어 신발까지 버린 채 맨발인 상태로 그들이 바라는 시험을 통과하게 된다. 인디언들의 표창장과 특별 대우를 기대했던 박사님은 한 명의 인디언이 되어 62

명의 인디언 부족과 4개월에 걸쳐 오스트레일리아 내륙의(아웃백) 거친 사막을 횡단하고 어느 순간 어디인지도 모르는 곳에 내버려졌다.

헝클어진 머리와 옷도 신발도 없이 방황하는 여자, 모건 박사를 처음 발견한 사람은 정신병자로 그녀를 신고했고 그렇게 구조되었는데, 조사 결과 4개월 전에 실종된 모건 박사임이 밝혀졌다.

그 후 오스트레일리아의 생활을 정리하고 미국으로 돌아온 모건 박사는 오스트레일리아의 오지에서 인디언들과 겪은 일들을 자세히 기록한 것이 『무탄트 메시지』라는 책인데 우리 부부가 함께 그 책을 읽으며 꼭 오스트레일리아에 가 보고 싶은 충동을 느꼈다. 우리나라 젊은이들이 흔히 말하고 즐겨 찾는 테이크 아웃의 대명사인 아웃백이 있는 나라 오스트레일리아를.

그런 이유로 2016년 10월 말 우리 부부는 마음 가는 대로 또다시 정한 곳이 오스트레일리아였다. 여행 준비 중에 큰딸 별아가 얘기하기를 오스트레일리아는 우리나라와 계절이 반대이니까 가을인 우리나라의 반대 즉 봄일 거라며 겨울옷 말고 가벼운 옷차림을 준비하면 된다고 했다. 우주의 셀 수 없는 많은 별 중에서 제일 아름다운 별이 우리가 사는 지구라고 하더니, 내가 가는 곳마다 새로운 경험에 귀 호강, 눈 호강, 입 호강을 시켜 준다.

그런데 아뿔싸 여행사에 예약했는데 거기로 여행을 예약해 온 사람이 없어서 기다려야 한단다. 많은 사람이 여행을 다니지만 아름다운 곳이라고 입 소문난 곳을 선호해서 그리로 쏠렸지 별로 인기 없는 곳은 많이 가지 않은 모양이다.

그렇게 여행사에 예약해 놓고 별로 관심을 두지 않고 있던 어느 날 여행사에서 연락이 왔다. 한 가족 세 명이 예약을 해 와서 합이 다섯 명이 되었는데 가겠느냐고 의견을 물어 왔다.

'그래도 그렇지 그 먼 곳 오세아니아주의 오스트레일리아를 가는데 단출한 다섯 명이 한 팀이 된다면 여러 가지로 재미도 없을 것이고, 또한 사업을 하는 여행사도 남는 장사가 될까?'

의문이 있었지만 망설이다가 기회를 잃을 수도 있겠다 싶어서 허락하고 떠나기로 한 여행이었다.

인천공항의 미팅 장소에서 만난 우리 일행은 그야말로 초미니 단체 여행 팀이었다.

우렁이 각시와 나 그리고 교편생활로 정년퇴임 하셨다는 서울 강동에 사신다는 부부와 그분들의 결혼 적령기에 든 아들, 이렇게 달랑 다섯 명이 한 팀이 되어 5박 6일의 여행길에 올랐다. 그냥 한 가족 같은 팀이었다.

미팅을 끝내고 탑승을 기다리며 공항 로비에서 얘기를 나누는데 이분들은 여행을 좋아하실 뿐만 아니라 영어도 잘하셔서 수시로 외국을 자유 여행으로 다니셨는데 출발 전에 미리 여행 정보를 숙지하고 갔어도 갔다 오고 나면 늘 아쉬움이 남더라면서 이번에는 처음으로 패키지여행을 신청하게 되었다고 하셨다. 그렇게 해서 그분들 가족이 우리 부부와 일행이 되었다.

여행을 가고 올 때마다 느끼는 것은 우리의 인천공항이다. 공항이 그 나라의 얼굴과 같은데 인천공항은 어느 나라의 그 어떤 공항보다 넓고 깨끗하고 편의 시설이 잘되어 있다는 얘기를 그분들과 나누며 출발 전부터 이미 가족 같은 느낌으로 비행기에 탑승하였다.

우리가 탄 비행기가 저녁 8시쯤 출발해서 9시간을 비행했는데 시드니공항에 도착했을 때는 아침이었다. 그러니까 직장인이라면 비행기 안에서 밤을 새우고 다음날 아침에 시드니로 출근하는 셈이다. 비행기가 동쪽이나 서쪽으로 날아간 것이 아니고 남쪽으로 날아서, 적도 아래로 내려갔으니까 시차가 많이 생기지 않았다.

청사 밖으로 나가자 승합차를 대기해 놓고 우리 일행을 기다리는 가이드는 40대 초반의 아주 편안한 느낌의 젊은 아저씨였다. 가이드는 비행기에서 밤을 새우고 도착한 우리를 태우고 바로 하루의 일정을 시작했다.

피곤하기는 했지만 새로운 나라에 왔다는 기대감에 부풀었다. 운전을 직접 하는 가이드는 맨 처음으로 하는 설명이 이랬다.

유럽의 여러 나라가 신대륙을 찾아 자기 나라의 영토로 삼기에 열을 올리던 시절, 오스트레일리아 대륙을 발견한 영국은 인도 부근에 있는 어느 한 섬에 불과한 것으로 알았다가 정작 어마어마한 땅덩어리의 대륙임은 한참 후에 알았다고 한다.

이 넓은 대륙을 발견하고 자기의 영토로 삼은 후 이곳에 살면서 지키고 관리할 사람이 필요한데, 너무 광활할 뿐만 아니라 황무지라고 소문이 나서 본토에서 선뜻 신대륙 오스트레일리아로 이민을 가겠다는 사람이 없었단다. 그래서 생각해 낸 것이 감옥에 갇혀 있는 죄수들을 보내 땅을 개척하고 살게 하는 정책을 결정했다.

대형 기선에 많은 죄수를 실려 보냈으나 영국에서 출발한 배가 몇 달간의 긴 항해 끝에 오스트레일리아 대륙에 도착했을 때는 배 안에서 병에 걸려 죽은 사람, 탈출한 사람 등으로 인하여 실제 육지에 상륙해서 정착한 사람은 출발할 때의 몇 퍼센트도 안 되었다.

그래서 정부는 선주와 선장에게 배에서 내릴 당시 생존한 사람의 숫자대로 인센티브를 주었다. 그랬더니 그 후로 많은 사람이 육지에 오르게 되었고, 그렇게 해서 많은 죄수가 이 대륙에 와서 정착했으나 또 다른 문제가 생겼다. 그건 남자보다 여자가 턱없이 모자란 것이다. 그런 관계로 모든 남자가 여자를 차지하기 위해서 노력하다 보니까 자연히 여자에게 잘 보이기 위해 서로 최선을 다했다.

그 후로 많은 일반인이 이민을 오면서 인구가 많아졌고, 영국에서 독립해 지금의 오스트레일리아가 되었지만 지금도 여전히 이 나라는 모든 남자가 여자를 귀히 여기고 존중하는 문화가 남아 있다고 했다. 그 가이드가 설명 끝에 나의 우렁이 각시를 바라보면서 한국 가지 말고 여기 남아서 살면 대우받고 살 수 있다고 하는 말에 나만 가슴이 덜컥 내려앉았다.

이렇게 넓은 땅과 끝이 없는 바다와 무한정 묻혀 있는 자원으로 누구도 넘보지 못할 부를 누리며 사는 오스트레일리아가 처음에 이런 험난한 과정을 겪고 탄생했다니 문명이 발달했던 유럽 사람들이 대단하고, 반면에 본래 주인으로 살던 원주민들이 억울해 할 것은 당연하다고 생각했다.

첫 여행지는 블루마운틴이다. 한참을 달려서 시드니 시내를 벗어나자 평평한 대지를 달리는데 가슴이 뻥 뚫린 듯이 시원함이 느껴졌다. 실제로는 바다로 둘러서 쌓여 있는 섬이지만 워낙 넓으니까 대륙이라 부르는 곳이라 그런지, 공기도 상쾌하고 신선하다는 생각으로 심호흡을 했다.

운전하는 가이드가 속력을 늦추지 않은 채로 앞을 가리키며 설명했는데 멀리 보이는 희미한 산을 바라보라고 한다. 맑은 날이었는데 우리의 봄날 얕은 미세먼지 같기도 하고 아지랑이가 아롱거리는 것 같기도 한 흐릿한 기운이 대지를 감싸고 있었다. 그것은 미세먼지도 매연도 아니고 오스트레일리아서 자라는 유칼립투스라는 나무에서 뿜어내는 특유의 성분 때문이라고 했다. 그런 약간 흐릿한 시야로 멀리 보이는 산이 우리가 가는 블루마운틴이었다.

시드니 시내에서 두 시간을 넘게 달려 도착한 블루마운틴국립공원은 첫인상이 원시림이라는 느낌이었다. 이 공원은 오스트레일리아의 최대 도시인 시드니에서 가까운 곳에 있는 아름다운 산이면서 끝없이 펼쳐진 유칼립투스 원시림과 숱한 전설을 간직한 계곡 등으로 오스트레일리아의 그랜드캐니언이라고 불리며 시드니 사람들이 즐겨 찾아 휴식과 힐링을 즐기는 곳이다.

입소문이 나면서 세계의 많은 관광객이 찾아오니 관광객 유치를 위한 다양한 편의 시설을 갖추어서 아주 편하게 관광을 할 수 있었다. 공원 입장료는 없었으며 곤돌라나 청룡열차 같은 탈것으로 이동하면서 아름다운 전경을 볼 수 있게 해 놓았는데 제일 먼저 탄 청룡열차가 기가 막혔다.

세상에서 가장 가파르다는 궤도열차, 시닉월드를 타고 산 아래로 내려가는데 얼마나 가파른지 거의 수직으로 내려가는 느낌이어서 앞에 있는 안전장치를 꼭 붙들고 비명을 지르는 순간 눈앞으로 바윗덩어리가 스쳐 지나가는 작은 터널을 지나고 하다가 산 아래 어느 곳에 멈췄고 거기에 내리자 원시림이 시작되었다.

나무 데크로 오밀조밀하고 튼튼하게 길을 만들어 숲과 자연을 손상하지 않고 눈으로만 보면서 걸을 수 있게 해 놓았다. 우람한 나무들이 울창한 숲을 이루고 있고 그 사이로 이름 모를 새들이 사람들과 어울려 여유롭게 날아다니는 모습이 인상적인데, 원래 시골 태생인 내 눈에 확 들어오는 것이 고사리였다. 정말 시골 티를 안 내고 싶었지만 그건 어쩔 수 없이 내 눈에는 고사리였다. 도시 사람의 눈에는 키가 좀 작아 보이는 야자나무나 대추야자나무로 보였겠지만 밑동이 한 아름은 되어 보이는 아름드리 고사리나무였다.

'얼마나 오랜 세월 동안 인간에게 괴롭힘 당하지 않고 맘대로 자랐기에 저렇게 되었을까?'

우리말에는 어린 아가의 예쁜 손을 보고 고사리 같은 손이라고 하는데 블루마운틴국립공원의 고사리는 아름드리 나무 같이 자랐으나 위로 올라오면서 몸통에서 틀림없는 고사리 싹이 무수히 나고 그 싹이 시간이 지나면 잎이 되고 있었다.

그런 숲길을 큰 숨을 들이키며 걷는 동안 폐광이 된 탄광을 지나게 되었다. 오래전에 산 아래 절벽에서 석탄이 발견되어 여기에서 석탄을 캐내어 산 위로 올려야 했는데 그 운반 수단이 우리가 타고 내려온 궤도열차였단다. 지금은 폐광이 되었기에 그 궤도열차를 개조하여 관광객을 실어 나른단다.

폐광된 탄광을 보고 광부의 체험도 조금 해 보고 아까 타고 내려왔던 곳에서 다시 산 위로 올라가는데 궤도열차에 탑승했을 때 자세가 거의 서 있는 느낌이었다. 이번에는 앞을 보고 서 있는 우리를 태운 채 아예 그대로 올라가는 바람에 모두가 혼비백산했다. 어느 나라나 탄광의 광부는 이런 악조건에서 일했던 모양이다. 다시 올라와 보니까 실제로 산 위가 모든 시설이 있고 사람이 사는 곳이어서 지금껏 산 아래 계곡으로 내려가서 즐기고 올라 온 것이었다.

블루마운틴국립공원의 전경을 제일 잘 볼 수 있는 곳에 에코 포인트라는 장소가 있는데 이곳에서 바라보는 전경은 설악산의 아기자기함 같은 것이라기보다는 넓고 크고 광대함이었다. 기이한 바위산들 사이로 원시림으로 덮여 있는 능선과 능선이 높낮이를 반복하며 끝도 없이 이어져 있고, 그 위로 미세먼지가 아닌 유칼립투스 나무가 배출한 신선한 공기가 옅은 안개처럼 깔려 있었다.

그중 모든 사람의 눈길을 사로잡은 바위가 있는데, 그곳은 애잔한 전설이 담긴 세 자매 봉이다. 앞으로 보이는 어느 능선의 끝에 똑같은 모양의 바위가 나란히 서 있는데 맨 위쪽 봉우리부터 차례로 조금씩 작아 보인다.

다른 나라 사람들의 가이드들도 거기에 얽힌 전설들을 자기들 말로 설명하는지 사람들의 눈동자들이 자기들 가이드에 모아져 있고 설명을 들으며 탄성과 한숨을 내쉬었다. 소탈하게 생긴 우리 가이드도 이 세 자매 바위의 전설을 사실인 것처럼 진지하게 설명했다.

세 자매봉의 전설은 이렇게 시작되었다. 서양 사람들이 여기 오스트레일리아의 대륙을 발견하고 들어오기 훨씬 전부터 이곳에 원주민들이 많이 살았는데 각 부족으로 이뤄진 원주민들은 서로 친하게 지내기보다는 죽기 살기로 대립하는 관계가 더 많았다고 한다.

다른 부족과 혼인을 하면 안 되는 규율이 있는 카툼바족의 추장인 마법사에게 아름다운 딸이 셋 있었는데 이 딸들이 다른 부족의 청년들과 사랑에 빠졌다. 이 청년들은 마법사에게 딸들을 아내로 데려가기를 간청했으나 추장인 마법사는 절대 불가를 선언했다. 그러자 이 청년들의 부족은 모두 힘을 합해 싸워서 추장의 딸들을 빼앗아 가기로 하고 싸움을 걸어 왔다.

세 자매의 마법사 아버지는 세 딸을 이 험한 절벽으로 데리고 와서 마법을 써서 바위로 만들고 싸움이 끝나면 와서 마법을 풀어 데리고 가기로 했는데 그 싸움에서 마법사 아버지가 전사했다. 이 세 딸은 지금까지도 아버지가 마법을 풀어 주어 사랑하는 님 곁으로 갈 날을 기다리며 서 있단다.

진실보다 더 진실한 표정으로 말하는 가이드의 모습이 마치 자기가 그 마법을 풀고 세 자매를 데리고 내려갈 각오인 듯했다. 그런 진지한 애기를 들으며 아름다운 산을 바라보니까, 어느 계곡에서 금방 원주민들이 창을 들고 올라올 것 같은 착각이 일었다. 거기서 내려오니 기념품 가게에서 그 세 자매에 관한 인형들을 진열해 놓고 팔고 있었다.

다시 차를 타고 시드니 시내로 들어와 호텔에 들었는데 전날 인천에서 오후 늦게 비행기를 타고 밤을 비행기에서 보내고 아침에 하루의 일정을 소화했으니까. 호텔에 드는 순간 피로해서 바로 쓰러졌다. 그 와중에서도 꿈속에 꿈에 그리던 오스트레일리아가 나타났다.

내가 사는 남한의 78배가 되는 넓은 땅덩어리에 인구는 2천만 명 정도이고 대부분이 해안가에 자리 잡은 멜버른, 시드니 같은 대도시에 모여 살고 있으며, 내륙 대부분은 지금도 개척이 안 된 채 우리가 아는 아웃백으로 남아 있어 그 내륙 사막에는 원주민들이 자기들의 방식으로 살아가는 거대한 땅, 여행 전에 내가 알아본 이 오스트레일리아에 와서 첫날밤을 자다니!

이튿날은 느슨하게 기상을 시켜서 시드니 시내 투어에 나섰다.

1770년에 제임스 쿡이 이끄는 원정대가 이 땅을 들어오면서 영국이 영유권을 선포한 나라 그래서 시드니항구의 가장 깊숙한 곳에 빅토리아공원이 있다. 처음 찾은 곳이 빅토리아공원이었다. 영국이 식민지로 삼으면서 빅토리아 여왕의 이름을 딴 곳에 넓은 공원이 있는데 건물들이 있는 곳은 통제 구역으로 되어 있으나 주변 공원은 산책할 수 있었다.

가까운 곳에 아름다운 호수가 조성되어 있고 그 호수 주변으로 끝이 안 보일 만큼 넓은 면적에 조성된 공원은 우리가 말로만 듣던 황제가 살던 궁전의 정원 바로 그것이었다. 처음 통치할 무렵에 심었던 나무인지 우람한 고목 나무들이 유령이 나올 듯한 모습으로 서 있고 끝없는 잔디밭 사이사이로 아름다운 꽃밭들이 만들어져서 이름도 모를 꽃들이 피어 있었다. 그 사이로 커피나무는 빨간 열매를 주렁주렁

달고 있어 정말 아름다웠다.

사람의 손이 공원을 이렇게 멋지게 꾸미다니 놀라웠고 잔디밭에 앉아서 한가롭게 얘기를 나누는 연인들은 한 폭의 그림이었다.

옛날에는 왕의 가족들만 여기를 사용하지 않았을까?

영국을 가리켜 해가 지지 않는 나라라고 하더니 자기 나라에서 멀고 먼 이곳에 와서 자기 땅보다 수십 배가 넘는 이 땅을 다스렸다는 사실이 이해되지 않았지만 지금도 이 빅토리아공원은 영국 왕실의 소유라고 하니 정말 대단한 나라인 것은 사실이다.

공원 밖으로 나오면 바다가 있고 그 바닷가를 걸으면 유명한 오페라하우스가 있다. 말이 바다이지 파도가 하나도 일지 않는 호수나 다름없었다. 그래도 앞쪽으로 더 나아오니까 많은 배가 떠 있고 대형 크루즈선이 입항해 있는 것이 보였다. 진짜 바다는 바다였다. 그 해변 어느 부분에 바다를 매립해서 오페라하우스를 지었는데, 그 규모도 클 뿐 아니라, 모양도 특이해서 거기까지 가는 길이 상당히 먼데도 우리 일행의 발걸음은 점점 빨라지고 있었다.

이탈리아의 나폴리, 브라질의 리우데자네이루, 오스트레일리아의 시드니를 세계 3대 미항이라고 한다. 1955년에 오스트레일리아 정부가 아름다운 시드니를 상징할 오페라하우스 건축을 위한 공모전을 온 세계에 발표했는데 32개 나라의 건축가들이 응모한 232점이 접수되었다. 심사위원들이 1차 심사를 해서 많은 작품을 탈락시키고 최종 당선작을 결정할 시점에 당선작을 찾지 못해 탈락한 작품들을 다시 심사한 결과 채택된 작품이 덴마크 건축가 외른 오베르크 우드손의 작품이며 현재의 오페라하우스라고 한다.

이 작가는 아내가 잘라 놓은 오렌지 조각에서 영감을 얻어 설계했는데, 이 작품이 채택되고 건설하는 과정에서도 우여곡절이 많았다.

워낙 어려운 공사여서 처음 공사 기간을 2년, 공사비를 350만 달러로 잡고 공사를 시작했으나 막상 공사를 시작해서는 16년의 공사 기간과 5,700만 달러의 공사비를 들여 완공했고 1970년 10월에 준공식을 했는데 영국의 엘리자베스 2세가 참석해서 축사하였다고 한다.

공연장은 입구인 현관에서만 안을 들여다볼 수가 있고 주위를 돌면서 부속 시설들을 볼 수 있으며 바닷바람이 불어와도 견딜 수 있도록 두꺼운 유리로 만든 창들을 통하여 아름다운 시드니항의 모습을 바라볼 수 있다.

오페라하우스는 얼마나 어렵고 대공사였는지 신 7대 불가사의 중 하나라고 불리며 하버브리지와 함께 시드니의 명소다. 오페라하우스를 나와 유람선을 타고 시드니항 투어에 나섰다. 우리가 탄 유람선이 시원한 바닷바람을 맞으며 아름다운 시드니항구의 바다 한가운데로 나와 오페라하우스 주변을 가까이 지나갈 때 사진 찍기에 여념이 없었는데 바다 위에서 보는 오페라하우스는 정말 멋있는 모습이다.

거기서 조금 더 가면 하버브리지 아래를 지나는데 우리가 탄 유람선에서 고개를 들고 보면 아득히 높아 보이는 다리의 밑바닥 모습은 두꺼운 철 구조물이 마치 철사를 엮어 놓은 것처럼 보인다. 다리 아래를 지나 멀리서 보는 하버브리지는 참 아름다웠다.

이렇게 아름다운 하버브리지는 1932년에 착공해서 9년의 공사 기간이 걸려 완공했는데, 미국의 대공황 때 후버댐을 건설했듯이 이 하버브리지 역시 공황을 탈피하기 위한 건설이었다고 한다. 다리의 양방향 안쪽 바다에 대형 구조물을 만들고 거기서 무지개 같은 둥근 아치를 올려서 이 아치의 힘으로 다리를 만들었는데 8차선의 도로와 왕복 철로, 그리고 인도, 한 차선의 자전거 도로가 있는 넓은 다리라고 한다.

그 다리 아래로는 일반 여객선과 많은 다른 배는 물론 세계 여러 항구를 들르며 여행하는 대형 크루즈도 이 다리 아래를 지나 들어와서 항구에 정박해 있었다.

투어를 마치고 뭍으로 올라온 우리를 차에 태운 가이드는 진짜 바다를 가야 한다며 꾸불꾸불한 도로를 30분쯤 달렸다. 바다에서 즐겼는데 진짜 바다라니, 얼마큼의 아름다운 해안 도로를 달려서 내린 곳에는 가이드가 말하는 진짜 바다가 있었다. 앞이 탁 트인 곳에 다다르자 절벽 안쪽에 안전대를 쳐 놓았는데 전망대에 오르니 아스라한 절벽 아래에 하얀 파도의 거품이 보였다.

그 앞으로는 끝없는 바다가 펼쳐져 있는데 거기가 태평양이다. 바다가 어디는 넓지 않겠는가마는 높은 절벽 위에서 섬 하나 보이지 않는 바다는 정말 끝이 없었다. 하얀 거품이 이는 바다를 정신없이 바라보고 있는 우리 다섯 명의 일행을 재촉하여 데리고 간 곳이 또 감탄을 자아내게 했다.

드넓은 바다에 수백 길은 되어 보이는 절벽의 해안선이 끝없이 이어질 것 같은 그곳이 칼로 자르듯 뚝 끊기며 우리의 발길을 멈추게 하는데 그곳에서 바라본 건너편의 절벽까지가 3~4킬로미터 될까?

우리가 서 있는 곳과 건너편에 있는 절벽까지 사이로 바다가 육지를 향하여 이어져 있었다. 정말 상상할 수 없는 지형이었다. 이렇게 형성된 넓지 않은 바다가 구불거리며 육지 깊숙이 그것도 아주 깊숙이 파고 들어가면 가장 안쪽이 아름다운 시드니항이다.

넓은 바다에 해안선이 끝없이 이어진 곳에 어떻게 이런 모양의 수심 깊은 바다가 수십 킬로미터를 들어갔을까?

그런데 사람들은 그런 장소를 놓치지 않고 거기에 항구를 만들고 도시를 만들고 그 나라를 다스리는 여왕의 궁전과 공원을 만들고 그렇게 해서 세계의 3대 미항 중의 하나인 시드니를 만들었단 말인가?

가이드의 여러 가지 설명도 흘려들은 채 그 이해할 수 없는 지형을 머릿속에 그려 보고 있을 때 안쪽 시드니항에 정박해 있던 대형 크루즈가 그 물길을 따라 나오고 있는 모습이 보였다. 그런데 또 하나의 이해 할 수 없는 것이 그 크루즈 앞에 배가 한 척 앞서서 나오는 것이었다. 그 모습은 우리 군인 차 여러 대가 움직일 때의 선도 차량 역할인 것 같았다. 해협은 아주 넓은 것은 아니지만 그렇다고 좁은 것도 아니었는데 이 크루즈를 선도하던 배가 큰 바다의 입구까지 나오고 크루즈선이 넓은 태평양으로 진입하자, 뱃머리를 돌려서 오던 길로 들어갔다. 시드니, 정말 멋진 곳이었다.

항구가 저렇게 내륙 깊숙한 곳에 자리를 잡고 있으니, 태평양이 아무리 요동을 친들 파도가 1도 들어갈 리가 없지 않은가?

인간이 사는 지구도 신비하지만, 이 신비한 지구의 지형을 잘 이용할 줄 아는 인간들 또한 신비함에 틀림없다.

우리 역사가 단군으로부터 5천 년을 내려오는 동안 지금은 오대양 육대주를 누비며 세계에서 열 손가락 안에 드는 선진국이 되었는데, 우리 선조들이 지금처럼 잘살며 앞서갔더라면 유럽 사람들이 이런 미지의 땅을 차지할 때 우리 선조들도 신대륙 개척에 앞장섰을 것이고, 그랬다면 어떻게 되었을까?

유럽에서 오스트레일리아를 정복하고 자리를 잡을 무렵 원주민이 50만여 명이었지만 지금은 5만여 명만 남았다는데 선한 우리 한국 사람들이 이 땅을 정복했다면 본토인들과 더불어 잘 살 수 있지 않았을까?

시드니 시내로 들어오는 내내 되지도 않은 상상을 하다가 깨어나서 저녁 식사를 하고 멜버른으로 가기 위해 공항으로 이동하였다.

2. 그레이트오션

저녁 늦은 시간에 공항까지 데려다 준 가이드가 삼 일 후에 다시 만나자고 하고 헤어진 후 우리 다섯 명의 일행은 오스트레일리아 국내선에 올랐다.

고기도 먹어 본 사람이 잘 먹는다든가?

비행기도 자꾸 타다 보니까 어느 때가 되면 비행기를 타고 싶다는 생각이 들 때가 있다. 지금도 그렇다.

코로나19가 시작되었던 2020년도 3월에 서유럽 여행을 예약해 놨는데 무슨 보도 듣도 못한 감염병이 퍼진다며 수선을 떨어 예약한 여행을 취소했다. 그런데 천재지변이라고 인정해 주는 정부의 배려로 계약금을 다 돌려받았다.

우리 일반인은 비행기를 타기가 쉽지 않은데도 이틀 전에 9시간쯤 비행기를 타고 돌아왔는데 또다시 비행기를 타는 즐거움을 누리다니 너무 행복했다. 그렇게 국내선을 타고 한 시간 반을 날라서 늦은 밤에 공항에 내렸다.

오스트레일리아의 최대 도시로 알고 있는 멜버른공항은 너무 썰렁했다. 청사 밖으로 나와서야 멜버른공항이 아니고 아발론이라는 멜버른에서 좀 더 떨어진 곳에 있는 공항임을 알았다. 아발론, 우리 아이들이 다니는 영어 학원의 이름에 아발론이 많더니 거기가 아발론이었다.

멜버른공항이 복잡하면 거기보다 조금 더 떨어져 있는 아발론공항에 내린다는데 공항 청사 밖으로 나오니까 가로등만 켜져 있는 쓸쓸한 벌판과 같고 손님을 기다리는 택시가 몇 대 서 있을 뿐 지나다니는 사람도 없는 한적한 곳이었다. 얼마의 시간이 지나자 승합차 한 대가 우리 앞에 멈췄고 시드니에서와같이 40대쯤으로 보이는 젊은 남자 가이드가 우리를 맞았다.

　멜버른공항의 사정으로 우리가 탄 비행기의 도착 공항이 바뀌는 바람에 늦었다며 시내에 있는 호텔까지 제법 먼 거리를 달려서 멜버른에 도착했다. 그리고 내일 아침 일찍 출발해야 한다는 시간 약속을 하고 호텔에 들었다.

　멜버른의 아침도 시드니처럼 쾌청하고 온화하였다. 서울에서 10월 말에 출발했으니까 단풍이 아름답게 물든 늦가을로 접어드는 때에 비행기를 타고 남쪽으로 10시간을 날아와서 맞은 오스트레일리아는 따뜻한 꽃피는 봄이었다. 계절이 우리와는 반대로 돌아가고 있었다.

　다음날 아침 가이드가 승합차에 다섯 명의 단출한 우리 일행을 태우고 그레이트오션을 향하여 출발하였다. 멜버른에서 그레이트오션까지 차로 네 시간이 걸린다며 이른 아침에 출발한 차가 가도 가도 끝이 없는 벌판길을 달렸다. 원래는 세상에서 가장 아름답다는 길 그

오스트레일리아 - 그레이트오션

레이트오션로드를 따라서 가게 계획되어 있었는데 우리가 도착하는 며칠 전에 큰비가 와서 해안 도로 여러 곳이 무너져서 노선을 바꾸어 내륙으로 가게 되었다. 가는 길 내내 산이 없는 벌판에는 끝이 안 보이는 목장의 연속이었다.

그레이트오션로드는 제2차 세계대전 당시 많은 군인이 희생해 가면서 어렵게 만든 길인데 그 길이 얼마나 아름다우면, 죽기 전에 꼭 가 봐야 하는 길로 불릴까?

그런데 아쉽게도 그곳을 경유하지 못하고 내륙의 지름길로 해서 그레이트오션의 하이라이트로 바로 가게 되어 미안하다는 말을 여러 번 하는 가이드는 이 내륙의 들길이 그레이트오션을 가는 지름길이며 이런 아름다운 전원 풍경도 오스트레일리아의 매력이라고 변명 겸 설명을 열심히 했다.

몇 시간을 달리는 내내 그 넓은 초지에서 한가롭게 풀을 뜯고 있는 소들을 보니 우리나라 정육점에 호주산 수입 소고기가 많은 이유를 알 수 있었다. 넓은 국토를 가지고 있는 오스트레일리아는 더 많은 소를 얼마든지 기를 수 있지만, 자국민이 쓸 것과 수출할 것의 일정량을 책정하여 관리하므로 무작정 많이 기르는 것을 통제한다고 했다.

점심 시간이 가까워 올 무렵 가이드는 드디어 차를 세우고 언덕 위로 우리를 데리고 올라갔다. 눈앞에 보이는 것은 우리나라 어디에서나 흔히 볼 수 있는 끝이 안 보이는 평범한 바다였다. 바닷바람 때문에 나무는 자라지 못하고 내 키보다 작은 나무들만 거친 바람을 견디고 있는데 솔직히 실망이었다.

'이걸 보자고 그 수선을 피우고 몇 시간을 왔단 말인가?

시드니공항에 처음 내렸을 때나 아발론공항에 내려 절차를 밟으며 청사 내에서 움직이는 내내 벽면에 대형 광고물이 온통 그레이트오션 아니던가?

그레이트오션이 오스트레일리아의 대표 관광지라고 광고하더니 우리나라 서산의 꽃지해수욕장만 못하네?'

그런 내 맘속의 불만족을 알아차리기라도 한 듯 가이드가 말했다.

"이것은 시작일 뿐입니다. 모두 승차 하시지요."

가이드의 재촉에 승합차에 오른 우리는 얼마를 달리자 입이 벌어지기 시작했다. 어제의 시드니항이 있던 바다는 태평양이고, 이제 여기서 보는 바다는 반대편의 인도양이다.

뉴질랜드와 그 주변에 흩어져 있는 섬들과 함께 오스트레일리아는 6대주의 하나인 오세아니아주가 되어 6대주 중에서 가장 작은 주이며 섬으로 치면 세계에서 가장 큰 섬이기에 섬이 아닌 대륙으로 불리는데 대륙 전체가 바다로 둘러싸여 있고 그중에서 제일 아름다운 해변이 그레이트오션이라고 자랑한다. 역시 그랬다.

차를 움직여 거기서부터 내륙 도로를 버리고 해안 도로를 따라 달리는데 인도양의 거친 파도가 끝없이 밀려오고 밀려오는 파도가 해안에 와서 더는 갈 곳을 잃고 부서졌다. 바다보다 크게 높지 않은 육지가 끝없이 이어지며 절벽을 이루는데 육지에서 그리 많이 떨어지지 않은 바다 위에 섬이 아닌 대형 바위들이 듬성듬성 줄을 이어 서 있다. 이것이 그 유명한 12사도 바위다.

거기도 육지였으나 오랜 세월 파도에 깎여서 바다가 육지를 침식해 들어오는 과정에 흙과 부드러운 돌은 씻겨 나가고 끊임없이 부서지고를 반복하며 바윗덩어리가 12개의 조각상처럼 늘어 서 있게 되자, 그곳을 예수의 제자 수와 같다 하여, 12사도 바위로 이름을 지어 주었다. 그 후로도 바위들이 파도에 부서져서 유실되어 실제로는 8개가 남아 있고, 그마저도 눈에 띄지 않은 정도로 조금씩 부서지고 있어서 어느 때인가 또 무너질 것이라고 한다.

멀리 남극에서부터 불어오는 바람과 큰 파도에 해안의 육지도 계속 침식되어 가고 눈짐작으로 높이가 100여 미터 남짓의 절벽에 와 닿는 거대한 파도들이 자꾸만 육지를 먹어 들어갈 것 같았다.

12개의 바위 중 몇 개가 소실되었어도 지금도 여전히 12 사도 바위로 불리는 바위가 있는 해변의 전망 좋은 장소에 바다 쪽 절벽은 안전 울타리를 해 놓았고, 작은 나무들 사이로 길이 만들어져서 수많은 사람이 오간다. 사람들이 내지르는 탄성과 인도양에서 불어오는 거친 바람과 거대하게 밀려드는 파도 소리와 관광객을 태우고 하늘을 날아다니는 여러 대의 헬리콥터 소리가 함께 어우러져서 정신을 차릴 수 없을 지경이었다.

주변에 식당과 매점도 더러 있었지만, 우리 일행은 절벽을 깊숙이 파고들어 와서 바닷물이 머물다가 나가는 모래사장 주변에서 가이드가 미리 준비해 온 대형 햄버거와 음료수로 점심을 먹었다. 점심 식사 중에도 가이드는 자기의 임무를 하느라 여념이 없다.

우리가 점심을 먹고 있는 이 장소의 이름은 로크아드 고지라고 한다고 했다. 주변의 아름다운 장소마다 각각 이름이 붙어 있다. 대표적인 것이 12사도, 깁슨스 스텐스, 영국 런던을 지나는 템스강의 런던브리지를 닮았다 하여 붙여진 런던 브리지, 베이 오브 아일랜드, 쉽렉 코스트 등인데 이런 이름들은 그 모양에 따라 붙여 준 이름들이지만, 로크아드는 특이한 이름이다.

1878년에 영국에서 오스트레일리아로 삶의 터전을 옮기기 위해 54명이 로크아드호를 타고 오던 중 그레이트오션 부근에서 좌초되었다. 그 사고로 52명은 익사하고 2명만 생존했는데 이 생존자 두 명은 우리가 식사하고 있는 이곳으로 파도에 떠 밀려왔다고 한다. 생존자는 20살 전후의 남자와 여자인데 이름 나이까지 정확히 기록이 남아 있지만, 그 이후의 행적은 각양각색이라고 했다.

좌초된 다음날 바로 구조되었다고도 하고, 또 다른 기록은 선원 수습생인 청년이 19살 아가씨를 동굴에서 며칠을 보호하다가 구조되었다고도 하는데, 말이라는 것은 옮겨 다니며 불어나기 마련이지만, 아무튼 우리 가이드는 우리 일행을 즐겁게 하려고 그랬는지, 아니면 그의 말이 사실인지는 모르겠으나, 내가 들은 대로 옮겨 보겠다.

> 54명이 탄 로크아드호는 영국을 출항하여 오스트레일리아로 오던 중 인도양을 건너서 거의 육지에 다다를 무렵 남극해에서 불어오는 큰바람에 난파당했고, 우연처럼, 운명처럼 두 명의 청춘 남녀만 이곳으로 떠밀려 와서 생존자가 되었다. 육지에서 바라볼 때는 12사도 바위를 비롯한 여러 아름다운 바위와 절벽을 타고 육지로 넘어올 것 같은 큰 파도가 으르렁대는 곳이었으나 로크아드라고 불리는 그곳은 파도에 깎인 바위 절벽들의 깊숙한 안쪽이어서 큰 파도가 들어올 수 없는 요새 같은 장소였다.
>
> 두 사람의 조난자는 여기에 있다가 구조되었고, 그 인연으로 둘이 결혼하고 아이까지 있었으나, 여자는 고향에 대한 그리움과 조난의 트라우마 때문에 남편과 아이를 남겨 놓은 채 영국으로 돌아갔다.

전설 같은 이야기였다. 따뜻한 봄볕이 드는 모래사장에서 소리 없이 발끝까지 밀려왔다가 밀려가는 바닷물을 보며 러브스토리 같은 장면을 연상하면서 바닷물에 발을 적시고 쉬다가 위로 올라와 바라보는 인도양은 여전히 사납게 뛰놀고 있었다.

아련한 여운을 남기고 죽기 전에 꼭 봐야 한다는 그레이트오션을 뒤돌아보며 숙소가 있는 멜버른으로 향했다.

3. 멜버른

어제는 아침 일찍 숙소를 출발하여 차를 타고 4시간을 달려가서 3시간을 투어하고 4시간을 달려서 숙소로 돌아왔으나 오늘은 멜버른 투어이기에 여유 있게 가이드와 함께 단테농으로 출발하였다.

멜버른의 자랑이라는 단테농은 서울로 치면 북한산국립공원쯤 된다고 할까?

멜버른 시내를 벗어나서 30분쯤 가서 산길로 접어들었고 산 초입의 야트막한 야산의 숲에는 전원주택들이 촘촘히 들어서 있는데 여기가 멜버른의 부촌이란다. 유칼립투스 나무가 울창한 숲을 이루는 그곳은 공기가 맑고 조용해서 마치 서울의 평창동이나 성북동을 연상케 했다.

그런 전원주택 단지를 지나자 둘이 안아도 손이 닿지 않을 만큼의 아름드리 나무가 들어서 있는 숲이었는데, 습기 머금은 산책로를 따라 걷자 어느 작은 광장에서 앵무새들이 산책하는 사람이 주는 먹이를 먹는 재미로 사람들 곁을 떠나지 않고 어깨 위에 앉기도 하고 만져도 날아갈 생각을 안 하였다. 새나 짐승도 사람이 예뻐하고 사랑해 주면 그렇게 따르게 되나 보다.

숲길을 지나서 기차 정거장으로 갔다. 오스트레일리아에서 가장 오래된 퍼핑 빌리라는 증기기관차이다. 멜버른에 도시가 형성되면서 변두리의 단테농 산맥의 비탈진 곳을 일구어 농사하거나 목장을 하는 사람들의 불편을 해소하기 위해서 기찻길을 놓고 증기기관차를 투입해 교통편을 제공했다.

퍼핑 빌리는 오랫동안 단테농 사람들의 발이 되어 주면서, 또한 평지에 사는 사람들에게 소외당하는 듯한 느낌에서 벗어나게 하는 동시에 아주 편리하고 중요한 교통수단이었다. 점점 도로의 인프라가 잘 되어 더는 필요불가결한 시설 대접을 받지 못하고 폐선이 되어 애물단지가 되었다.

그랬던 이것을 관광 자원으로 활용하여 많은 사람을 불러들이는 그분들의 아이디어가 대단했다. 그뿐만 아니라 역장님을 비롯해 그곳에서 일하는 분들이 모두 현역에서 은퇴한 분들로 무보수로 자원봉사를 하신다고 하니 더욱 존경스러웠다. 그런 사연이 있다 하니까 나의 우렁이 각시가 쪼르르 뛰어가서 역장님을 부둥켜안고 사진을 찍는 모양새가 철없는 소녀 같았다.

오스트레일리아 멜버른 - 퍼핑 빌리 기차

백 년도 더 되었다는 증기기관차가 진짜 연기를 내뿜으며 출발하기를 기다리고 있었고, 제복을 단정히 갖춰 입으신 역장님이 출발 사인을 보내자 기관사는 손으로 오케이 사인을 보내고 출발하였다.

워낙 오래된 차라서 그런지 처음부터 그렇게 생겼는지 모르겠으나 손때가 묻어 반질반질한 차 안의 의자도 그렇거니와 창문은 아예 없고 창문 자리에는 쇠창살만 서너 가닥으로 막아서 밖으로 튀어 나가지 못하게만 되어 있었다.

아마 열 칸쯤 연결된 것 같은데 맨 끝쪽 칸에 자리 잡은 우리 일행은 기차가 커브를 돌 때 기관실에서 화부가 삽으로 석탄을 퍼서 넣는 모습도 볼 수 있었다. 경사가 심한 산길을 힘겹게 올라가는 기차에는 많은 관광객이 타고서 환호성을 지르고 사진 찍기에 여념이 없는데 숲의 나뭇가지가 손으로 잡힐 듯 가깝게 서 있고 그런 나무들 사이로 다람쥐와 짐승들이 뛰어다녔다.

암튼 이 차 안의 사람들은 모두가 동심으로 돌아가서 차창 문턱에 걸쳐 앉거나, 출입문 계단에 서서 뛰어내릴 자세를 취하거나 모두가 아이들 같았다.

지금의 우리 전철과 비교해 보자.

전철은 에스컬레이터나 엘리베이터를 타고 승차장까지 가서 기다리면 기적 소리도 없이 전철이 들어오고, 그런 다음은 안전을 위해서 문이 두 겹으로 열리고 닫히며 서 있는 곳에서 반걸음만 들이 디디면 차 안으로 들어가는데 말이다.

"후후후!"

여기는 완전 아날로그여서 차표도 사야 하고 차표에 구멍을 내서 확인하는데, 차 안의 안전은 완전 자율이다.

그렇게 헐떡거리며 숨차게 산비탈을 오르던 기차는 고작 30분쯤을 달려서 산 위에 있는 정거장에 정차하였다. 거기에서 우리 가이드가 승합차를 대기해 놓고 기다리고 있었다.

증기기관차를 타고 함성을 지르며 동심으로 돌아가는 사이에 내 어렸을 적 추억이 떠올랐다.

여수에서 출발하는지 진주 어디에서 출발하는지는 잘 모르겠으나, 순천을 지나서 광주를 거쳐 목포로 가는 경전선 철길이 우리 면소재지를 지나가고 그 길목에 내가 다니는 초등학교가 있었다. 철길과 경계를 이루는 학교에 담장 대신 탱자나무가 잘 어우러져 있어서 우리 어린 학생들을 철길로부터 보호해 주고 있었는데 시커먼 기차가 "칙칙폭폭 칙칙폭폭" 하며 검은 연기를 하늘로 쏘아 올리며 지나갈 때면 교실이 울렸고 선생님도 그 순간은 잠시 말을 멈추셨다.

학교에서 7리(3킬로미터)쯤 되는 곳에 있는 우리 마을은 50여 호의 산중 치고는 제법 큰 마을이었는데 매일 아침 등교할 때 온 마을 학생이 모두 당산으로 모여서 군대의 1개 소대도 더 되는 어린 악동들이 조잘대며 애향 대장의 인솔로 학교까지 걸어갔다. 들길과 인적이 드문 산길로 이어진 등굣길이 위험하기도 했지만, 가끔 증기기관차가 지나다니는 철길을 건너야 학교에 갈 수 있기 때문이었다.

아침 등굣길은 그랬지만 하굣길은 완전 우리들 세상이었다. 나이 한두 살 터울로 나와 같은 학년만 아홉 명이던 내 친구 악동들이 학교 파하고 집으로 가는 길은 그 기찻길이 그야말로 우리의 놀이터였던 셈이다.

기차가 지나가지 않을 때는 철로 위에서 중심 잡고 오래 걷기, 침목 건너뛰기를 했고, 기차가 올 시간이면 순천으로 가는 상행선 방향은 오르막이라 속도가 뚝 떨어져서 씩씩거리며 오는데 기찻길에 대

못을 철로에 올려놓고 기차 지나가기를 기다렸다가 선로를 지나는 기차 바퀴에 눌려서 납작하게 펴져서 날아가 버린 못을 찾아서 칼 만들기를 했다. 그중 제일 위험한 놀이는 기차가 올 때 누가 제일 늦게까지 기찻길에 머물다 튀어나오는지였는데, 이건 50여 년이 지난 지금 생각해도 참 무모하고 위험한 짓이었다.

어느 날도 그런 장난을 하는데 기관실 아저씨가 오죽 화가 났으면 달궈진 석탄을 삽으로 떠서 악동들에게 뿌렸을까?

다음날 등교했을 때 수업 들어가기 전에 우리 마을 악동 모두가 교무실에 불려가 혼나야 했다. 그러고서 내가 고학년이 되었을 때 그 증기기관차는 영원히 없어지고 기관차 머리를 빨갛게 멋을 낸 디젤기관차가 지나게 되었는데 오스트레일리아에 여행 와서 오랜만에 증기기관차를 타 보니 50여 해가 지난 일들이 어제 일처럼 떠올랐다.

초등학교에서 배운 기억을 더듬어 보니까, 증기기관차는 조지 스티븐슨이, 디젤기관차는 독일의 루돌프 디젤이라는 사람이 발명했다는 기억이 아스라이 떠오른다. 단테농산에서 내려와 멜버른 시내에 들어왔는데 도시는 어디나 비슷비슷했다. 멜버른 역시 오스트레일리아라는 독립된 대륙에 위치하지만 유럽 사람들이 개척하고, 도시를 건설하고, 문화를 발전시켰기에 도시의 중심은 으레 대형 성당을 중심으로 구성되어 있었다.

첫날은 늦은 밤에 아발론공항에 내려서 멜버른의 호텔에 들어서 자고, 다음날은 호텔에 짐을 놔두고 그레이트오션에 다녀오고, 그다음날은 단테농을 다녀왔기에 멜버른에서의 일정은 짧았다. 이제 여기서 또 국내선을 타고 시드니에 가면 며칠 전에 헤어졌던 가이드를 만나고 호텔에 들어 자고 나면 공항으로 가서 귀국할 건데 일정이 너무 짧고 아쉬웠다.

우리 일행의 선생님 부부도 못내 아쉬워하면서 아웃백을 가 보고 싶다고 하셨는데 나도 역시 아웃백이나 오스트레일리아의 내륙 깊숙한 곳에 가 보고 싶었다. 내가 읽은 오스트레일리아를 무대로 한 두 권의 책 『무탄트 메시지』와 『가시나무새』의 감동이 있는 곳, 오스트레일리아에 왔는데, 그 책의 감동과는 전혀 상관이 없는 평범한 여행에 대해 아쉬움이 남았다. 그래서 집이 있는 우리나라로 귀국해야 하는 시점에서 아쉬워하는 마음이 또다시 아웃백으로 향했다.

그런 아쉬움에 『가시나무새』의 감동을 잠시 생각해 보았다.

태어나면서부터 일생에 한 번도 울지 않은 새, 그 가시나무새는 자기가 찔려 죽을 가시나무를 발견했을 때 그곳에 날아들어 가시에 가슴을 찔리며 일생에 처음이자 마지막으로 슬프고도 아름다운 소리로 노래하며 죽는다는 전설의 새가 가시나무새이다.

여류 작가 콜린 매켈로는 주인공 매기를 가시나무새로 표현하며 이야기를 엮어가는데 소설의 스케일이 크면서도 매기의 눈물겨운 사랑 이야기가 기억에 남는 소설이다.

영국의 가난한 집안의 어린 소녀 매기의 가족은 신대륙 오스트레일리아의 드로게다에 대형 목장을 가지고 있는 고모의 부름으로 이사를 오게 되고 남자들만 우글거리는 목장에서 외롭게 자란 매기는 가톨릭 신부인 랠프의 따뜻한 보살핌을 받으며 자랐다.

세월이 흘러 숙녀가 된 매기는 랠프 신부에게 사랑을 고백한다. 매기의 사랑 고백을 받은 랠프 신부는 사랑과 하나님과의 약속 사이에서 갈등하다가 결국 교황청으로 떠난다. 그런 이유로 매기는 마음에도 없는 결혼을 하고 딸을 낳았으나 순탄치 못한 결혼으로 방황하고 있을 때 랠프 신부가 찾아왔고 매기와 랠프 신부는 해서는 안 될 사랑을 나누었다.

그 일이 있고 매기는 랠프 신부에게는 비밀로 한 채 데인이라는 아주 잘생긴 아들을 낳아 사랑으로 잘 길렀다. 매기는 이 아이를 얼마나 사랑했으면 하나님에게서 도둑질해 왔다고 표현한다.

우리나라 속담에 "씨도둑은 못 한다"라는 말이 있는데 잘생기고 훌륭한 청년으로 자란 데인이 가톨릭 신부가 되는 과정을 밟는 중 바닷가에서 휴양 중에 물에 빠진 사람을 구하고 익사하게 되면서 매기의 가슴을 도려내는 아픔을 표현한 것이『가시나무새』이다.

그때서야 사랑을 주지 못하고 키워서 외국에서 연기 생활을 하는 딸에게 보내는 편지가 가슴을 먹먹하게 했다.

> 귀여운 딸아, 불은 꺼졌다. 데인이라는 불은 영원히 켜졌어, 그 사실을 인정하도록 해라. 무슨 일이 있더라도 드로게다로 돌아오너라. 우린 널 보고 싶으니까. 하지만 아주 돌아오라는 건 아니다. 이곳에 정착해서는 행복해질 수 없다는 걸 우리 모두 알고 있단다. 그건 불필요한 희생일 뿐 아니라 쓸모도 없는 짓이야. 네가 하는 활동에 있어서는 오래 자리를 뜨면 상당한 피해를 받게 될 거다. 그러니 네가 속하는 곳에 머물면서 네 세계에서의 훌륭한 시민이 되기를 진심으로 바란다.

이런 애절한 사랑, 맺어서는 안 될 사랑으로 인하여 겪는 아픔을 그린『가시나무새』의 무대가 있는 이곳까지 와서 그 두 곳 중 한 곳의 근처에라도 가 보고 싶지만 못 가 보고 돌아가야 한다는 아쉬움이 너무 크게 남았다.

아발론에서 비행기를 타고 시드니에 와서 시드니의 가이드를 만나 귀국하는 비행기에 탑승해서 비행기 창밖으로 오스트레일리아의 육지가 사라질 때까지 바라보았는데 계속 아쉬운 여운이 남았다.

제8장

인도 여행

1. 타지마할

　택시 운전사인 내가 일하던 어느 날, 남자 손님 두 분을 모시고 운행하는데 뒤에 앉은 두 사람의 대화를 들으니 한 사람은 우리나라 사람이고 또 한 사람은 외국 사람인데 두 사람의 대화가 무슨 말인지 알아듣지는 못했지만, 가끔 델리와 뉴델리라는 지명이 오가는 것을 보니 한 명의 외국인은 인도 사람인 것 같았다.

　목적지에 도착해야 할 거리가 아직 많이 남아 있어서 살며시 대화에 끼어들었다. 그 외국인이 어느 나라 사람인지 물었더니 인도 사람이라고 알려 주었다. 그래서 내가 인도 여행을 갔다 왔다고 하면서 그 인도 사람에게 통역해 달라고 했다.

　두 사람 사이에 잠시 몇 마디 오가더니 그 인도 손님이 환하게 웃으며 손을 내밀고 악수를 청해 왔다. 그리고선 "나이스 투 미트 유"라고 말을 걸어오는데 알아들을 수 없었다. 우리나라 손님에게 무슨 말이냐고 물으니까 반갑다는 말을 영어로 한 거란다.

　아유, 영어를 몇 해 배웠지만 말 한마디 할 줄도 또 알아들을 줄도 모르니 이 일을 어쩌면 좋을까?

영국의 오랜 식민지였던 인도는 영어와 힌디어를 쓰는데 13억이 넘는 인구가 살기 때문에 언어도 여러 가지가 있단다. 어쨌든 통역을 통해서 몇 마디 대화했는데, 첫 물음이 내게 타지마할을 가봤느냐고 묻는단다. 가 봤다고 했더니, 가서 본 소감이 어떻더냐고 묻는단다. 내가 엄지척을 해줬더니 그 인도 사람이 대단히 기뻐하며, 그 두 사람은 계속 대화를 나눴다.

얼마 가서 호텔 로비에 그 인도 사람만 내려주고 동행했던 한국 사람은 왔던 길을 다시 돌아가게 되어서 둘이서 대화를 하며 오게 되었다. 그 인도 사람은 자기 회사를 상대로 하는 고급 바이어인데 택시 기사가 인도에 가서 타지마할을 보았다고 하니까 너무 기분 좋아 했다고 하면서, 그 인도 사람의 말이 이 아저씨가 인도까지 여행하는 것 보면 한국의 택시 기사는 부자 측에 드느냐고 물었단다.

또 그 바이어가 자기에게 인도에 와 보았느냐고 물어서 못 가 봤다고 하니까 다음에 초대하겠다고 하면서 타지마할에 대해 잠깐 얘기하는데, 어느 왕이 왕비를 위해서 만든 세상에서 제일 아름다운 무덤인데 그 공사가 끝나고 거기에서 일했던 모든 기능공의 손가락을 잘라 버렸단다. 이유는 그 기능공들이 어디에 가서 두 번 다시 그와 같은 작품을 만들지 못 하게 하기 위한 것이었단다.

이분들과 대화하던 그전 해 겨울 우리 부부가 택한 여행지는 신비의 나라 인도였다.

초등학교 때부터 배우고 들은 인도에 대한 지식은 갠지스강이 흐르는 나라, 무지막지하게 큰 나라, 인구가 엄청나게 많은 나라, 소를 섬기는 나라, 무저항으로 독립을 이끈 간디의 나라, 이슬람의 신전쯤으로 알던 타지마할이 있는 나라 이런 이유로 꼭 인도에 가 보고 싶었다. 4박 5일의 짧은 일정으로 델리-자이푸르-아그라를 잇는, 뉴델리를 중심으로 5일 동안 삼각형을 돌아오는 투어 코스였다.

  나의 외국 여행의 묘미는 그 나라의 유명 장소를 샅샅이 돌아보기보다는 그 나라에서 꼭 가 봐야 하는 장소와 그 나라 사람들이 사는 모양새를 보고 오는 되도록 짧은 일정을 잡는다. 첫 번째 이유는 경비의 부담이고, 집 밖에 나가면 일하고 지내는 일상생활보다 훨씬 힘들고 생활의 리듬이 깨지며, 두 번째 이유는 여행사에서 추천하는 최고의 장소라고 하지만 결국은 다 거기가 거기 같고 지루해지기 때문이다.

  인천공항을 출발한 비행기가 해를 따라 서쪽으로 6시간쯤 날아가서 도착한 델리는 우리의 시간을 3시간 반을 뒤로 맞춰야 했다. 뉴델리공항은 사람이 많이 사는 나라답게 무지하게 크고 넓었다. 나는 가는 곳마다 꼭 우리의 인천공항과 비교하는 습관이 있는데 뉴델리공항은 인천공항 제1 터미널보다 훨씬 넓었다.

인도 - 타지마할

공항 청사를 나가서 우리말을 잘하는 현지인 가이드와 미팅해 보니 25명쯤이 한 일행이었다. 늦은 밤에 도착하여 호텔에 들어갔을 때 곱게 생긴 호텔 여직원이 다가오더니 목에다 꽃목걸이를 걸어 주면서 단정히 인사를 하였다. 인도 방문을 환영하는 뜻이라고 했다. 주황색으로 엮은 꽃이 그리 예쁜 것은 아니었지만 그렇게 환영해 주는 것이 정말 기분 좋았다.

다음날 아침 아그라라는 도시를 향하여 출발한 우리의 버스가 뉴델리 시내를 벗어나서 몇 시간을 달리다가 휴게소에 들렀는데 둥그렇게 모인 사람들이 무엇인가를 구경하고 있었다. 곁으로 가서 기웃거려 보니까, 아버지인 듯한 남자는 이름을 알 수 없는 처음 보는 악기를 연주하고 딸인 듯한 열서너 살 되어 보이는 가무잡잡한 소녀가 몸을 흔들며 춤을 추고 있었다.

쪼그만 아이의 춤솜씨가 보통이 아니라 많은 사람이 손뼉을 치며 흥겨워했다. 그들은 길거리 공연으로 돈을 버는 것인지, 그냥 지나가다가 흥이 나서 하는 것인지는 모르겠으나 모든 사람이 별로 부하게 사는 모양새는 아니어도 표정들은 밝았다.

인도의 첫인상이 참 여유롭고 좋았다. 우리의 일행이 거의 버스를 올랐을 때 웬 소년이 올라오더니, 통로에 서서 말없이 마술을 선보였다.

'이건 또 뭔가?
여행 시작부터 눈을 즐겁게 해 주는 건가?'

그런데 단조로운 마술 하나를 끝내더니 손을 내밀며 원 달러를 요구한다.

'요녀석들, 학교에서 공부해야 할 나이인데 공부는 안 하고 이렇게 길거리에서 돈 벌 생각을 하다니!'

그렇게 다시 출발한 버스가 끝없는 들판을 달렸다. 우리나라는 끝이 안 보이는 들판이 있는 김제 들도 차로 한 시간 남짓 달리면 산이 나타나는데 여기 델리에서 아그라로 가는 길은 한나절 내내 달려도 산이 안 보였고 그 너른 벌판에는 보리가 파랗게 자라고 있었다.

'원래 이렇게 들이 넓으면 가난하지 않아야 하는 것 아닌가?

풍성한 식량으로 잘 살 것 같은데 우리가 알기로는 일부 부자 말고는 가난하게 사는 사람이 많다지 않은가?'

점심 때쯤 아그라에 도착했다. 우리나라의 소도시쯤으로 여겨지는 도심은 정리되지 않은 어수선함 그대로였다. 낡은 차들과 오토바이와 맘대로 개조해서 차인지 마차인지 구분이 안 되는 수많은 탈것이 경적을 울리며 다녀도 아무나 그냥 편하게 다니는 것이 그들만의 질서처럼 보였다.

어느 구간에서는 소들이 도로를 어슬렁거리며 걸어 다니다가 중앙분리대 화단에 심어진 꽃을 뜯어 먹기도 했다. 그래도 누구 말리는 사람도 없고 그러는 소도 당연한 것처럼 당당하게 걸어 다니고 있었다. 맞다. 기억이 났다. 나 어렸을 적에 누구에게인가 들은 말이 인도는 소를 숭배하고 소고기도 먹지 않는다더니 내 눈으로 보니까 이해가 되었다.

그렇다고 이 소들은 야생의 소가 아니고 모두 주인이 있으며 소가 그들의 재산 목록 1호라고 한다. 그래서 대부분이 소를 귀히 여기고 기르면서 젖을 짜서 우유를 먹는데 그보다 중요한 것은 소똥이라고 한다. 이 소똥을 두꺼운 피자처럼 둥글게 만들어서 말리면 연료로 쓰기 때문에 변두리 농촌 마을에서는 잘 말려진 소똥을 집 앞에 큰 묘지 만큼씩이나 쌓아 놓은 것을 볼 수 있었다. 이런 인도의 도시 아그라에서 뭔지 모를 편안함이 느껴졌다.

이 사람들의 눈에는 멀고 먼 다른 나라에서 자기들 사는 곳으로 여행을 온 여행자들이 얼마나 부럽겠는가?

옷차림도 허름하고 그저 사는 것이 사는 것이라는 생각인 듯 평온한 그들을 보며, 나는 너무 각박하고 바쁘게 쫓기듯이 살고 있는 것 아닌가' 하는 생각이 들었다. 전혀 다른 세상의 사람들 사는 모습을 보고 나를 보는 것, 이것이 나를 여행으로 빠지게 하는 매력이다. 물론 그걸 보자고 여기까지 온 것은 아니지만 말이다. 이 도시 어디에 타지마할과 아그라성이 있고 그것을 보기 위해 수천 킬로미터를 날아왔다가 가는 길목에 이런 사람 사는 세상을 읽어 본다.

그렇게 도시를 기웃거리며 걷는 동안 사람들이 와글거리는 곳에 도착하니 거기가 타지마할의 입구였다. 아그라에는 유네스코 세계문화유산에 등재된 곳이 두 군데가 있는데, 타지마할과 아그라성이라 한다. 내가 서 있는 그곳이 그중 한 곳인 타지마할이다. 우리가 흔히 들어서 아는 이집트의 피라미드, 중국의 만리장성 등 세계의 7대 불가사의가 있는데, 그 후에 또 생긴 신 7대 불가사의 중 하나에 들어 있는 타지마할, 그 앞에 지금 서 있는 것이다.

우리말을 청산유수로 잘하고 유머까지 제대로 구사하는 인도인 가이드는 실제로 한국은 한 번도 와 보지 않았다는데 한국의 역사까지 쭉 꿰고 있었다. 한국의 역사를 이렇게 잘 알고 있을 정도이니, 자기 나라 인도에 대해서는 얼마나 많이 알고 있을까 싶다.

차에서 내내 마이크를 잡고 끊임없이 설명하던 그 타지마할 정문 앞에 서서 제일 안쪽에 있는 건물을 바라보는데, 까마득하다는 표현이 옳을 것이다. 그런데 이걸 건물이라 하지 않고 영묘라고 부른다. 이 영묘까지는 중앙에 직사각형으로 된 긴 연못이 있고 그 양옆으로 큰 나무들이 서 있는 정원이 있으며 그 나무 아래로 사람이 다니는 길이 있다.

　영묘까지는 한참을 걸어가야 했고 거기에 도착했을 때 우리 일행을 기다리는 것은 뱀처럼 구불구불한 끝이 안 보이는 줄의 맨 끄트머리였다. 그 줄은 가다 서기를 반복하며 아주 천천히 움직이고 있었다. 이 줄서기에는 세상의 다양한 사람이 다 모여 있었다.

　오늘만 이러는 것이 아니고 날이면 날마다 이럴 것 아닌가?
　수많은 달러가 날개를 달고 여기까지 날아오다니!
　우리나라 기업들은 힘들게 만든 좋은 제품을 컨테이너에 싣고 가서 팔아 달러를 벌어오는데 이것은 너무 쉽지 않은가!

　괜한 질투심이 일었다.
　그 줄을 따라서 그 안으로 들어가기까지 두어 시간은 걸렸다. 그 영묘 중앙에 샤 자한 왕과 뭄타즈 마할 왕비의 관이 나란히 있다는데 사람들 등쌀에 잘 들여다볼 수도 없었지만, 실제의 관은 지하에 있고 유실될 위험을 피하려고 실물과 똑같은 모형을 만들어서 지하에 있는 실물의 정중앙 위에 두었다고 한다.
　건물의 벽면이든 바닥이든 기둥이든 모두 아름다운 대리석으로 되었고 그 대리석에 보석이 박혀 있다고 하는데 그런 것을 잘 모르는 나는 별로 감동하지 못했지만 많은 사람의 감탄 소리가 끊이지 않는 걸 보면 대단하기는 한가 보다.
　타지마할을 설명하는 가이드는 세상에서 제일 귀한 것을 소개하는 비장한 표정으로 열변을 토했다. 타지마할을 가는 동안에도 반복해서 설명했지만 보고 나와서도 인도의 역사 교사처럼 설명하였다. 샤 자한 왕 그가 주인공이다.

인도의 전신인 무굴제국의 왕자인 샤 자한은 아버지인 자한기르 왕에게 반란을 일으켰으나 실패했다. 그런데도 아버지는 그와 화해했고, 아버지가 일찍 죽음으로 인해 그는 왕위에 올라 무굴제국의 5대 왕이 된다. 샤 자한이 왕으로 있을 때 무굴제국이 최전성기를 누렸는데 샤 자한에게는 360명의 아내가 있었고, 그중 두 번째 왕비인 뭄타즈 마할을 특별히 사랑하였다.

이 왕비의 본 이름은 아르주만드 바누인데 샤 자한이 황제에 즉위하면서 궁전의 꽃이라는 의미인 뭄타즈 마할이라는 이름을 붙여 주었다고 한다. 이야기를 스릴 있게 전개하기 위해서인지 가이드는 샤 자한이 왕자일 때 어느 시골을 지나가다가 들에서 일하는 처자를 보고 첫눈에 반해서 아내로 삼았다고 했는데 실제로는 외삼촌의 딸이었다.

샤 자한은 그 많은 왕비를 두고도 뭄타즈 마할을 얼마나 사랑했던지, 어디를 가든지 동행했고 심지어는 땅을 차지하기 위한 전쟁을 할 때면 전쟁터까지도 데려갈 정도로 잠시도 떨어지지 않았다고 한다. 거대한 제국의 황제 사랑을 독차지한 뭄타즈 마할이 서른아홉 살 때 임신한 몸으로 왕인 남편을 따라 전쟁터에 갔다가 출산 중에 죽음을 맞이했다.

17년 간의 결혼 기간에 14명의 자녀를 둔 채 숨을 거두는 왕비를 보며 왕은 이렇게 약속했다.

"당신에게 세상에서 제일 좋은 묘를 만들어 주겠소."

샤 자한 왕은 약속한 대로 왕이 거처하는 아그라성에서 멀리 바라다보이는 야무나강 언저리에 대공사를 시작했다. 죽은 아내를 위한 무덤을 만드는데 여러 나라에서 보석과 대리석을 코끼리를 동원하여 수송해 오고 수만 명의 기술자와 인부를 들여 공사를 했는데 그 기간이 무려 22년이었다. 내 택시에 손님으로 탔던 인도 사람의 말대로 공사가 끝나고 나서 이 기능인들이 두 번 다시 이런 작품을 만들 수 없도록 2만여 명의 손목을 자르고 영묘의 총 설계자도 살해했다는 전설 같은 이야기가 전해져 온다.

정말 대단했다. 세상에는 남녀 간의 애틋한 사랑 이야기가 많지만, 이미 수백 명의 아내가 있고 거대한 제국의 여인들을 맘대로 취할 수 있는 샤 자한 황제의 뭄타즈 마할에 대한 지독한 사랑 이야기가 이해되지 않았다. 심지어는 야무나강의 물길도 무덤인 타지마할 곁을 지나 흐르도록 바꾸어 놓았다는데 내가 갔을 때 야무나강은 강폭은 넓은데 물은 많이 흐르지 않고 갈대만 무성했다.

2. 아그라성

타지마할을 나와 아그라성으로 갔다. 무굴제국의 3대 황제인 악바르가 축성한 성으로 세계에서 가장 아름다운 건축물이라는 이 성은 인도의 전신인 무굴제국 권력의 상징물이라 했다.

야무나 강변 언덕 위에 붉은색 돌로 지은 성의 둘레에는 해자라고 부르는 깊은 호수를 연상케 하는 물길을 만들어 놓고, 동서남북에는 성문을 만들어 놓았는데, 그 문은 해자를 건너는 다리를 통과해야만 성안으로 들어갈 수가 있다. 적군이 쳐들어올 때 이 다리들을 들어 올리면 밖에서는 접근할 수 없는 철옹성이다. 우리가 무협 영화나 가상 소설에 나오는 철옹성의 모습이 거기에 있었다.

우리 일행이 다리를 지나 성으로 들어서자 이번에는 하티 폴이라는 철문이 나오는데 이 하티 폴은 웅장하기도 하지만 두꺼운 철문으로 되어 있어서 만에 하나 적군이 해자를 건너왔다 해도 이곳은 감히 부수고 들어올 수 없게 만들었다. 그 하티 폴을 지나자 드디어 아그라성으로 들어가는 넓고 깨끗한 길이 약간의 오르막으로 되어 있는데 그 길을 오르는 양옆으로 고개를 높이 들어야 끝이 보이는 돌로 된 벽이 있었다.

우리 가이드는 또 신이 났다. 전쟁이 나고 만약에 적군이 해자를 건너서 하티 폴까지 부수고 성안 이곳까지 진입했을 때, 성안의 군사들은 이 돌로 된 바닥에 기름을 붓고 양쪽 성벽에서 공격하면, 타고 온 말은 미끄러지고 창과 칼을 들고 쳐들어오는 적군은 완전히 포위돼 전진도 후퇴도 할 수가 없다. 그야말로 아그라성은 세상 끝까지 함락되지 않고 갈 수 있도록 건축되었다고 설명했다.

무굴제국은 신기하게도 왕의 아들들이 반란을 일으켜서 정권이 바뀌기도 했고 실패하기도 하는 과정을 거쳤다. 우리 가이드가 말끝마다 샤 자한을 입에 올리는 데는 그만한 이유가 있었다. 샤 자한의 아버지도 반란으로 정권을 잡았고, 샤 자한 역시 아버지 왕에게 반란을 시도해서 실패하였지만, 우연처럼 정권을 잡았으며, 샤 자한 자신도 아들 아부랑 제브에게 반란으로 정권을 빼앗겼고, 그 후 광대한 무굴제국이 무너졌는데, 그 중심에 샤 자한이 있었기 때문이다.

가이드는 자기 나라인 인도의 역사를 열심히 설명하는 과정에 드문드문 질문을 했는데 그 질문이 대부분 이랬다.

"지금 내가 묻는 왕이 무굴제국의 어느 왕일까요?"

수만 리를 날아서 관광 온 외국인들에게 역사 공부를 시키는 가이드가 물을 때마다 샤 자한, 샤 자한이라고 대답했더니 어느 대목에서는 맞았는지 주머니에서 사탕을 꺼내 상으로 주면서 대단히 칭찬했다. 사실은 알고 대답한 것이 아니라 반항(?)기가 발동해서 한 대답이었는데.

어쨌든 아그라성은 화려하고 멋있다. 샤 자한의 할아버지 때 요새로 지었는데 샤 자한은 이 요새를 요즘 말로 멋지게 리모델링 해서 궁전으로 사용했다. 성 둘레는 넓고 깊은 해자를 만들어 물을 가득 채워서 적이 건너오지 못하게 했고, 성벽은 두 겹으로 튼튼하게 축조해서 허가된 사람만 성문을 들어 올 수 있게 했다.

이 견고한 아그라성안은 딴 세상과 같았다. 성안 중앙에는 정원이 조성되어 있어서 아름다운 꽃들이 피어 있고, 정원과 그 주변은 있는 그대로가 무대가 되어 무희들이 춤을 추고 광대들이 놀이를 한다. 정원을 둘러 서 있는 건물의 제일 좋은 곳은 황제가 앉고 그 주변에 고관들이 앉아 관람했다는데 그 화려함이 지금도 온전히 보존되어 있다.

우리는 모두 가이드를 따라서 아그라성의 키 포인트로 향했다. 어느 방에 들어가서 성벽 쪽으로 나 있는 테라스에 서면, 창문 바로 아래는 아찔하게 높은 성벽이고 눈을 들면 왼쪽으로 폭이 넓은 강줄기

인도 - 아그라성

가 굽이쳐 보이는데 물은 거의 말라서 풀이 무성한 야무나강이다. 그 강을 따라서 더 멀리 강변 오른쪽으로 하얀색의 타지마할이 보인다.

샤 자한 황제가 사랑했던 왕비 뭄타즈 마할이 죽을 무렵 약속한 22년의 긴 세월 동안 지었다는 영묘 타지마할이다. 수많은 왕비와 후궁과 궁녀를 두었으면서도 죽은 아내 뭄타즈 마할을 못 잊던 황제는 길고 긴 세월 동안 공사 현장을 여기 테라스에서 바라보았을 것이고, 완공된 후에도 그랬을 것이다.

샤 자한 왕은 여러 명의 왕비에게서 많은 아들을 낳았는데 그중에서 샤 자한이 그렇게도 사랑했던 왕비 뭄타즈 마할이 낳은 아우랑제브가 반란을 일으켜서 아버지 샤 자한을 감옥에 가두어 버렸다.

아들 아우랑제브 반란의 이유는 아버지인 샤 자한이 죽은 아내이며 자신의 어머니인 뭄타즈 마할을 위한 무덤을 만들면서 제국의 국고를 탕진했다는 이유였다. 그런데 실제로 샤 자한은 얼마나 많은 재물을 소유하고 있었던지 그 긴 공사 기간 내내 세금을 한 번도 올리지 않고 왕의 사유 재산으로 했다고 한다. 아들은 왕의 자리를 탐내 그런 이유를 들어서 반란으로 황제의 자리를 빼앗았고 황제였던 아버지 샤 자한을 아그라성 안 성벽 가까이에 있는 무삼만 버즈에 가두었다.

무삼만 버즈는 8각형으로 된 탑으로 전망대가 있는데 그 전망대에 서면 야무나강 변의 타지마할이 보인다. 탑 아래는 화려한 보석으로 장식한 방을 만들고 샤 자한은 여기 무삼만 버즈 밖으로는 나올 수 없게 한 일종의 감옥이다. 무삼만 버즈의 문밖에는 반란으로 왕이 된 아들이 철옹성 아그라를 장악하고 통치하고 있는데, 어마어마한 무굴제국의 황제 샤 자한은 감옥 같지 않은 화려한 감옥에 갇혀 한 명의 딸의 보살핌을 받으며 사랑했던 아내가 묻혀 있는 타지마할을 바라보며 지냈다. 그는 그렇게 8년을 무삼만 버즈 밖으로 한 발짝도 나와 보지 못한 채 지내다가 숨을 거두었다.

아버지가 죽자 아들 아우랑제브왕은 아버지의 마지막 유언은 들어주어 어머니와 똑같은 관을 만들고 타지마할의 몸타즈 마할의 관 곁에 나란히 모셨다.

반란으로 아버지를 제거하고 황제에 오른 아우랑제브는 그래도 아버지의 마지막 소원은 들어주었고, 황제로 50년간 통치하면서 가장 많은 영토를 차지하였으나 90살에 죽을 무렵에는 무굴제국도 패망의 길로 들어섰다고 한다.

인도에도 그런 말이 있는지 모르지만, 우리 말에 "부전자전"이라 했는데 그렇게 대물림으로 부모에게 반란으로 얻어진 황제의 자리가 굳건할 리가 있었겠는가?

한편의 대하 역사 소설에 빠져 있다가 나오는 것 같은 감정으로 무삼만 버즈의 창문에 서서 샤 자한 왕의 심정이 되어 타지마할을 바라보니 뿌연 안개 같은 것에 가려 희미하게 보이는 타지마할이 신비하게 느껴졌다.

성내 곳곳을 보며 내려오는 길에 어느 담벼락 부근에 서너 사람이 팔을 벌려야 닿을 만한 쇠로 된 원형이 있는데 그것은 두꺼운 가마솥이었다. 무굴제국 시절에 성안에서 근무하는 군인들 밥을 짓는 솥이라고 했다. 무굴제국과 아그라성, 세상의 모든 나라가 다 망해도 절대로 망할 것같지 않던 대제국 무굴도, 또 하늘이 무너져도 부서지지 않을 것 같은 아그라성도, 대제국의 특수층이 아니면 얼씬도 못한 철옹성도 모두가 역사 속으로 사라지고 지금은 나 같이 먼 나라 사람도 맘대로 들락거리는 하나의 관광지가 되어 있었다.

더욱 아이러니한 것은 타지마할 때문에 나라가 망하겠다며 아들이 쿠데타를 일으켜 정권을 빼앗았고, 그 후 실제로 제국이 소멸하였으나 지금은 이 타지마할의 관광 수입이 인도 재정의 상당 부분을 차지할 만큼 중요한 수입원이 되었다는 사실이다.

3. 길상사

나는 이런 여행지를 다닐 때마다 질투심과 시기심 뭐 이런 야릇한 심보가 발동한다. 요런 특별한 관광지가 우리나라에 있었으면 하는 것과 샤 자한 왕의 사랑 얘기도 우리나라 얘기였으면 하는 쓸데없는 욕심, 이런 거다. 그런데 놀랍게도 그 부러움이 어느 해에 나에게도 자랑거리가 있음에 가슴이 두근거렸다.

어느 날 학창 시절부터 지금까지 친하게 지내는 이성 친구에게서 메일이 하나 왔는데 눈이 번쩍 띄었기 때문이다. 기생 김영한과 시인 백기행과의 러브스토리였다. 어느 때인지 어느 곳에서인지는 모르겠으나 내 눈을 스쳐 지나갔던 뮤지컬 〈나와 나타샤와 흰 당나귀〉는 백기행의 시를 모티브로 한 그 이야기였다.

그 글을 읽으면서 나는 내 눈을 의심했다.

멀지 않은 곳 서울 성북구 성북동에 있는 길상사에 관한 얘기인데, 아니 세상에 그렇게 옛날에 있었던 사건도 아니고 서울 한복판에서 일어난 일을 왜 나는 처음 듣는단 말인가?

카톡으로 온 메일을 읽은 순간 가슴이 뛰고 궁금증이 일어서 B번 날 작은 배낭에 물병과 간식을 조금 넣고 일찍 집을 나섰다. 버스를 두 번 환승해서 북악터널 지나 국민대학교 정문에서 내려 성북동 길을 걸었다. 한겨울이라 바람이 매서운데 정릉 쪽에서 걷는 성북동 길의 오르막은 미끄러웠고 꽤 먼 길이었지만 두근거리는 마음과 뚜렷하게 무엇인지 모를 기대감을 가지고 열심히 걸었다.

북악 스카이웨이와 마주 닿는 곳을 지나서 외국 대사관저가 많아서 도로명이 대사관로인 길을 따라 한참을 걸어가다가 왼쪽에 나무판자로 단정하게 울타리를 두른 길을 따라 돌아가니 거기에 길상사가 있었다. 내가 택시 운전을 하면서 자주 다니던 길이다.

판자로 둘러쳐진 울타리 옆 도로도 늘상 다니던 길이었고 길 양편으로는 부촌 성북동의 주택들이 꽉 찬 그곳이 이런 애틋한 사연이 있는 길상사였다니, 그리고 알 만한 사람은 다 알고 있는데 나만 모르고 있다가 새삼스럽게 무슨 큰 보물이라도 찾은 것처럼 호들갑을 떨며 찾아오다니, 참 한심한 노릇이었다.

그렇게 큰길에서 스무 발자국쯤 걸어서 경내를 들어서니 잎을 다 떨군 나무들이 겨울바람에 흔들리고 있었고 작은 계곡 주변에 흩어져 있는 바위에는 눈이 얇게 덮여 있어서, 마치 깊은 산사에 들어선 것처럼 조용하고 스님들의 목탁 소리만 은은하게 들려오고 있었다.

그런데 역시 나는 행운아였다. 사찰 안에 들어가서 카카오톡에 들어 있는 글을 읽으며 자판기에서 뜨거운 커피를 한 잔 꺼내 손에 들고 있을 때 20여 명의 한 그룹이 들어오고 곱상한 여인이 핸드 마이크를 들고 조용조용한 말소리로 설명하기 시작했다.

머리에는 털모자를 썼고 두꺼운 잠바에 목도리를 두르고 있던 나는 미운 오리 새끼처럼 일행에 끼어들었다. 열심히 따라다니며 들은 그 해설자의 설명이 명품이었다.

가난한 집에서 태어나 자란 김영한을 부모님은 부잣집의 장애가 있는 아들에게 팔아먹듯이 시집을 보냈다. 어린 나이에 시집을 간 김영한은 시집살이 오래지 않던 어느 날 냇가 빨래터에 빨래하러 갔고, 예쁜 색시 빨래하는 곳에 따라와서 놀던 신랑이 물에 빠져서 익사했다.

그런 일이 있고 난 뒤 시댁에서 신랑 잡아먹은 년이라며 시부모가 얼마나 모질게 시집살이를 시키는지 시집에서 못 견디고 뛰쳐나와 여기저기 전전하다가 기생집에 들어가게 되었다. 거기에서 신윤국이라는 분의 눈에 띄어 재능을 인정받고 일본으로 유학을 갔다.

일본에서 공부하던 중 스승이며 후원자인 신윤국 선생님이 일본 경찰에 투옥되었다는 소식을 듣고, 학업을 접고 귀국해서 스승이 갇혀 있다는 함흥으로 갔으나 스승을 면회할 수가 없자 아주 함흥에 눌러앉아 기생이 되었다.

기생으로 있다 보면 권력 있는 사람을 만날 수 있지 않을까? 그러면 선생님을 만나거나 구해 낼 수 있을지도 모른다는 생각이었다. 그렇게 시작된 함흥에서의 기생 길에서 결국 선생님은 만나지 못하고 그 대신 운명적인 사람을 만나게 되었다. 백기행이라는 함흥 영생여자고등보통학교 영어 교사였다. 우리 민족의 스승인 조만식 선생님이 오산학교에 재직할 당시 백기행은 오산교보를 다녔고 일본에 유학하여 영어를 공부하고 귀국해서 「조선일보」 기자로 있다가 함흥 영생여고 영어 교사로 재직 중이었다. 백기행은 그때 당시 함흥의 최고 엘리트에 최고 미남이었다.

얼마나 미남이었으면 백기행이 걸어가면 지나가던 여인들이 꼭 뒤돌아보고 갈 정도였단다.

어느 날 영생여고 선생님들의 회식 자리에 기명이 진향인 김영한이 나가게 되었는데 진향을 본 백기행은 첫눈에 반해서 자기 옆자리에 앉히고 사랑을 약속했다. 오늘 이후로 하늘이 우리를 갈라놓기 전에는 절대로 헤어지지 않겠다는 약속을 하고 중국 이태백의 시에 나오는 여인 이름인 자야를 김영한의 예명으로 지어 주고 그날부터 김영한의 자취방에서 동거에 들어갔다.

그렇게 사랑을 나누던 두 사람 중 김영한이 먼저 서울로 올라오고 김영한을 사랑한 백기행은 교사를 접고 사랑하는 사람을 찾아 서울로 올라와서 종로구 청진동에 살림을 차렸다.

그런 꿈 같은 세월이 3년쯤 지날 무렵 기생을 며느리로 맞이할 수 없다는 백기행의 부모는 아들을 강제로 고향인 평안북도 정주로 데려가서 결혼시켰다. 그러나 백기행은 혼례를 치르고 신혼 첫날밤을 보내지도 않고 김영한이 있는 서울로 도망쳐 왔다. 미모의 가이드는 이 부분을 침이 마르게 설명하면서 아마도 백기행은 이런 억지 결혼을 두 번 했고 두 번 다 똑같은 상황이 전개되었다고 했다.

나도 남자로서 이런 생각을 했다.

'참 대단한 남자 백기행이고 한 남자를 그토록 빠져들게 한 김영한 또한 대단한 여인이며, 정말 끔찍하도록 부러운 사랑이다!'

20여 명의 일행은 거의 한숨을 내쉬며 그 해설을 들었다.

해설을 들으면서 나만 그랬는지 모르지만 거기 있던 사람들은 다 그런 사랑을 주고 또 받고 싶어 하지 않았을까?

백기행은 만주로 가서 아무도 모르는 곳에서 사랑하며 행복하게 살자고 김영한을 설득했고 김영한은 좋은 가문에, 인물이며, 학문이며, 문학이며, 모든 것이 뛰어난 백기행의 장래에 기생인 자신이 걸림돌이 될 것이라며 따라가기를 거절했다. 자기를 그렇게 사랑하는 자야가 말은 그렇게 하지만 자기가 가고 나면 꼭 따라올 것으로 믿고 백기행은 혼자 만주로 떠났다. 그것이 두 사람의 마지막이 될 줄은 둘 다 몰랐다.

그런 와중에 해방이 되었고 만주에 가 있던 백기행이 김영한을 찾아 서울로 오는데 휴전선이 길을 막아 남한으로 오지 못하고 북한에서 유능한 문인으로 살았다. 한편, 김영한은 비록 기생이었지만 훌륭한 선생 밑에서 배운 정통 교육과 가무 그리고 중도에 포기했으나 일본 유학파의 지식으로 승승장구하며 성북동에 땅을 사서 대원각이라는 요정을 지었다. 군사정권 시절에 우리나라의 3대 요정 중 하나라는 명성을 얻은 대원각이다.

대원각을 혼자 몸으로 운영할 때도 늘 백기행을 생각했고 그래서 시인 백기행 문학을 알리는 데 힘썼다. 그렇게 나이가 들어가던 어느 시점에 법정 스님의 무소유에 매료되어 자기가 평생 일군 대원각을 법정 스님이 주지로 있는 송광사에 시주하기로 한다.

내가 일하면서 북한산 아래 구기동에 있는 어느 사찰의 큰 스님을 손님으로 모시고 간 적이 있었다. 이런저런 대화 중에 법정 스님 얘기가 나왔는데 그 스님은, 법정 스님 살아생전에 가깝게 모시던 분이라면서 이런 이야기를 해 주셨다.

김영한이 법정 스님께 대원각을 시주하겠다고 하니까 법정 스님은 단호히 거절하셨다고 한다. 김영한은 짧지 않은 8년에 걸쳐 여러 번 사정했고 결국 법정 스님은 조건부 허락을 하셨는데, 그 큰 재산을 시주하고 나서 전혀 자기주장과 이권을 주장하지 않겠다는 조건이었단다.

역시 두 사람 다 큰 그릇이시다. 대원각을 시주받은 법정 스님은 대원각의 본채를 비롯해 건물 대부분을 그대로 사용하기로 하고 본체를 대웅전이라는 명칭 대신 길상화 보살의 극락을 기리는 뜻으로 극락전으로 명명하고 개조 공사를 하는데 인부들이 기둥과 내부에 배인 기름을 닦아 내는 데만 몇 개월이 걸렸다고 한다. 대부분 사찰의 대웅전은 1자형인데 유일하게 길상사의 대웅전 격인 극락전이 ㄷ자로 되어 있는 것은 대원각의 본채를 그대로 개조했기 때문이다.

그렇게 몇 해에 걸쳐 개조와 수리를 한 대원각이 길상사로 태어나던 날 큰 재산을 시주한 김영한에게 길상화라는 이름 석 자와 길상사 안에 작은 거처만 주어졌다. 그리고 정계와 종교계 및 많은 사람이 찾아와서 성대하게 문을 열었다. 그때 당시의 시가로 1천 억이 되는 재산이었고 내가 갔을 때가 2016년이었는데 해설자의 말은 그 시점에서는 3천 억이 넘는 가치의 부동산이라고 했다. 기자들이 큰 재산을 시주한 김영한에게 물었단다.

"1천 억이 넘는 큰 재산이 아깝지 않으십니까?"

그 물음에 김영한은 아무렇지도 않게 이렇게 대답했다고 한다.

"1천 억이면 뭐해 백석의 시 한 줄만도 못해."

이 부분에서 나는 기어코 감동의 눈물을 보이고 말았다.

김영한, 진향이라는 이름으로 기생이 되었고, 운명의 남자 백기행을 만나서 자야라는 이름을 받았고, 법명 길상화라는 이름을 받아 네 개의 이름으로 살던 김영한은 삶이 얼마나 기구하고 힘들었던지 나이 들면서 담배를 손에서 놓지 않고 살다가 결국은 폐암으로 세상을 떴는데 죽기 전에 유언을 이렇게 했다고 한다.

"나 죽으면 화장해서 눈이 폭폭 내리는 날 길상사에 뿌려 주세요."

그 일행을 따라다니며 여기까지 듣고 끝날 무렵에 일행 중 한 사람에게 물어보니까, 어느 문학 기행 단체인데 정기적으로 사연이 있는 명소를 답사하는 중 오늘은 길상사와 어디 한 곳을 더 가야 한다면서 서둘러서 길을 떠났다.

그 일행이 떠나고 혼자가 된 나는 다시 처음부터 터벅터벅 경내를 걸으며 살펴보았다. 사찰의 맨 위쪽에 자그마하고 지붕이 높지 않은

기와집이 한 채 있는데 이 집은 초대 주지 스님이시고 이곳을 시주받아서 사찰로 꾸민 법정 스님이 기거했던 진영각이다.

오른쪽 손바닥만한 꽃밭에 그분의 혼이 잠들어 있고, 진영각 안에는 법정 스님이 생전에 쓰시던 몇 가지의 물품과 몇 권의 책이 깨끗하게 진열되어 있으며, 토방에는 손수 만들어 쓰셨다는 엉성한 의자가 놓여 있었다.

아래로 내려오면 나무숲 사이로 작은 방갈로 같은 집들이 듬성듬성 있는데 요정일 때는 손님을 받았던 장소였으나 잘 다듬어서 지금은 스님들이 수도하는 장소가 되었다. 더 아래로 내려오면 작은 계곡을 건너는 다리가 있고, 그 다리를 건너면 맷돌과 잔디를 깔아놓은 작은 마당이 있다. 그 위쪽에 아주 작은 전각이 있는데 거기는 길상화 보살의 사당이다.

계곡 주변에 눈이 쌓여 있고 그 사이로 매서운 겨울바람이 지나갈 때마다 잎 없는 나무들이 흔들리는데 목탁 소리와 어우러져 쓸쓸함을 느끼게 했다. 일주문을 나서는 순간 도로에 많은 차가 지나다니고 주변은 온통 주택가인데 서울 성북구 성북동이 아닌 아주 깊은 산중을 들어갔다가 나온 기분이 들며 나에게도 이런 멋지고 가슴 시린 러브스토리가 있는 장소가 있다는 데 정말 가슴이 뿌듯했다.

시인인 백석 백기행이 자야 김영한을 얼마나 사랑했으면 자야 외에 나타샤라는 예명을 하나 더 지어 주며 지어 준 시가, 우리가 잘 아는 〈나와 나타샤와 흰 당나귀〉라는 시다.

〈나와 나타샤와 흰 당나귀〉

가난한 내가

아름다운 나타샤를 사랑해서
오늘 밤은 푹푹 눈이 나린다

…중략…

눈은 푹푹 나리고
아름다운 나타샤는 나를 사랑하고
어데서 흰 당나귀도 오늘 밤이 좋아서 응앙응앙 울을 것이다

　타지마할, 그들의 사랑은 왕이니까 스케일이 클 뿐이지 우리의 길상화와 길상사는 그보다 더 멋지지 아니한가?
　그날 길상사 경내를 나오면서 글을 보내 준 친구에게 전화해서 이런 사연 있는 장소를 알려 주어서 고맙다고 말하고 조금 전에 경내에서 받은 감동을 전하느라고 한참을 통화했다. 동탄에 사는 그 친구도 꼭 한번 가 보고 싶다고 해서 기회가 되면 서울에 한 번 오면 안내는 내가 하겠다고 했다.
　그리고 해가 바뀌어 어느 늦은 가을날 길상사에 오겠다는 친구의 연락을 받았다. 학창 시절 하얀 블라우스에 검정 치마를 입고 단발머리를 한 이 여학생은 공학인 우리 남학생들의 인기를 누리는 친구였는데 유독 낯가림이 심한 나는 말 한마디 건네 보지 못하고 학교를 졸업했다. 이제 나이 들어 가니까 그 시절 이야기를 하면서 편하게 지내는 사이가 되었는데 드디어 길상화 때문에 오붓하게 데이트할 기회가 온 것이다.
　나는 열여섯 무렵 소년의 마음이 되어 약속 장소인 숭례문 부근으로 나의 애마를 끌고 갔는데, 거기에는 수지에 사는 친구와 둘이 나

와 있는 것이 아닌가!

수지에 사는 친구도 꼭 그곳에 가 보고 싶어 해서 함께 왔다고 했지만, 이 영악한 친구는 나이는 들었어도 혹시나 주변 친구들이나 나의 우렁이 각시에게 오해의 소지를 남기지 않기 위해 친구를 동행했을 터이다.

사랑 이야기가 담겨 있는 장소에서 둘만의 시간을 상상했던 기대는 무너졌으나 늦가을 단풍이 곱게 물든 서울 도심의 부촌 성북동의 고즈넉한 사찰에서 내가 보고 들은 지식을 동원하여 열심히 가이드를 해 가며 한나절을 보냈다. 그러고 나서 그들을 나의 택시에 태워 북악스카이웨이를 넘어가 구기동의 '장모님 해장국집'에서 점심까지 대접하고 나니까 가을비가 촉촉이 내렸다.

학창 시절에 만난 친구들을 나이가 들어 가면서까지 평생 친구로 함께한다는 행복감에 젖어 헤어졌다.

4. 자이푸르

우리의 여행 이름이 '인도 핵심 골든 트라이앵글이 5일'이었다. 짧은 날 동안에 여러 곳을 다녀야 하는 일정 때문에 시간이 빡빡할 수밖에 없었다.

새벽에 일어나면 먼저 호텔 식당에서 아침을 챙겨 먹고 차를 타고 몇 시간을 움직여서 한곳을 잠시 머무르다 다시 옮겨 가는 강행군의 연속이었다. 심지어는 저녁 식사를 하고 밤길을 달려서 이동한 후 밤늦은 시간에 그날 여행지의 호텔에 들었다가 아침 일찍부터 투어하기도 했다. 트라이앵글 모양의 뉴델리 아그라 자이푸르의 세 지역을 돌아보는 여행 중 자이푸르에 도착한 것은 늦은 밤이었다.

　다음날 아침 호텔에서 일어나 식사를 하며 창밖으로 보이는 도시의 건물들이 대부분 분홍색이었다. 그 부분은 낮에 돌아다니며 가이드의 설명을 듣고 이해가 되었는데 라자스탄주의 주도, 우리로 말하면 도청 소재지인 자이푸르는 무굴제국이 쇠퇴할 무렵 마하라자 자이 싱 2세 왕이 세운 도시다.

　천문학에 관심이 많은 왕은 젊은 인재들을 키워서 천문대를 몇 군데에 세웠는데 여기 자이푸르 도심 한가운데 잔타르 만타르라는 천문대가 있고 우리의 첫 여행지가 그곳이었다. 경주의 첨성대, 창경궁 내에 있는 측우기와 해시계 등을 보았기에 천문대라면 뭐 그리 대단할 것인가 생각하며 찾아간 잔타르 만타르 천문대는 거리 풍경부터 놀라운 광경을 보여 주었다.

　정문에서 상당히 떨어져 있는 거의 무질서한 주차장에 우리의 차를 주차하고 가이드가 머리 위로 높이 든 피켓을 이정표 삼아 따라갔다. 2월에 인도로 떠날 때 우리는 두꺼운 겨울옷 차림으로 갔지만 인도 자이푸르는 덥다고 느껴지는 늦은 봄 날씨였다.

　여기에도 아그라의 타지마할이나 아그라성처럼 내국인, 외국인 관광객으로 북적거렸다. 자전거, 오토바이를 개조한 탈것, 낡은 화물차, 고급 승용차까지 온갖 탈것이 경적을 울리며 달리는데 내 눈에는 아슬아슬해서 금방 사고가 날 것 같았다. 그런데 저들만의 노하우로 용케도 잘 다녔고 수많은 사람이 오가는 사이를 꼬맹이들이 원 달러를 요구하며 손을 벌리고 달려들었다.

　그 사이를 뚫고 지나가는 우리는 여권과 지갑이 든 작은 가방을 가슴 앞쪽에 메고 두 손으로 움켜쥐듯 안고 용감하게 헤쳐 나가는데 구걸하는 한 여인이 손을 벌리고 따라왔다. 키와 체격은 우리의 1~2학년 여중학생쯤 되어 보이는데, 무엇인가를 열심히 먹는 어린아이를 앞 품에 안고 있었다.

그런데 그때가 마침 그 여자의 휴식 시간이었는지, 하던 일을 멈추고 돌아서더니 지하도의 벽 아래 그늘로 가서 아이를 내려놓고 젖을 먹이는데 거기에는 그런 부류의 동료들이 여럿이 있고 거기가 그들의 캠프인 셈이었다. 관광객을 상대로 구걸하는 것이 직업인 그들을 보며 측은한 생각을 하는데, 아니나 다를까, 나의 우렁이 각시는 미처 주지 못한 그들이 말하는 1달러, 우리 돈 2천 원을 그의 품에 넣어 주고 우리 일행을 뒤따라왔다.

잔타르 만타르를 번역하면 마법의 장치라는데 잔타르 만타르 천문대가 그 여인들을 먹여 살리는 직장이었으니 정말 마법은 마법이다.

천문학에 일가견이 있는 것도 아니고 천문대의 기구들을 본다고 이해할 성질의 것도 아니나 그래도 여행 프로그램에 들어 있고 유네

인도 자이푸르 - 하와마할

스코 세계 유산이라고 무지하게 자랑하는 가이드를 따라 들어가니 그곳은 완전히 경기장과 같았다. 축구장보다 더 넓은 광장에 별별 관측기가 다 있는데 별을 관찰하는 것, 해의 그림자를 보고 시간을 정하는 해시계 등등 돌을 사용하여 여러 가지 기구를 만들어서 비치해 놓았다.

그 장치들은 현대의 장비와 비교해도 큰 오차가 없을 만큼 정밀하며 사실은 20세기가 될 무렵까지 사용하였다고 한다. 우리가 학교에서 배우기를 세계의 4대강 문명의 발상지 중 인도의 인더스강이 있었으니 문명이 앞섰던 것은 사실이다. 천문학에 무뢰한인 나는 건성건성 구경하다시피 둘러보고 시내로 들어왔는데 시내의 중심이 바람의 궁전이라는 하와마할을 중심으로 이루어진 듯했다.

하와마할은 붉은색으로 지어진 궁전인데 실제로 지금도 왕족들이 살고 있기에 궁전 안에는 들어가지 않고 거리에서 겉모습만 볼 수 있다. 5층으로 지어진 궁전은 벽과 벽 사이에 작은 창이 수없이 많이 붙어 있다. 이슬람이나 힌두교가 대부분인 인도의 문화 특성상 여자들이 얼굴을 가리는 것이 보통이고 바깥출입이 자유롭지 않은 것을 고려하여 밖에서는 궁전 안쪽이 들여 보이지 않지만, 안에서는 창문을 통하여 바깥세상을 내다 볼 수 있게 설계되었다고 한다.

온통 핑크빛으로 된 도시 자이푸르는 어느 시기에 잘나가던 무굴제국이 무너지고 영국의 식민지가 되었다. 그래서 언어도 영어를 쓴다.

영국의 식민지 시절 에드워드 7세가 황태자일 때 인도를 방문한 적이 있었는데 이때 자이푸르를 다스리는 이 지역의 최고 책임자가 황태자의 방문을 환대하기 위한 목적으로 도시를 정비하는 과정에서 도색업자에게 시내의 지저분한 곳에 페인팅을 맡겼다. 이 도색업자가 여러 가지 페인트를 구할 수 없어서 한꺼번에 많이 구할 수 있는 핑크색으로 모두 칠하였고 그 이후 유래가 되어 자연히 자이푸르는 이 핑크색 도시가 되었다.

인도 여행 내내 인도다운 느낌을 받은 것은 식사 때마다 다양한 카레가 주류를 이루는 것과, 가는 곳마다 성채가 있는 것과 사람 대부분이 흰옷을 입고 머리에 차도르를 쓰고 다니는 모습이었다. 북미나 유럽 동남아시아를 다니면 주로 육류에 그 나라의 메인 음식이 따르는데 비해 인도의 음식은 온통 카레였다. 카레의 색깔도 다양하고 메뉴도 다양해서 처음 하루 이틀은 카레 먹는 재미에 빠졌었는데 3일쯤 되어서는 어쩐지 몸이 허전하고 배가 고파 옴을 느꼈다.

그래서인지 인도 사람들은 비만이 거의 없는 편이었다. 자이푸르 시내를 나와서 11킬로미터쯤 떨어져 있는 암베르성으로 향했다. 이곳으로 가는 길에 인도 아니면 볼 수 없는 진풍경이 기다리고 있었다.

시내를 벗어난 우리 버스가 변두리로 진입할 때부터 도로의 폭이 좁아지더니 급기야 인도가 따로 없는 2차선 도로를 큰 차가 어렵게 비켜 가면서 갓길을 스치는 차 바퀴에 먼지가 날렸다. 그 길을 남녀노소 없이 수많은 사람이 어디론가 향해 걸어가고 있었다. 어디에선가 무슨 축제인지 행사가 있는 날이라는데 도시에 사는 사람들이 산길로 된 이 도로를 개미 떼 같이 줄을 이으며 걸어가고 있는데 신발도 없이 맨발인 사람도 많았다.

그들의 처지에서 보면 우리는 외국 관광객인데 고급 관광버스를 타고 가는 사람들이 얼마나 부러웠을까?

그런데 신기하게도 모두가 즐거운 표정인 것을 보니 목적지에 도착하면 즐거운 일이 기다리고 있음이 분명한데, 거의 모든 사람이 화려하지도 않은 평범한 차림으로 그렇게 무한정 걸어가는 모습이 조금은 안타까워 보였다. 이 길을 들어서기 전에 시장길에서 본 주민들의 모습도 남자들은 대부분 흰옷을 입고 있었다.

어렸을 적 할아버지가 상갓집에 가실 때면 입으시던 두루마기가 연상되었다.

이 사람들은 평상시에 이런 흰옷을 입고 생활하면 얼마나 번거로울까?

어느 모임에 갔을 때 연단에 서신 분이 이런 질문을 했었다.

"아침에 흰옷을 입은 사람과 색깔 있는 옷을 입은 두 사람이 똑같이 외출했다가 저녁에 집에 돌아왔을 때 누구의 옷에 먼지가 더 많이 묻었겠습니까?"

질문할 것을 질문해야지 그걸 질문이라고 하느냐는 듯 당연히 흰옷 입은 사람이라고 이구동성으로 대답했는데 그분은 고개를 살래살래 흔들며, 두 사람의 옷에 똑같이 먼지가 묻었지만, 흰옷이기 때문에 잘 보일 뿐이라며 우리는 흰옷 입은 사람의 마음가짐으로 행동해야 한다고 말씀하셨다.

그 말씀이 뇌리에 깊이 박혔었는데 이 사람들은 빨래도 훨씬 자주 해야겠지만 그것도 한계가 있지 어느 만큼의 시간이 지나면 그 흰색도 변하기 마련이다. 그래서 얼른 보기에는 흰옷이지만 얕은 회색 비슷한 옷으로 변색되어 있었다.

그런 여러 가지 상상을 하며, 우리는 차로 가고 그 사람들은 걸어가는 동안 야산을 깎아서 만든 도로를 지났다. 도로 양옆은 산인데 나무가 무성해야 할 산에 사납게 생긴 가시덤불 같은 나무들이 먼지를 뒤집어쓰고 서 있고 그 아래 돌들 사이로 선인장이 제각각의 모습으로 자라고 있는 것이 몹시 마음에 걸렸다. 오래전에는 그러지 않았다는데 해가 갈수록 비가 오지 않고 건조해지며 사막화가 되어 간다며 가이드는 우울한 표정으로 설명하였다.

몇 해 전 미국 서부의 모하비 사막을 지날 때 보는 선인장은 멋있다는 느낌이었는데, 수많은 서민이 사는 이곳이 사막이 되면 어찌해야 할까?

괜한 걱정을 하면서, 금수강산 우리나라가 정말로 감사하다고 생각했다. 그렇게 길가를 걷는 사람들의 모습을 바라보며 달리는 우리 버스가 좁은 계곡 사이를 지나자 제법 큰 호수가 나타났다. 관광버스는 그 호숫가에 시장처럼 북적이는 한편에 주차했다. 서두르는 가이드의 뒤를 종종거리고 따라가면서 눈에 들어오는 것은 높은 산 능선을 따라서 성벽이 끝없이 뻗어 있는 모습에 한눈을 팔고 있는 사이 가이드가 멈추었다.

그곳에 지프들이 있는데 네 명씩 승차하게 하였다. 지금 생각해도 아쉬운 것은 그 지프가 어느 나라 제품인지 확인을 안 한 것이 아쉽다. 왜냐하면, 얼마나 오래되었는지 말이 지프지 이 차가 진짜 나를 태우고 저 산 위에 있는 성까지 갈 것인지 하는 의문이 들 정도로 낡았기 때문이다.

햐아, 그런데 그건 기우였다. 이 드라이버들 또한 노련한 실력으로 왕왕거리며 출발하더니 집들이 다닥다닥 붙어 있는 사이로 포장도 안 된 좁은 골목길을 곡예 하듯 뒤뚱거리며 올라갔다.

지프의 양옆은 원래는 있었는데 없어진 것인지, 아니면 애초부터 없었는지 네 기둥에 두꺼운 천이 올려져 있어서 지붕 역할을 하는데, 이 차가 동네 골목길을 올라가는 동안 내 인생 최대의 스릴 넘치는 쇼를 봐야 했다.

지프의 심한 요동에 떨어지지 않으려고 차 모서리를 붙잡고 비명을 지르는 순간 지붕 위가 휘청이며 바윗덩어리가 떨어지는 소리가 났고, 그 순간 지프 안의 우리 네 명은 비명과 함께 몸을 움츠렸다. 아뿔싸 그건 바위가 아니고 큰 염소만 한 원숭이가 이쪽 집 담 위에서 건너편 집 담벼락으로 딛고 넘어가는 디딤돌 역할로 우리 차의 지붕을 딛는 소리였다. 그것은 앞에 가는 차의 지붕을 딛고 건너뛰는 원숭이를 보고서야 알았다. 역시나 신비의 나라 인디아라는 말이 맞는 말이었다.

그렇게 요란을 떨면서 산등성이 어느 지점에 내린 우리는 숨을 헐떡이며 두어 굽이를 걸어서 도착한 한 곳이 암베르성이었다. 동서에 문이 하나씩 있는데 동쪽 문은 태양의 문이라 해서 왕이 출입하는 문이고 우리는 서쪽에 있는 달의 문을 통하여 성안으로 들어갔다. 나는 이미 아그라에서 감탄을 먹었기에 별로 흥미를 느끼지 않고 입성하였는데, 그것 또한 기우였다.

지프로 20여 분을 올라온 높은 산을 다듬어서 지은 암베르성은 단순히 적군의 침입을 막기 위한 성채가 아니고 화려한 궁전이었다. 1592년에 시작해서 150년 동안 여러 왕을 거치며 완공되었다는 암베르는 이 궁전을 중심으로 산 능선이 이어지는데 아득히 높은 산이 성곽으로 둘러 있었다. 이 암베르성을 인도의 만리장성이라고 한다.

도대체 인간은 어디까지일까?
이렇게 튼튼하게 해 놓고 영원히 망하지 않을 제국을 꿈꾸었을 것 아닌가?
그들이 이런 철옹성에 궁전을 지어 놓고 수많은 병사를 두어 지키게 하고 나라를 다스리면서 호사와 권력을 누릴 때, 먼 훗날에는 하늘을 날아다니며 전쟁을 할 것이라고 상상은 해 봤을까?
궁전의 여기저기 방들을 기웃거리며 화려하고 기이한 것들을 보면서 옛날의 왕들은 상상할 수 없는 힘을 가졌다는 것을 느꼈다. 도대체 어디에 이런 힘이 있었을까?
어떻게 이런 수많은 사람을 동원해서 이 산 위까지 자재들을 옮겼으며, 그 많은 기능인을 어디에서 수급하여 이런 작품들을 만들었는지?

가령 왕비들이 썼던 방이라고 해서 들어가 보면 이건 순전히 『신드바드 모험』에 나오는 요술 램프의 거인이나, 어느 신비한 요정이 아니고서는 인간은 할 수 있는 일이 아닐 것이라는 생각뿐이었다.
가이드가 자기를 잘 따라오라고 데리고 간 곳은 미로였는데. 평상시는 궁내에 거주하는 공주나 왕족들의 놀이터 역할을 하지만 만에 하나 침입한 적은 한번 들어서면 입구를 찾아 나올 수 없는 길이라 했다. 궁 내부가 모두 이런 미로를 거쳐야 다음 장소로 갈 수 있다고 한다.
요소요소에 정원을 만들어 아름다운 꽃과 나무들이 가꾸어져 있고 어떤 특별한 장소는 출입문을 한 사람씩만 통과하도록 좁게 되어 있는 곳도 있었다. 아주 치밀한 설계로 궁전은 꾸며져 있고 성 바깥은 가파른 절벽을 따라서 튼튼한 성벽을 쌓아서 적어도 이 성을 쌓을 당시는 이 성은 영원히 함락되지 않을 뿐더러 나라도 영원히 망하지 않을 것이라는 신념으로 세운 듯했다.
산 아래를 내려다 볼 수 있는 광장에 서서 아래를 내려다보았다. 눈에 보이는 것은 사방이 산으로 둘러싸여 있고, 멀리 산 아래 우리가 버스에서 내리고 지프를 탔던 광장에는 사람들의 움직임이 희미하게 보이고 그 앞으로 별로 크지 않은 호수가 내려다보인다. 성 아래 계곡을 막아서 인공 호수를 만들고 그 호수를 마오다 호수라 이름 짓고는 호수의 물로 성안에 필요한 물을 공급하도록 했으며. 호수 가운데에는 아름다운 인공 정원을 만들어 놓았다.

그런데 또 다른 인도다운 모습이 거기에 있었다. 우리는 지프를 타고 원숭이의 밟힘을 겪으며 성으로 들어왔지만 아래로 내려다보이는 광장에는 또 다른 승차장이 있는데 그곳은 자동차나 인력거가 아닌 코끼리 택시 승강장이다.

승차장에는 붉고 화려한 색으로 옷을 입힌 코끼리들이 여럿 모여서 승객을 기다리고 있는 모양이다. 상당히 높은 곳에 있는 암베르성에 들어오기 위해서는 우리처럼 지프를 타거나 코끼리를 타야 한다.

성안에서 내려다보고 있으니까 택시들이 줄을 이어 올라오고 있었다. 거대한 몸체를 가진 코끼리를 멋지게 치장했고 코끼리 등에는 승객을 편하고 안전하게 모시기 위해서 의자도 만들어져 있는데 머리 쪽에는 기사 양반이 느긋하게 앉아 있고 뒤쪽에는 두 명의 승객이 탑승해 있다.

조물주는 인간을 어쩌면 이렇게 뛰어나게 만들어서 인간보다 몇 곱절 덩치가 큰 짐승을 맘대로 부린단 말인가?

그 코끼리를 탄 승객들은 왕의 문인 태양의 문 쪽으로 접근했다. 옛날 왕이나 왕족들도 저렇게 코끼리를 타고 출입을 하였다고 한다.

오래전에 이집트를 여행할 때 시나이반도에 있는 해발 2,285미터 높이의 시내산을 오르게 되었고, 그때 몸이 약한 나의 우렁이 각시를 낙타를 태워서 산 중턱까지 갔었는데, 그때 낙타에는 우렁이 각시 한 사람만 타고 낙타 주인은 고삐를 잡고 걸으면서 운전했다. 나도 그 곁을 따라 걸었는데, 여기 코끼리는 워낙에 커서 기사까지 세 사람을 태우고 올라왔다. 대단한 힘이고, 그 거창하게 큰 짐승을 부리는 인간은 더 대단했다.

암베르성을 내려온 우리 일행이 다 모이자 가이드는 다음 행선지 호랑이성이라는 나하르가르성으로 인도하였다. 어떻게 볼거리는 성 밖에 없는지, 성을 보고 나오면 또 성으로 간다. 나하르가르성으로 이동하는 내내 이번에는 호랑이성에 대하여 열심히 설명한다.

자이푸르 시내가 내려다보이는 가파른 산 위에 성을 건축할 때 매번 유령이 나타나서 몇 번이나 허물어졌는데 성 이름을 나하르가르라고 짓자 유령이 나타나지 않았다나?

다시 그곳에서 운행하는 지프를 나누어 타고 산길을 올라 정상으로 갔는데 정작 성은 뒤로하고 성벽을 따라서 시내가 내려다보이는 전망대로 갔다. 전망대에서 바라다본 자이푸르 시내는 끝없이 넓게 퍼져 있는데 시내에는 산이 하나도 없는 평지여서 시내를 한눈에 볼 수 있고 붉은색 페인트 일색이라 그런지 뿌연 안개가 낀 느낌이었다. 여기가 인도 제일의 황혼을 볼 수 있는 명소라고 했다.

오후 늦은 시간에 도착한 우리 말고도 다른 많은 관광객이 먼저 와서 제각각 좋은 자리를 차지하고 앉아서 인도 맥주를 마시며 해가 지기를 기다리고 있었다. 나와 우렁이 각시도 성곽 가까운 테이블에 앉아서 맥주 한 글라스씩을 받아 놓고 황혼을 바라보는데 바다처럼 넓은 도시 너머로 저녁노을을 드리우며 해가 지고 있었다. 그러는 동안 우리 처음 만나 연애하던 시절처럼 가슴이 설레었다.

이래서 사람들은 여행을 즐기나 보다. 정말로 가슴 저리게 행복한 마음으로 해가 숨고 나서도 한참을 바라보다가 내려가자는 재촉에 아쉬움을 남긴 체 나하르가르 성채의 돌담을 돌아 시내로 들어왔다.

5. 델리

여전히 아침 일찍 기상한 우리는 갖가지 카레와 빵으로 아침 식사를 하고 처음 공항에 내렸던 델리를 향하여 왔다. 나라가 워낙 넓어서 북쪽은 히말라야산맥에 속한 산악 지역이고 볼거리도 그쪽에 몰려있다는데 우리의 여행 일정인 델리를 중심으로 삼각형을 돌고 오는 내내 산은 별로 없고 주로 평야 지대였다.

때가 봄철인데 잘 정리되지 않은 들판은 무질서하게 널려 있고 논밭 대부분은 보리가 자라고 있었다. 그러던 어느 지역을 우리 차가 몇 시간을 가는 거리 내내 들판이 망가져 있는 모습이 보였다. 들 가운데 듬성듬성 굴뚝이 높이 솟은 벽돌 공장들이 있는데 원래는 논밭이었던 듯한 들판의 흙을 파내 벽돌 공장으로 보내는 바람에 속살이 드러나서 들쭉날쭉한 웅덩이로 변해 버렸다. 참 안타까운 모습이었다.

앞으로 저 넓은 땅을 사용하려면 어떻게 해야 할 건지?

내가 원래 농사꾼이어서 다른 사람들은 관심 밖인 것에 무척 신경이 쓰였다.

원래 농사짓던 농부들이 벽돌 공장에 흙을 팔아먹었는지, 아니면 벽돌 공장이 땅을 사서 흙을 파냈는지는 모르겠으나, 수억의 인구가 사는 나라에 가난해 보이는 사람도 많아 보이던데 들판은 저 모양이고, 강수량이 적어져서 사막화가 되어 가는 모습이 눈에 보이는데 이 일을 어쩌면 좋을까?

차 창밖 풍경에 쓸데없는 걱정을 하며 델리에 도착해서 처음 찾은 곳이 라지가트였다. 내가 다녀오던 다음 해에 우리 문 대통령 내외분이 인도를 방문하셨을 때 영부인과 함께 참배했던, 마하트마 간디의 유해가 있는 곳이다.

내가 학창 시절에 책을 많이 읽는 편이었는데, 내가 읽으려고 들었으나 오랫동안 몇 쪽을 읽다 덮다를 반복하다 결국 포기하고 만 책이 『마하트마 간디』였다. 책 자체가 어려웠고 무슨 사상 뭐 어쩌고 하는데 영 이해도 안 되고 그랬다. 그랬던 간디를 실제로 대할 기회가 왔다. 암살당한 간디를 화장했던 장소에 어느 만큼의 유골을 안치하고 인도 국민이 정신적인 지도자 간디를 추모할 수 있게 만든 곳 라지가트를 가게 되었기 때문이다.

우리가 흔히 말하는 마하트마 간디는 그를 치하하는 인도의 시인인 타고르가 붙여 준 예명이고 본 이름은 '모한 다스 카람 찬드 간디'이다.

라지가트 정문을 들어서는 순간 끝이 안 보일 만큼의 넓은 잔디밭이 순한 경사를 이루며 잘 조성되어 있고 그 위를 아이들이 운동장처럼 뛰어다니며 놀고 있었다. 그런 광경을 보며 잘 정돈된 길을 따라 들어간 곳에 작은 건물 같은 것이 있는데, 거기는 신발 보관소이다. 위대한 지도자의 묘소를 들어가는 데 대한 예의로 그곳에서 신발을 벗어서 보관하고 유해가 있는 장소까지 맨발로 걸어가야 한다.

많은 참배객 속에 끼어서 나도 그곳으로 갔다.

'하등 나와 우리나라와는 관계도 없는데 꼭 이곳까지 와서 참배해야 하나?'

의아심을 가지고 도착한 곳은 잔디밭 중앙에 검은색 대리석으로 네모로 대좌를 만들어 놓았고, 그 한편에는 이곳을 조성할 때부터 지금까지 꺼지지 않았다는 불꽃이 타고 있었으며, 많은 사람이 노란색 꽃을 놓으며 무엇인가를 기원하고 있었다. 며칠 전에 들렸던 타지마할과 같은 무덤이었으나 타지마할은 그 화려하고 정교한 모습과 황제의 사랑의 징표로라는 의미로 보았다면 이곳 라지가트는 위대한 지도자의 위령 앞에 숙연한 마음이 깃든 곳이었다.

숨을 거둘 때 마지막으로 했다는 말 한마디, "오 신이여"라는 글귀를 무슨 위대한 주문처럼 자꾸 외어 주는 가이드를 따라서 그 주위를 한 바퀴 돌아 나오며, 그 옛날 다 읽지 못하고 덮었던 책이 아쉽게 다가왔다.

13억 5천만 명으로 세계에서 두 번째로 인구가 많은 나라 인도, 그들 모두가 위대한 지도자로 추앙하는 그는, 사실은 위대한 정치가도, 예술인도, 그렇다고 뛰어난 처세술이나 외모도 없는 그런 사람이었다고 한다. 함께 영국에 대항하여 독립운동을 했던 네루는 수상이 되었지만, 간디는 인도인들의 정신적 지주 역할을 했다.

인도의 토속 종교인 힌두교의 신자였던 간디는 이슬람교와 힌두교의 대립으로 인하여 나라가 분리될 것을 염려하여 화해를 위해 노력

인도 델리 - 라지가트

했다. 그러다 그 일에 대하여 불만을 품은 힌두교 신자의 총격을 맞고 사망하였는데 그 사건으로 인하여 양 종교 간 갈등이 줄어들고 결국 두 종교가 화합하는 계기가 되었다고 한다.

우리는 어렸을 적부터 우리나라의 위대한 인물 하면 세종대왕과 이순신 장군을 내세우듯이 인도는 훌륭한 정치가나 위대한 장군이 아닌 간디를 아버지로 부른다. 어찌 되었든 우리말을 청산유수로 잘하는 남자 가이드는 한국의 이순신 장군까지 거론하며 간디를 추켜세우는 데 최선을 다하였다. 그런 와중에 나는 속으로 투덜거렸다.

'인도의 볼거리가 무덤과 성밖에 없구먼, 수선이네.'

거기를 나와서 꾸툽 미나르를 들어갔다.

꾸툽 미나르, 이곳 역시 반복이다. 허허벌판에 도시를 세우고 그 도시의 한복판에 큰 규모의 탑을 세워 자신들의 부와 권력을 내세우던 시대의 유물이다.

나라가 넓고 인구가 많은 관계로 각양 종교도 많았는데 세계의 3대 종교의 하나인 불교의 발상지이면서 불교는 거의 없고 80퍼센트가 넘는 국민이 힌두교를, 14.퍼센트가 이슬람교를 믿는다고 한다.

꾸툽 미나르는 이런 힌두교와 싸워 이긴 이슬람교도의 꾸툽 웃딘 아이백이 술탄 즉 왕이 되면서 힌두교 사원이 있던 장소에 모든 것을 허물고 이슬람 양식의 탑을 세운 곳이다. 탑의 기초가 되는 바닥은 넓게 터를 잡고 돌로 쌓아 올리면서 위로 올라갈수록 좁아지는 형태로 대를 이은 왕들이 백몇 년에 걸쳐 완공했다.

탑에는 끝까지 오르는 계단이 있고 높은 곳 어디쯤은 방이 있어서 공주들이 이 탑에 올라가서 델리 시내를 구경하는 용도로 썼는데, 그것은 처음 탑을 쌓던 옛날 일이고, 그 이후로 근대에 와서는 관광객이 이 탑을 올라가서 델리 시내를 바라보는 전망대로 사용되었다. 그러던 어느 해 이 계단을 오르내리던 관광객이 한꺼번에 넘어지는 사고로 수십 명이 압사하는 바람에 지금은 올라가지 못하게 되어 있다. 그래서 고개를 뒤로 젖혀 탑 꼭대기를 바라보고 그 웅장함에 감탄할 뿐이었다.

당시에는 이런 돌들을 자르고 다듬고 하는 것도 손으로 다 했을 것이고, 중장비가 없으니 인력으로 운반도 했을 것이며 크레인이 없어서 높은 곳을 올리는 것도 어려웠을 텐데 어떻게 이런 큰 탑을 지을 수 있었을까?

인간은 정말 대단하다.

여기저기 흩어져 있는 장소들을 설명하는 가이드는 자기 나라의 역사이기에 신이 나서 떠들어 댔으나 그런 공사를 하면서 얼마나 많은 사람이 혹사당하고 희생되었을까?

유네스코 자연 유산에 등재되어 있다고 자랑하고 관광객이 뿌린 관광 수입이 많다고 하지만 나는 전혀 부럽지도, 또한 별 의미도 못 느낀 채 탑 위 높은 곳을 날아가는 비행기만 바라보았다.

여행을 마치고 집에 왔을 때 힌두교를 알아보았다. 이 지구상에서 유일하게 인도인들만의 토종 종교인 힌두교는 비록 한 나라 국민만 믿는 종교라지만 10억이 넘는 사람들이 이 종교를 가지고 있다.

이 힌두교는 세계 여러 종교의 집합체 형식을 가지고 있어서 수많은 신을 섬긴다고 한다. 해와 달 심지어는 소까지 신성시하는 그 모든 것이 다 힌두교의 종교의식에서 나왔다. 그렇게 살다가 죽으면 다음 세대에는 또 다른 무엇으로 태어나는 윤회설을 믿는 관계로 자기들의 현실을 비관하지 않고 현실에 순응하며 살아가는 사람들, 그래서 우리가 쉽게 이해하지 못하는 신비의 나라라고 한다.

인도 여행을 마치고 귀국길에 오르면서 무엇인지 모를 미련이 남아서 뒤돌아보아지는 것은 또 무엇일까?

13억이 넘는 많은 인구를 가진 나라에서 내가 아는 유명 인사는 시인 타고르, 그들의 우상 마하트마 간디, 테레사 수녀 외에는 별로 없다. 테레사 수녀는 인도 출생이 아닌데도 신의 지시를 받고 인도에 와서 가난한 사람들을 위해 일생을 바쳤다고 한다.

워낙 넓고 인구가 많은 인도를 닷새간 짧게 돌아보고 와서 큰 나라 인도를 이야기한다는 것이 가당치 않지만, 내 나름 다시 가 보고 싶은 나라이고 기억에 남는 나라이다. 나의 짧은 인도 여행 내내 특별히 아름다운 자연의 명소가 있는 것도 아니고 흥미 있는 볼거리가 있는 것도 아니지만 뭐라고 꼭 집어서 말하기 어려운 여운이 남는 여행이었다.

제9장

북아메리카 동부 여행

1. 뉴욕

멀고 먼 나라 미국을 두 번째로 가는 여행이다.

어린 시절에 『도산 안창호 위인전』을 읽었는데 부산항에서 배를 타고 일본으로 건너가 기선을 바꿔 타고 태평양을 건너 샌프란시스코에 도착하면 한 달이 넘게 걸린다고 하면서, 시커먼 연기가 높게 솟아오르는 기선을 삽화로 넣은 것을 본 기억이 아련히 떠오른다.

그런데 좋은 시대에 사는 나는 또다시 멀고도 먼 땅 미국으로 여행을 떠난다. 몇 번의 해외 여행으로 이제는 여행 준비가 제법 숙달이 된 모양새이지만, 아쉬운 것은 첫 나들이 때만큼의 기대와 감동이 덜하다는 것이다. 그래도 또 다른 욕심은 여행하는 내내 이번 여행이 끝나면 다음에 가야 할 여행지를 머릿속으로 그리고 있다는 것이다. "사랑은 자랑하지 않으며~"라는 가사의 노래가 있지만 나는 속절없이 또 자랑을 늘어놔야겠다.

지난 중추절에 큰딸은 늘린 식구들, 그러니까 든든한 신랑을 앞세우고 곱게 자란 남매와 친정에 왔다. 그동안 사는 얘기를 하는 도중에 딸이 제안했다.

"아빠가 여행 글을 작성하시면 제가 책으로 만들어 볼게요."

"난 학력이 부족하고 컴퓨터 자판으로 글씨도 잘 못 쓰는데 어떻게 하겠어."

내가 핑계를 대니까 딸이 말했다.

"저도 수술실 간호사에 관한 전문 서적을 쓰는데 어렸을 적부터 아빠가 볼펜으로 글 쓰시는 것을 보고 영향을 받은 거예요. 아빠는 잘 하실 수 있어요."

요즘 시대는 나이 든 부모들이 많이 배운 신세대 젊은 자녀들에게 무시당하는 경우가 많다는데, E대 나온 딸이 아빠의 영향이라며 아빠를 인정하고 응원해 주니 정말 고마웠다.

그런 대화를 듣고 있던 우렁이 각시가 잠시 후 제법 묵직한 보자기를 하나 들고 와서 풀어 놓는데 거기에서 두툼한 앨범이 두 권이 나왔다. 무슨 추억을 더듬자고 하는 줄 알고 바라보고 있으니까, 우렁이 각시가 말했다.

"언제인가 이런 날이 올 것이라고 준비한 거예요."

그러면서 펼쳐 보이는 앨범에는 그동안 둘이 다녔던 여행의 호적 초본이 들어 있었다. 자기는 별로 자신이 없으나 신랑을 시켜서 꼭 글을 쓰게 하겠다며 모아 두었다는 앨범을 열어 보니 처음 떠난 성지순례 여행부터 지금껏 다녔던 여행 계획표, 여행사에서 보내온 카탈로그, 현지 가이드가 준 일정표, 심지어는 항공권까지 다 꽂혀 있어서 더는 물러설 곳도 없었다. 그리고 해 볼 자신감도 생겼다.

그동안 열심히 살아오며 살림을 잘한 우렁이 각시가 새로 마련한 집으로 이사했는데 막냇사위가 이사한 기념으로 새 컴퓨터를 놔 주어서 모든 것이 갖춰졌기 때문이다. 여기에 기록할 뉴욕-캐나다 여행도 벌써 5년이 지난 일이지만 일정표를 펴 놓으니까 그때의 일정과 감동이 어제 일처럼 또렷해진다.

인천공항을 출발한 비행기가 14시간 20분을 논스톱으로 날아서 존에프케네디공항에 도착한다는 안내문을 보고 미리 놀랐다.

그 큰 비행기가 500명 가까운 사람과 짐을 싣고 하늘을 나는 것 자체만으로도 놀라운데 14시간을 갈려면 얼마나 많은 연료를 실어야 할까?

나는 요금만 내면 편히 갈 수 있지만 이런 교통수단을 개발하고, 시설을 만들고, 운영하는 모든 것이 내 지식으로는 그저 놀라울 뿐이다.

그렇게 우리는 존에프케네디공항에 내렸고, 세계의 심장이나 다름없는 뉴욕 땅을 밟았다. 오전 10시 30분에 인천공항을 출발했으니까 14시간 후면 새벽 1시 무렵이어야 하지만 비행기에서 내린 뉴욕은 점심 시간이 가까운 한낮이었다. 밤새 비행에 지치고 또 한밤중이어야 할 시간이 한낮인 관계로 몸도 맘도 어질어질했다.

동행한 인솔자의 지시를 따라서 밖으로 나가자 거기에 40대 초반쯤으로 보이는 남자 가이드가 우리를 기다리고 있었다. 핸섬하고 깔끔하고 말도 청산유수로 잘하는 그 가이드는, 우리 일행의 지친 모습이 가엽다는 듯 바라보며 자기소개와 함께 일정을 열심히 설명하였다.

좋아도 싫어도 9박 10일을 함께 지내야 한다며, 마지막 날까지 깔끔하게 여행을 마치도록 서로 돕자고 얘기를 꺼내는 가이드는 말끝마다 "깔끔"을 붙였는데 나중에 생각해 보니 정말 끝날 때까지 깔끔하게 마무리를 지어 주었다.

별로 크지 않은 중형 버스를 타고 간 처음 여행지는 맨해튼이었다. 공항에서 나와 시내를 비집고 들어가서 어느 순간 터널을 지나갔는데 그곳은 허드슨강 아래를 뚫어서 맨해튼을 진입하는 것이었다. 그러고 보니 허드슨강 건너편의 맨해튼은 다리가 별로 없다. 맨해튼의 도로는 비교적 좁은데 빌딩들은 고개를 쳐들어도 꼭대기 안 보였고, 시끄럽기 한이 없었다.

우리가 초등학교 때부터 이 지구상에서 제일 높은 마천루는 엠파이어 스테이트 빌딩이라고 했는데, 엠파이어 스테이트 빌딩으로 가는 길은 눈요깃거리가 많았다. 좁은 길에 사람과 차가 한데 엉클어져 움직이는 곳을 헤치고 빌딩 앞에 다가가자 문 곁에 한 여인이 앉아 있었다. 우리의 핸섬한 가이드가 모두를 불러 모으더니 잠시 설명해 주었다.

뉴욕의 상징 맨해튼, 그 중심의 엠파이어 스테이트 빌딩, 그리고 엠파이어 스테이트의 여인, 가이드는 자기가 가이드를 하면서 몇 해째 관광객을 인솔해서 여기를 오는데 그때마다 이 여인은 노숙인으로 이 빌딩 앞에 앉아 있었다고 한다. 그러던 어느 때인가 누구와 사랑을 했는지, 아니면 어느 남정네가 성폭행을 했는지 그녀가 임신을 했더란다. 그러면서 뉴욕은 요지경이라고 소개했다.

1929년에 착공해서 2년여 만에 완공했다는 이 빌딩은 건설 장비도 많이 발달되지 않았을 때였는데 짧은 공사 기간에 완공했다. 그러면서도 얼마나 튼실하게 지었는지 어느 해에 공군 비행기가 안개 속을 비행하다가 고층에서 충돌하였지만, 비행기에 탑승했던 소수의 군인과 충돌한 층의 몇 명만 사망했을 뿐 대형 사고치고는 사상자가 적었고 빌딩도 괜찮았다고 했다.

빌딩의 층수를 102층으로 한 것은 1620년에 신앙의 자유를 찾아서 영국에서 미국으로 건너온 청교도 102명을 기념하는 의미였다고 하니, 사람들은 무엇이든 의미를 부여하고 싶은 모양이다.

검색대를 거쳐서 86층 전망대를 올라가서 바라본 시내는 온통 빌딩들이 키 재기를 하는 모습이었다. 전망대를 사방으로 돌아가면서 확 트인 시내를 볼 수 있는데 가까이에 허드슨강이 시냇물처럼 길게 보였고, 이스트강과 허드슨강이 합해지며 바다가 되는 곳으로 긴 꼬리를 남기며 가는 배들이 그림같이 수놓은 끝쯤에 자유의 여신상이 희미하게 보였다.

5천 년의 역사라고 자랑하는 우리나라가 쉼 없이 살아오는 그 사이에 유럽 사람들은 이 땅을 차지하고 짧은 기간에 이렇게 발전시켜 놓았다는 사실에 감탄할 뿐이었다.

엠파이어 스테이트 빌딩은 이 빌딩에 입주한 사무실들의 수입도 많지만, 관광객들의 수입이 더 많다는 말을 들으며 나도 여기에 달러를 가져다주고 있다는 미안함을 느끼며 한편으로는 어떤 곳이든 자유롭게 다닐 수 있는 잘사는 나의 나라 대한민국이 있다는 것이 마음 뿌듯했다.

그다음에 간 곳은 하이라인파크다. 하이라인파크에 올라가면서 이런 생각을 하였다. 좀 죄송스러운 얘기지만 전 서울 시장님이 여기 하이라인파크를 보고 귀국해서, 노후화되어 철거 논란이 된 서울역 위를 지나는 고가 도로를 공원으로 예쁘게 꾸며서 서울로라는 이름을 붙여 주었는데, 거의 매일 그 아래를 차를 끌고 지나다니지만, 아직 그 서울로를 걸어 보지 못했다.

암튼 그렇게 하이라인파크에 올라가서 짧은 거리를 걸으며 잠시 뉴요커의 흉내를 내 보았다. 그곳에는 벤치에 앉아서 책을 읽는 사람, 잠을 자는 사람, 여기저기 놓여 있는 탁자가 있는 벤치에 앉아 담소를 나누는 사람 등 자유자재로 편함을 즐기는 사람들 사이를 많은 사람이 느린 걸음으로 어디론가 물이 흐르듯 조용조용히 걸어가고 있었다.

공중에 나 있는 길에서 빌딩의 3층쯤과 연결되어 있는 가게들은 이 거리를 지나는 사람들을 상대로 풍성한 먹거리를 팔고 있었다. 그렇게 풀이 자라고 꽃이 피어 있는 공중 공원을 걸었다. 초고층 빌딩 숲에 이런 공중 길이 있다.

최초에는 땅 위에 기찻길을 놓아서 화물을 실어날랐는데 번잡한 도심을 지나는 기차로 인하여 자주 사고가 발생했다. 그래서 고가 철로를 놓아 1934년부터 운행하며 맨해튼의 물류를 소화했으나 점차 트럭들이 그 자리를 차지하면서 기차의 역할이 희미해지자, 1980년에 운행을 중단했다.

그러자 주변의 빌딩들과 시민들이 고가 철도 철거를 주장해서 거의 철거의 단계까지 갔을 때, 이 길을 활용하여 공원을 만들자는 젊은 단체가 생기면서 우여곡절 끝에 하이라인파크가 조성되었다. 그래서 맨해튼의 시민은 물론 많은 관광객을 불러들이며 공원 주변의 빌딩들의 가치가 이전보다 더 높아졌다고 했다.

사실 내가 사는 서울에 있는 서울로도 안 가 보고 남의 나라 공원에 와서 좋다고 감탄하는 나 자신이 부끄러웠다.

하이라인파크를 내려와서 이스트강 쪽에 있는 항구에서 페리를 타고 자유의 여신상을 보러 갔다. 뉴욕 하면 으레 첫 번째로 떠오르는 상징이 자유의 여인상 아닌가.

페리가 바다를 향하여 나가자 바람이 거세었다. 이스트강 건너에 롱아일랜드가 있고 지금 자유의 여신상이 있는 곳으로 가는 곳도 리버트섬이 앞을 막아서 대서양의 큰바람을 막아 주지만 그래도 바닷바람이 세차게 몰아쳤다. 우리의 일정은 자유의 여신상이 있는 리버트는 상륙하지 않고 주변을 돌고 다시 맨해튼으로 돌아오는 일정이었다.

뉴욕으로 들어오는 길목에 있는 리버트 섬으로 다가갈수록 점점 바다가 넓어지면서 바람도 거세지는데 그 바람을 맞으며 우뚝 선 자유의 여신상이 자애로운 모습으로 나를 바라보고 있었다. 나는 어린 시절부터 자유의 여신상을 늘 이렇게 생각했었다.

'이렇게 큰 동상을 프랑스에서 만들어서 선물을 했다는데 이걸 어떻게 운반해서 세웠을까?'

'단단한 돌로 만들었을까, 아니면 철로 만들었을까?'

그 웅장한 모습을 보고 사진 찍기에 바빠서 가이드의 설명을 들을 필요조차도 느끼지 않았는데 뒤늦게 공부해 보니 모든 의심이 풀렸다.

자유의 여신상은 1876년이 미국의 독립 100주년이 되는 해에 이 기념일을 축하하는 의미로 프랑스가 미국에 선물한 것이다. 프랑스의 조각가 프레데리크 오귀스트 바르톨디가 구상하고 설계하고 제작

미국 - 자유의 여신상

하고 시공까지 했다. 조각가는 여신상의 각 부분 부분을 구리로 형상을 만드는 한편, 파리의 에펠탑을 설계한 에펠에게 여러 조각으로 된 조각품을 부착할 구조물을 부탁하였다. 에펠은 철 구조물로 뼈대를 만들었다고 한다.

한편, 미국에서는 오래전에 뉴욕을 방어하기 위한 요새가 있던 리버트섬에 자유의 여신상을 세우기로 하고 미국의 유명한 건축가에게 맡겨서, 자유의 여신상을 세울 받침대를 만들었는데, 철근 콘크리트로 구조물을 만든 후 그 위에 화강암으로 장식하였다.

프랑스에서는 그렇게 부분별로 만들어진 여신상과 뼈대를 200개의 상자에 포장하여 배로 싣고 와서 현장에서 조립하였다. 드디어 1886년 10월 28일에 미국 대통령이 참석한 가운데 제막식을 하였는데, 그렇게 완성되어 모습을 드러낸 자유의 여신상의 모습은 높이가 43미터이며 발아래 받침대부터는 93미터라고 한다.

머리에는 7개의 가시가 달린 모자를 쓰고 있고 오른손에는 횃불을, 왼손에는 1774년 7월 4일 날짜가 새겨진 독립 선언서를 들고 있으며 발밑에는 부서진 족쇄가 놓여 있는데, 부분마다 제각각 의미를 지니고 있다 한다. 통으로 되어 있는 줄 알았으나 이렇게 뼈대 위에 조각을 붙였다 하니 이제 이해가 된다.

또 흥미로운 것은 제작자가 이 여신의 얼굴을 누구를 모델로 삼을 것인가를 심각하게 고민하고 있을 때, 많은 유명 인사와 연예인이 물망에 올랐으나, 결국 자신이 제일 존경하는 어머니의 젊은 시절의 인자한 모습을 모델로 삼아서 제작하기로 했다는 것이다.

제작자는 오랜 날 같은 자세를 취하시는 어머니가 힘들어하는 모습을 보고, 어머니를 닮은 처자를 구해서 어머니 대신 모델을 하게 하였다. 모든 과정이 끝나고 그 제작자는 어머니 대역을 한 모델과 결혼하였다고 한다. 백문이 불여일견이라 그곳에 가 보고서야 모든 것을 알았다.

밤낮없이 거센 바닷바람을 맞으며 서 있는 자유의 여신상 앞을 돌아서 바다 위 배에서 바라보는 맨해튼의 모습은 정말 아름다운 모습이었다.

'역시나 미국은 대단한 나라구나!

태평양과 대서양을 양쪽으로 두고 있는 본토만으로도 대단한데 멀리 떨어져 있는 하와이나 알래스카, 그 외에도 수많은 섬을 영토로 가지고 있는 나라, 그 심장부 뉴욕이 아닌가!'

하늘에 닿을 듯한 빌딩들이 울타리처럼 둘러 서 있는 맨해튼으로 들어오면서 뜻도 없이 한숨이 나왔다. 배에서 내린 우리는 곧바로 센트럴파크로 향했다. 가이드는 또다시 열을 올려 설명하는데 내가 알아듣고 이해할 수 있는 것은 '공원이 무지하게 넓고 좋은가 보다' 거기까지였다.

공원에 들어서면서까지 허풍을 치듯 말하는 그곳 센트럴파크에 들어가서 한 시간의 자유 시간을 주면서 집합 장소와 미팅 시간을 정해 주었다. 공원의 길이가 4킬로미터라고 하니, 우리같이 나이 든 사람들은 쉬운 말로 하면 십 리 길이다.

그 비싼 땅을 비워서 이런 공원을 만들 생각을 했던 사람들이 진정한 선구자들이 아닐까?

거기에 공원을 만들어야 한다고 주장하는 사람 중에 어느 한 사람이 말하기를, 지금 이곳에 우리가 공원을 만들지 않으면 아마 100년쯤 뒤에는 우리가 구상하는 만큼의 부지에 정신병원이 지어져야 할지도 모른다고 설득하였다 하니 대단한 사람들이다.

가이드의 열변에 대한 성의를 봐서라도 우렁이 각시와 나는 다정한(?) 모습으로 공원을 산책하였다. 우리가 사는 동네에서야 집 밖에 나서면 아이들 놀이터가 있고 뒤로 돌면 뒷산이 있고, 그 산자락들을 따라서 오물쪼물한 둘레길을 얼마나 잘 닦아 놓았나. 게을러서 안 나설 뿐이지 나서면 숲인데.

여기 뉴욕에서도 맨해튼에는 빌딩들만 있으니 당연히 이런 공간이 필요했을 것이다. 좀 더 깊이 들어가 보니 잔디밭에 많은 사람이 내 눈이 민망할 정도로 홀라당 벗고 누워서 햇빛을 쬐고 있었다. 그래도 그들의 피부가 뽀얀 것이 신기하다.

공원을 조성할 당시 여기저기 흩어져 사는 빈민들을 보상해서 내보내고, 많은 쓰레기를 치우고, 바위투성이와 늪지를 고르고 다듬는 일이 어려웠지만, 여러 개의 호수와 운동장, 동물원을 만들어서 시민들이 이렇게 즐기게 되었고, 이미 오랜 세월이 지난 지금은 울창한 나무들과 호수들이 자연 그대로의 모습처럼 보였다. 숲 사이로 삐죽삐죽 올려다보이는 빌딩들만 아니라면 충분히 그렇게 보인다.

공원 어느 길목에서 한 동양인이 이름을 알 수 없는 악기를 연주하고 있었다. 혹시 한국 사람인가 하고 말을 붙여 보았더니 중국 사람이었다. 악기의 모양새는 단호박 크기만한 둥근 몸통에 바이올린의 현처럼 서너 가닥의 줄이 있는 악기였다. 바닥에 몸통을 기대어 놓고 활을 움직여서 소리를 내는데, 흔들리는 듯한 소리, 중국 영화에 흔히 나오는 그 음률로 연주를 하고 있었다.

너무 간단해 보이는데, 그러면서도 제법 아름다운 악기 소리를 한참을 듣고 있었더니 한번 해 보겠느냐고 해서 그분의 자리에 앉아서 자세를 잡고 현을 움직여 보았다. 느슨한 몇 개의 현에서 고운 소리가 나왔다. 이분은 아마 젊었을 때 아메리칸드림으로 미국에 와서 살다가 이제 노년이 되어 여기에서 여유를 즐기는 듯했다.

이 넓은 공원 안에는 여러 개의 호수가 있는데 그중에서 제일 큰 호수의 이름이 케네디 대통령 부인이었다가 대통령이 암살당해 죽은 후 선박왕 오나시스와 재혼한 재클린의 이름을 따서 재클린 케네디 오나시스라는 이름을 붙여 주었다. 참 재미있는 사람들이다.

아무리 크고 좋으면 뭐 하나, 남의 나라인데 우리 것도 더 좋은 곳이 많지만 다 즐기지 못하면서 남의 것 보고 부러워하다니…. 코끼리 다리 만지듯 입구에서 조금 들어가서, "야~ 멋있다"라는 감탄사 몇 마디 하고 돌아서 나오고 말았다. 그리고 간 곳이 워싱턴 스퀘어 파크공원 이었다.

'무슨 공원 보자고 뉴욕에 왔나?'

시큰둥하게 따라간 공원의 입구가 개선문이었고, 그 개선문을 들어서자 동그란 연못이 있었는데, 그 연못 중앙의 분수에서 물이 기운차게 뿜어져 나오고 있었다. 가이드가 말했다. 이 공원에서 많은 영화를 촬영했는데, 그중 〈어거스트 러쉬〉의 첫 장면에 나오는 분수가 이곳이라고.

맞다. 여기다. 여기가 어느 때인가 감동하며 보았던 영화 〈어거스트 러쉬〉의 첫 장면에 나오는 그 분수대이다. 기타리스트인 루이스가 이 분수대 가에 앉아서 기타를 치고 있는데 작은 소년 하나가 다가와서 바라보고 기타 소리를 듣고 있다. 기타 연주에 관심을 보이는 아이에게 루이스는 기타를 만져 보게 하면서 시작되는 영화인데, 줄거리를 더듬어 기억해 본다.

> 기타리스트 루이스와 부유한 집의 엄격한 아버지를 둔 첼리스트 라일라가 어느 모임에서 우연히 만나 첫눈에 반해 건물 옥상으로 숨어들

어 사랑을 나눈다. 둘 사이를 알아차린 라일라의 아버지가 강경하게 둘을 떼어 놓았고, 라일라는 그 하룻밤의 사랑으로 임신한다.

출산 과정에서 라일라는 실신한 채 아이를 낳고, 라일라의 아버지는 딸의 장래를 위하여 아이를 빼돌려 보육원으로 보낸다. 정신이 돌아온 딸에게 아버지는 아이가 사산되었다고 거짓말을 한다. 이 일로 상심한 라일라는 첼로를 접고 방황하며 어디엔가 꼭 내 아이가 살아있을 것이라는 생각으로 살아간다.

한편, 보육원에서 자란 라일라의 아이 에반은 자라면서 엄마 아빠의 유전자를 받았는지 음악에 천재성을 보이고, 어디엔가 엄마가 살아있을 것이라는 막연한 믿음으로 보육원을 뛰쳐나온다. 거리를 헤매며 방황하는 에반은 자기의 음악을 이용하여 돈을 버는 나쁜 사람에게 걸려들어 거리의 악사가 되었는데 그 악당은 에반에게, 어거스트 러쉬라는 그럴듯한 멋진 이름을 지어 주었다.

그렇게 이용당하던 에반은 자기가 있을 곳이 아님을 알고 그곳을 탈출한다. 탈출 과정에서 숨어들어간 곳이 교회였다. 교회에서 처음 본 오르간을 연주해 보았는데 배운 적이 없었지만, 자신이 연주하는 오르간 소리에 빠져들어 가고 있을 때, 목사님이 몰래 문을 열고 들어와 에반의 연주를 들으며 그의 천재성을 알아본다. 그리고 목사님은 그를 줄리아드음대에 입학시킨다.

한편 라일라의 아버지가 임종할 무렵 딸에게 고백한다.

"네가 출산 중에 죽었다는 아이는 아들이었다. 너의 장래를 위해 내가 거짓말을 했다. 그 아이는 보육원에 맡겨져 있다."

라일라는 뉴욕으로 와서 어느 때인가는 아들을 찾을 수 있을 것으로 기대하고 접었던 첼로를 다시 연주하며 열심히 살아간다. 루이스도 어느 정도 성공하여 약혼까지 하였으나 첫사랑의 여인을 못 잊어하며 방황하다가 뉴욕으로 온다. 그렇게 세 사람은 막연한 이끌림으로 각기 다른 장소에서 뉴욕으로 모여든다.

어느 날 여기 워싱턴 스퀘어 파크의 분수대에서 기타를 치고 있을 때 만났던 아이가 자기의 아들이라는 사실도 모른 채, 그렇게 서로를 찾던 중, 줄리아드에서 지휘자로 성장한 어린 어거스트가 어느 공연에서 지휘를 하게 되고 그 공연의 첫 시작은 라일라의 첼로 연주로 시작된다.

그 공연을 보던 루이스와 라일라가 이심전심으로 극적으로 만나 마주 보고 있을 때 지휘를 마친 어거스트가 관중을 향하여 인사를 하다가 세 사람이 동시에 눈이 마주치며 영화는 끝난다.

영화 마지막에 나이 어린 어거스트가 초롱초롱한 눈망울로 관현악단을 지휘하는 장면이 나오는데 그 음악이 얼마나 웅장하고 아름다운지 정말 나도 모르게 탄성이 터져 나왔었다.

결국, 세 사람의 인연은 만나야 할 인연이었다. 그 영화가 이 분수대에서 시작되었다는 사실에 그때의 감동에 젖어 분수대 턱에 걸쳐 앉아 보기도 하고, 분수대를 들여다보기도 하고, 물을 만져 보기도 했다. 그러다 날리는 물에 옷이 젖는 것도 모르고 빠져 있다가 우렁이 각시가 부르는 소리에 정신이 들었다.

주변 가까이에 명문 뉴욕대학교가 있고 조금 더 떨어진 곳에 음악의 명문이라는 줄리아드가 있는데 줄리아드는 담장도 없이 그냥 도시의 여러 건물과 나란히 있어서 가이드가 지나가는 길에 줄리아드라고 말하지 않았으면 대학교인 줄도 모르고 그저 지나갈 뻔했다.

그리고 허드슨강으로 갔다. 북쪽 캐나다 부근에서부터 흘러내려 온 허드슨강이 맨해튼의 북쪽에서 이스트강 쪽으로 한 가닥 강줄기를 나눠 주는데 이 강이 할렘강이다. 지도상으로는 잘 나와 있지 않기 때문에 이 부분을 몰랐을 때는 왜 맨해튼을 섬이라고 할까 하고 생각했었다.

허드슨강이 하류에서 이스트강과 만나며 바다가 시작되는데 이스트강과 만나기 전 강가에 물 위에 떠 있는 박물관이 있어서 우리 일행은 그곳으로 갔다. 물 위에 떠 있는 박물관, 그 박물관 이름은 '인트레피드해양항공우주박물관'이라는 긴 이름을 가지고 있다.

오래전에 만들어진 인트레피드 항공모함은 제2차 세계대전과 베트남 전쟁 등 여러 전장을 다녔고 일본군의 공격도 받았었다. 맡은 임무를 다 마치고 폐기할 무렵에 폐기 대신 박물관으로 개조하여 1982년에 허드슨강 하류에 정박시켜 놓고, 학생들에게는 교육의 장소로, 또 많은 관광객에게는 특별한 체험과 볼거리를 제공하는 장소로 사용해 왔다.

박물관의 입장은 실제 항공모함에 탑승하는 것이다. 넓은 운동장처럼 된 갑판이 전투기의 뜨고 내리는 활주로인데 여기에는 여러 대의 퇴역한 전투기와 헬리콥터가 전시되어 있었다. TV에서나 보아 왔던 항공모함의 규모 또한 상상을 초월하기에 충분하였다. 전쟁 시에는 여기에 전투기를 싣고 다니며 전투기가 출격하였고 임무를 마친 전투기는 다시 이곳에 착륙하여 엘리베이터를 타고 활주로 역할을 하는 갑판 아래에 있는 격납고로 들어간다고 한다.

1943년에 처음 취항했다니까 과연 미국은 앞서가는 나라다. 갑판을 한참을 걸어가며 실제로 전쟁터를 날며 활약했다가 퇴역한 여러 전투기의 모습을 보고, 위층을 올라가면 맨해튼의 빌딩들이 그림같이 보이고 허드슨강 건너편의 뉴욕이 보였다.

이 거대한 물체를 움직이는 조정실에도 들어가 보고, 미로처럼 되어 있는 좁은 통로를 돌아다니며 이 항공모함에서 근무했을 군인들의 생활상도 볼 수 있었다. 침실도 한 사람씩 잘 수 있는 공간을 여러 층으로 만들었고, 실제로는 우리가 알지 못하는 무서운 무기들이 여기저기에 많이 배치되어 있었을 테지만 무기들은 한두 군데만 놔두고 모두 제거하고 없었다.
　이곳은 바다 위를 떠다니는 배라고 하기보다는 작은 섬이라고 해야 할 정도였다. 어느 높은 지점에는 실제로 우주에 갔다 왔던 우주선을 배치해 놓기도 했다. 기억에 남는 것은 우주선에서 비상사태 시 우주인이 탈출할 때 타는 캡슐을 따로 배치해 놓은 것이다. 캡슐은 한 사람이 들어갈 공간을 만들고 아무리 높은 곳에서 떨어졌을 때도 절대로 깨지지 않게 특수재료를 사용하여 1미터쯤의 두께로 공처럼 되어 있었다. 한 사람의 안전을 위해 이렇게까지 신경을 써서 우주인을 보냈구나 하고 느꼈다.
　항공모함 내에서 길을 잃지 않도록 정리된 길을 따라서 내부와 외부를 보고 돌아 내려오면 그 아래쪽에는 잠수함이 정박해 있다. 이 잠수함 역시 퇴역한 잠수함인데. 좁은 입구를 통해서 잠수함 내부로 들어가면 이건 완전 개미굴 같았다.
　내가 지나다녀도 웅크리는 자세로 다니는데 체격이 큰 미군 병사들은 이 안에서 임무를 수행할 때 얼마나 답답하고 힘들었을까?
　그 공간 안에서 먹고 자고 생활하면서 군 생활을 했을 텐데 공간마다 알 수 없는 시설들이 있었다. 또 내 눈길을 끄는 것은, 내 두 손을 벌리고 엄지와 엄지, 가운뎃손가락과 가운뎃손가락으로 원을 만들어도 그 원 안에 못 들어갈 수백 가닥의 전선이 늘어져 있는 것이다. 통제실에서 각 처로 연결된 이 전선 한 줄 한 줄이 깊은 바닷속에서 잠수함이 임무를 수행하게 했나 보다. 여기까지 관람하고 올라오니까 마치 다른 세상을 갔다 온 듯한 기분이었다.
그리고 호텔로 향하는 내내 의문이 들었다.

'대체 이 미국이라는 나라의 속살은 어떻게 생겼을까?
우리의 선조는 머리에 상투 틀고 두루마기 입고 긴 담뱃대 물고 다닐 때 이 사람들은 이런 무기들을 만들어서 지구 곳곳을 다니며 파수꾼 노릇을 했단 말이지 않은가?
우리의 조선 시대 말에 집안싸움하고 있을 때 이 사람들은 우주로 가는 길을 닦고 있었다니 놀랍지 않은가?'

2. 워싱턴

종일 끌려다니는 뉴욕의 피로가 아직 풀리기도 전인 새벽 4시에 모닝콜이 울렸다. 5시 20분에 워싱턴으로 이동해야 하는 일정 때문에 이렇게 일찍 흔들어 깨우는 것이다. 우렁이 각시와 나는 여행을 다닐 때마다 최소한의 짐을 꾸리기 때문에 별반 어려움 없이 출발 준비를 한다.
새벽 일찍 워싱턴으로 출발해서 차 안에서 잠을 재우던 우리의 핸섬한 가이드는 날이 밝자 뉴욕에 대한 못다 한 또 하나의 교육 거리를 들고 열심히 설명하고 있었다.
이번에는 그냥 허드슨강이다. 워싱턴으로 이동하는 동안 차 안에 있는 TV에서 영화 한 편을 상영했다. 〈허드슨강의 기적〉이라는 실화를 바탕으로 하는 영화였다.

뉴욕의 라과디아공항에서 승객 155명을 태우고 이륙한 비행기가 이륙 후 4분쯤에 새 떼와 충돌하고 엔진 두 개가 멈추자 기장은 가까이 보이는 허드슨강에 불시착해야겠다고 판단하고, 관제탑에 연락한다. 긴급사태가 발생하여 허드슨강에 불시착할 테니까 구조대를 허드슨강에 대비해 줄 것을 요청한 것이다.

잠시 후 허드슨강에 불시착한 비행기는 주변에 있던 배들과 긴급구조대가 신속히 출동하였고 기장과 승무원들의 노련한 대응과 지시로 몇 명의 부상자 외에는 단 한 명의 사망자 없이 전원 구조되었다는 영화였다. 위기를 슬기롭게 대처한 기장은 허드슨의 영웅이라고 평가받았지만, 한편으로는 꼭 그렇게밖에 할 수 없었느냐는 질문을 청문회에서 받는다.

서울의 강북에서 여의도로 가는 길은 세 개의 다리를 놓아서 교통을 편하게 하였지만 뉴욕을 흐르는 허드슨강에서 맨하탄으로 가는 길은 다리가 2개, 지하도가 2개라고 한다. 그래서 맨해튼으로 들어가는 차량은 통행료가 무지하게 비싸지만 나오는 차량은 통행료가 없다.

복잡한 맨해튼에 들어오지 않게 하고 나가는 차량은 환영이라나?

허드슨강은 별로 거칠 것이 없었으니 비행기의 불시착이 가능했다.

영화에서 감동적인 장면은 승무원들이 침착하게 승객들을 모두 탈출시키고 승무원들도 모두 탈출한 후 기장이 비어 있는 기내를 둘러본 후 맨 끝으로 내리는 모습이었다. 책임을 다하는 프로의 모습이 정말 멋졌다.

뉴욕은 네덜란드가 먼저 차지하여 뉴암스테르담이라고 했는데, 네덜란드에서 임명한 초대 장관이 맨해튼섬의 주인인 인디언 추장에게 현 시가로 몇십 달러의 값어치가 나가는 물건들을 주고 샀었다고 한다. 그 후 네덜란드는 영국과 싸움에서 지고 영국이 맨해튼을 넘겨받으면서 뉴욕으로 개칭했다고 한다. 당시 맨해튼은 전혀 쓸모가 없는 바위투성이와 늪지대였는데 지금은 세계의 심장이 되어 있다. 인간의 힘이 얼마나 대단한지 실감이 난다.

5시 반에 출발한 우리 버스는 거의 점심 때가 되어서야 워싱턴에 도착하였다. 미국의 초대 대통령의 이름을 따서 수도를 워싱턴이라고 붙인 미국 사람들은, 미국에서 가장 많이 쓰는 1달러 화폐에 워싱턴의 초상을 넣었으니, 워싱턴이 위대한 인물인 것만은 사실이다.

계획된 도시 워싱턴은 상징적인 곳이 많지만, 우리는 대충 몇 곳을 서둘러 보고 나간 것 같다.

먼저 백악관에 갔다. 여기는 미국 대통령의 집무실 겸 공관이다. 미국이 독립하고 난 어느 해에 영국이 미국을 공격하면서 워싱턴의 많은 부분을 폭격하였고 대통령 관저도 불태웠는데 전쟁이 끝나자 미국 국민은 수도인 워싱턴을 더욱 사랑하고 애착을 갖는 계기가 되었으며 불에 탄 대통령의 관저 내부를 수리하는 한편 그을린 건물의 벽을 하얀색으로 색칠하였다. 그 이후 이곳을 정식으로 백악관이라 이름 짓게 되었다고 한다.

그 와중에 가이드는 가벼운 욕을 섞어 가면서 설명하였다. 그전에는 관람객들이 백악관 내부로 들어가서 관람을 할 수 있었지만, 지금의 대통령은 경호를 이유로 백악관에 들어오지 못 하게 하고 주변을 돌며 멀리 떨어진 곳에서 보고 가게 하고 있다는 것이다. 그래서 우리는 넓은 잔디광장을 사이에 두고 멀리 보이는 흰 건물을 바라보고 돌아 나와야 했다.

그곳에서 그리 멀지 않은 지형이 높은 곳에 국회의사당이 있다. 워낙 범위가 넓어서 어디가 앞쪽인지 어디가 뒤쪽인지 모르겠지만 비스듬한 잔디밭이 넓게 깔린 곳에 탁자가 많이 놓여 있었다. 무슨 행사가 있었나 보다.

그리고 거기서 나와 내셔널몰이라는 도심 공원으로 나왔다. 사방이 확 트인 곳에 직사각형의 넓고 긴 연못이 있고 이곳을 중심으로 기념관, 박물관, 상징물 이런 것들이 몰려있는데 관람료가 모두 무료라고 했다. 그러거나 말거나 가이드는 열심히 끌고 다녔고 좀 거리가 먼 곳은 어느 사이에 대기하고 있는 우리 버스를 타고 옮겨 다니며 열심히 사진을 찍고 또 눈도장을 찍었다.

우뚝 솟은 오벨리스크는 어느 곳에서도 보였다. 초대 대통령 워싱턴을 기념하기 위해 세웠다는 워싱턴 오벨리스크는 전 세계에 있는 오벨리스크 중 제일 높은데 그 높이가 160미터가 넘는다고 했다. 원래 오벨리스크란 이집트의 종교적 의미의 상징인데 이후 각 나라가 오벨리스크를 세우기 시작했다.

워싱턴에 있는 오벨리스크는 내부에 엘리베이터를 설치하여 정상 부근 전망대에서 시내를 볼 수 있는데 우리 일정에는 이 관람이 없었다. 워싱턴 도심에서는 이 우뚝 솟아 있는 오벨리스크보다 더 높은 건물은 지을 수 없게 정해져 있어서 시내에는 높은 빌딩은 없고, 그 대신 호수와 공원, 기념관, 박물관 등으로 구성되어 있다. 링컨기념관, 마틴루터킹기념관, 제퍼슨기념관, 한국전쟁참전용사기념관 등 많은 기념관이 있는데, 정작 워싱턴 기념관이 없는 것은 워싱턴 시내 전체가 워싱턴 기념관이나 마찬가지기 때문이라고 한다.

광장을 나와 열심히 걸어서 링컨기념관으로 갔다. 별로 화려하거나 거창해 보이지 않는 기념관 앞의 계단을 올라가서 내부를 들여다

보니까, 텅 비어 있는 공간 안쪽에 링컨 대통령이 의자에 앉아 있는 동상만 덩그러니 있을 뿐이었다.

벽 어느 편에 "국민을 위한, ~~~"이라는 게티즈버그의 연설문이 쓰여 있다는데 나는 읽고 이해할 능력이 없고, 다만 동상이 되어 앉아 있는 얼굴만 바라보았다.

별로 잘 생기지도 않았고, 카리스마가 있어 보이지도 않은데, 미국인들이 가장 사랑하는 대통령이고, 그래서 우리도 초등학교 국어책에서부터 훌륭한 인물이라고 숱하게 배워 왔고, 위인전도 여러 번 읽지 않았는가?

내부에서 나와 건물을 둘러보는데, 기념관 건물이 우리 역사 교과서에 나오는 그리스 신전 모습을 연상케 하는 모양을 하고 있었다. 하얀색 기둥 36개가 건물을 둘러 서 있는데 링컨 대통령이 암살당할 당시 미국의 주 숫자라고 한다.

미국 워싱턴 - 오벨리스크

또 한 사람의 암살당한 위인인 흑인 목사 마틴 루터 킹 목사는 이 곳에서 그 유명한 연설인 〈나에게는 꿈이 있습니다〉라는 연설을 하였다. 마틴 루터 킹 목사는 이후 흑인인권운동으로 노벨상을 받았으나 별로 특별한 이유도 없는 사람으로부터 총을 맞고 암살당했는데 이후 흑인들의 인권이 회복된 공로로 이곳 내셔널몰에 기념관이 세워졌다.

워싱턴의 내셔널몰에서 기념되는 사람들 중 대통령 아닌 사람은 킹 목사가 유일하다고 한다. 링컨기념관을 나와서 가을 햇살을 맞으며 울창한 나무들이 서 있는 길을 따라 걷는데 잔디밭에서 사람을 무서워하지 않는 다람쥐들이 한가롭게 놀고 있는 평화로운 곳을 지나자 그곳에 한국전쟁 기념동상이 있었다. 비록 넓은 공간은 아니었으나 키 작은 나무 울타리를 두른 장소 안에는 판초 우의를 입고 소총을 들고 조심스럽게 정찰하는 모습의 19명의 동상이 있다.

아마 6, 25전쟁 하는 그때가 우리나라는 장마철이었나보다. 목숨을 건 전쟁터 그것도 수만 리 떨어진 알지도 못한 외국에서 싸우다 죽은 미군들에게 마음속으로 나는 이렇게 감사를 드렸다.

'당신의 나라와 당신들이 목숨 바쳐 싸워 주셔서 오늘 우리는 이렇게 잘살게 되었고 이 먼 곳까지 여행을 다니며 행복하게 삽니다. 감사합니다. 고맙습니다.'

추모탑에 쓰여 있는 글을 가이드가 손가락으로 가리키며 읽어 주고 해석해 주는 글은 다음과 같다.

조국은 결코 알지도 못한 나라, 만난 적도 없는 사람들을 지키기 위한 부름에 응답한 우리의 아들딸들에게 경의를 표한다.

정말 마음이 숙연해지는 글귀와 장소였다.

워싱턴 투어가 끝나고 가이드가 일러 주는 내일 일정을 듣고 가슴이 부풀어 올랐다. 틈만 나면 나이아가라폴스를 외어 대더니, 드디어 나이아가라폴스다. 내일 새벽 4시 모닝콜에 5시 출발. 와~ 나도 드디어 나이아가라 폭포의 장관을 볼 수 있다니, 피곤함도 잊은 채 우렁이 각시와 워싱턴에서 잠 못 이루는 밤을 맞이하였다.

젊었을 때 어느 책에서 이런 내용을 본 적이 있었다. 우리나라에 "노세 노세 젊어서 놀아 늙어지면 못 노나니,~~얼씨구 절씨구 차차차~~"라는 가사의 노래가 있다.

이 노래를 두고 어느 교수님은 이렇게 말했다.

"열심히 일해도 못 살 지경인데 놀자 놀자 그것도 한창 일할 수 있는 젊었을 때 놀자고 했으니 5천 년 역사의 우리가 잘살 수 있었겠느냐?"

다른 한 분의 교수님은 해석을 달리하셨다.

"막연히 놀자는 뜻이 아니라, 젊고 힘 있을 때 열심히 일하고 노는 것도 열심히 놀아야지, 어느 순간 놀려고 해도 몸과 맘이 망가져서 놀 수도 없다는 뜻입니다."

나는 무릎을 치면서 후자를 선택했다.

'맞습니다. 교수님, 저는 열심히 일하고 더 열심히 놀겠습니다.'

오늘 새벽 뉴욕에서 4시에 기상하여 서둘러 이동 준비와 식사까지 마치고 아직 시차 적응도 안 되어 얼얼한 몸을 버스에 내동댕이치고 이국의 풍경을 감상할 여유도 없이 6시간쯤 후에 워싱턴에 도착했다.

밥 먹는 시간을 빼고 한나절을 열심히 우리의 핸섬한 가이드를 따라다니며 설명을 듣고 감탄하며 "깔끔히"라는 말을 수도 없이 들어야 했는데 늙고 몸을 못 이기면 이런 힘든 여행을 할 수나 있겠는가?

이렇게 열심히 놀고 또다시 나의 일상으로 돌아가면 여전히 열심히 일한다. 다음에 놀 장소와 시기를 구상하면서.

3. 나이아가라 폭포

드디어 내가 원하는 최대 목표 나이아가라를 향하는 날이다. 워싱턴의 밤이 끝나기도 전인 새벽 4시에 어제처럼 모닝콜이 울었지만, 우렁이 각시와 나는 그전에 이미 잠이 깨어 있어서 서둘러 짐을 챙기고 식사를 한 후 집결지로 갔다.

그런데 집결지에 모인 우리 앞에는 어제까지 타고 다녔던 버스가 아니고 더 크고 더 좋은 차가 기다리고 있었다. 우리의 핸섬한 가이드는 오늘은 특별히 VIP로 깔끔하게 모시겠다며 습관처럼 달고 다니는 "깔끔"을 시작으로 차를 출발시켰다.

어디 나만 그러겠는가?

나이아가라에 관해서는 모든 사람이 여러 가지 정보를 가지고 있고, TV나 책에서 관광에 관한 말이면 거의 영 순위에 드는 곳이기에 굳이 가 보지 않아도 이미 눈으로 보는 것보다 더 자세히 모든 것을 알고 있다. 위치부터 형태, 위치한 나라, 그곳의 유명한 놀이 시설까지, 나도 나름 초등학교에서 처음 나이아가라를 접할 때부터 지금까지 수많은 이야기를 듣고, 영상을 보았고, 다녀온 사람들의 자랑삼은 무용담(?)을 들어 왔다.

어느 해 겨울에 나이아가라가 얼어붙어 장관이었다더라, 폭포 위로 밧줄을 메어 놓고 곡예사가 건넜다더라, 빙하가 흘러내려 가다가 길목에 걸려서 폭포가 멈췄다더라 등등. 이런 지식을 마치 나만 알고 있는 것으로 착각하고 간직했던 곳, 그곳을 향하여 우리는 모두 새벽 잠을 설치고 서둘러 떠난 차 안에서 서로 알고 있는 지식을 자랑하며 들떠 있었다.

어둠이 걷히고 시원스럽게 고속 도로를 달리는데, 우리의 고속 도로에 있는 중앙 분리대는 넓은 땅 미국에는 없었다. 우리가 달리는 방향의 반대편에 한참을 띄우고 도로가 있어서 중앙 분리대를 넘을 일은 전혀 없었다. 쓰레기 분리수거라는 말도 거기에는 아예 없었다. 땅이 넓다는 것은 참 좋은 것이었다. 먹을 것, 입을 것, 볼거리 모든 것이 풍성한 나라였다.

그런저런 상상을 하며 어느 곳에 도착하자 한 무리의 사람이 우리와 합류하였다. 그러자 듬성듬성 비어 있던 대형버스의 좌석이 드디어 만석이 되었다. 우리가 접수해서 갔던 여행사에서 모집하여 미리 왔던 여행객들이 미국에서 그들의 일정표대로 움직이다가 캐나다 국경을 넘는 시점에 에이스 가이드가 인솔하는 우리 팀과 합류한 것이었다. 현지에 사는 우리 교민도 한 명 포함되었다고 했다.

나는 또 한 번 감탄했다. 차 운전을 직업으로 하는 나는 내가 조작하는 대로 차가 움직여 주는 것을 늘 신기하게 생각하는데, 관광회사도 이렇게 톱니바퀴 같은 시스템으로 운영하여 경비를 절약하며 효율적으로 운영하고 있다는 사실에 놀랐다.

새벽에 출발한 우리 차가 8시간쯤 달렸을 때 가이드가 다 왔다는 말을 꺼냈는데 별로 믿기지 않았다.

왜냐하면, 내 상식으로는 적어도 어느 높은 산악 지대나 아니면 협곡에 도달해 있어야 하는데 이건 도무지 평지가 아닌가?

어떻게 이런 벌판에 폭포가 있다는 말일까?

그런데 구불구불한 길을 얼마만큼 더 가니까 강이 나타났다. 그 강의 중앙으로 미국과 캐나다의 국경이 지나간다고 한다.

우리는 미국령 강변을 따라 어느 곳에 이르렀다. 뿌연 안개가 서려 있는 곳이 보이는데 그곳이 그 유명한 나이아가라 폭포였다. 산이나 계곡과는 전혀 상관이 없는 벌판인데 말이다. 얼른 가서 보고 싶었으나 보일 듯 말 듯 한 물안개를 보며 한참을 더 가서야 창밖으로 폭포가 보였다. 일단은 미국 쪽의 핵심을 보고, 캐나다 국경을 넘어가서 그곳에서 본격적인 폭포를 관람한다고 했다.

한참 하류로 내려가니까 나이아가라강을 흐르다가 폭포에서 한바탕 곤두박질한 강물이 세차게 소용돌이치며 흐르는 강변에 선착장이 있고, 거기에서 제트보트를 타고 폭포를 향해 올라갔다가 오는 순서가 있었다.

구명조끼를 입고 잠시 안전 교육을 받은 후 출발한 제트보트는 거칠게 흐르는 강을 거슬러 올라가는데 이건 모험도 아니고 무슨 놀이기구도 아닌 위험하기 짝이 없는 뱃놀이였다. 모두 비명을 질러 대는데 어느 순간에는 요동치는 보트의 좁은 통로로 나온 미국 아가씨가

미국, 캐나다 - 나이아가라 폭포

경쾌한 음악에 맞춰서 몸을 흔들어 댔는데, 그 제트보트 회사의 이벤트였다.

우리는 손이 아프도록 손잡이를 움켜쥐고 있는데, 그 흔들리는 와중에 경쾌한 강남 스타일이 나오고 거기에 맞춰서 맘춤을 추는 아가씨, 그리고 강 양쪽으로 펼쳐진 아름다운 절경, 이 모든 것에 넋을 잃고 말았다. 강을 따라 올라가는 오른쪽 절벽은 캐나다고 왼쪽 절벽은 미국이다. 그렇게 강을 국경으로 쓰지만 별 통제 없이 공유하며 사는 모습이 부럽기만 하였다.

어느 지점에 다다르자 수력 발전소를 거쳐서 나오는 물이 나오는 곳이라는데 그 지점에 가까워지자 더욱 거친 강물에 우리의 제트보트는 뒤집힐 듯이 요동쳤고 그때마다 보트에 부딪히고 튀어 오르는 물이, 오픈되어 있는 제트보트를 덮쳐 와서 모두가 물에 흠뻑 젖어 버렸다.

거기다가 제트보트 운전사는 핸들을 이리저리 돌려 보트를 마구 흔들어 댔고 그때마다 거의 뒤집힐 듯해서 울부짖기를 반복했을 때 제트보트는 월풀 가까이에까지 갔다가 되돌아 내려왔다. 월풀, 이곳은 폭포에서 낙하한 물이 굽이진 계곡 쪽으로 흐르면서 무지막지한 힘으로 소용돌이를 치는 곳이다.

그렇게 우리 모두를 놀라게 운전하는 제트보트 운전사도 거기에는 진입하지 않았다. 선착장에 돌아왔을 때는 모두가 물에 풍덩 들어갔다가 나온 꼴들이 되었는데, 지형상 최북쪽이라서 겨울이면 상상을 초월할 정도로 추워 강이 얼어붙어 위험하니까 운행을 멈추는데, 운행 중단의 끝자락에 우리가 그해의 거의 마지막 이용객이라고 했다.

옷을 갈아입고 버스에 집결하여 이동하는 동안 가이드는 모두 사고 없이 깔끔하게 잘 다녀왔다며 덧붙여 설명했다. 나이아가라 폭포를 이용해서 처음에 캐나다에서 수력 발전소를 지어 많은 전기를 생산하여 캐나다의 동부 일대와 미국의 뉴욕주 일대까지 전기를 공급하였다고 한다.

어느 해에 미국의 모 대통령이 캐나다의 모 수상에게 월남전에 군사를 보내 줄 것을 요청했는데 캐나다 수상이 이를 거절하자 미국 대통령이 대판 화를 냈다고 한다. 그 이튿날 캐나다 수상의 명령으로 나이아가라 수력 발전소에서 생산한 전기를 미국으로 보내는 전력을 차단해서 뉴욕주 일대가 한때 정전으로 인해 마비된 적이 있었다고 한다. 그 이후 미국에서도 그곳에 두 개의 수력 발전소를 지어서 지금은 자국에서 생산한 전기를 쓰고 있고 캐나다에서도 네 개의 수력 발전소를 지어 막대한 전력을 얻는다고 했다.

그런데 그 말은 일부 관광회사 가이드들 사이에서 즐길 거리로 한때 유행했고, 사실은 발전소의 조작 실수로 미국의 뉴욕주와 캐나다의 몬트리올에 이틀간 정전이 되었던 적은 있었다고 한다.

그러는 동안 우리의 버스는 레인보우 다리를 건너 캐나다로 진입하였다. 그리 까다롭지 않은 입국 절차를 밟고 캐나다에 진입하여 나이아가라의 진수를 보았다. 세계 각국에서 모여든 많은 사람이 폭포 주변에 머물며 환성을 지르고 사진을 찍기에 여념이 없는데, 나와 우렁이 각시는 물이 떨어지는 곳 가까이 안전 방호벽이 있는 곳에 섰다.

오른쪽 위로 넓은 강에 섬이 있고 그 섬을 돌아서 큰물이 바쁘게 흘러 내려와서 우리 눈앞에서 기역(ㄱ) 자처럼 굽어지며 떨어져 내리는데 잠시 그곳에 눈을 대고 있었더니 번질번질한 비늘처럼 반짝이며 미끄러지듯이 몰려와서 꺾여 내리는 물에 나도 함께 따라서 쏟아져 내려가는 착각이 일었다.

그래서 곁에 있는 우렁이 각시를 붙들고 바라보아야 했다. 실제로 많은 사람이 그런 착각에 이끌려 폭포수와 함께 실종되었다고 했다. 수십 미터 아래로 곤두박질하는 물줄기가 부서지며 눈앞이 온통 물안개로 가득하고 맑은 날인데도 하늘에서는 비가 내리는 것 같았고 거기에 무지개가 서려 있는 모습은 정말 환상이었다. 옛날에 백인 선교사가 본토인 인디언들을 선교하면서 처음 이곳을 만났을 때, 본토인들이 천둥소리를 내는 물이라는 말에서 따왔다는 이름, 나이아가라는 진짜 천둥소리 그 자체였다. 내 나름 간단하게 정리할 수 있는 나이아가라는 이렇다.

캐나다와 미국의 북쪽에는 많은 호수가 있는데 그중에 특별히 큰 호수 다섯 개를 오대호라고 한다. 캐나다의 최북쪽은 북극과 가까워서 얼음과 눈이 녹은 물이 호수로 흘러들고 그 물과 주변의 작은 호수와 강들이 차례로 흘러 다음 호수로 들어온다. 그렇게 네 번째의 이리호로 들어온 물은 마지막 호수 온타리오호로 흐르는데 여기에는 35킬로미터의 길지 않은 나이아가라강이 연결해 준다. 이리호와 온타리오호는 고도의 차이가 있어서 나이아가라강을 흐르던 물이 온타리오로 들어가는 길목에서 급하게 떨어지는데 이것이 나이아가라 폭포다.

폭포 앞에 서서 할 말을 잃었다. 여기저기를 옮겨 다니며 감탄을 하고 있을 때 다음 순서로 대형 유람선을 타고 폭포 바로 아래로 들어갔다. 이런 사나운 물살을 헤집고 다니는 배와 또 그걸 만드는 인간이 대단하다. 구명조끼와 빨강 우의를 입고 있었지만, 옷이 젖는 것을 막을 수는 없었다. 그 장관을 뭐라고 표현할 수는 없고 다만 자연의 그 큰 위용을 인간이 가까이 접근해서 볼 수 있게 여러 가지 장비와 시설을 갖춰 놓은 것에 감탄하고 감사해할 뿐이다.

그렇게 우리는 다시 모였고 마지막 하이라이트는 스카이론 타워 야경이었다. 오후에 나이아가라에 도착해서 여기저기 쏘아 돌아다니는 내내 눈에 띄었던 우뚝 솟아있는 전망대다.

해 질 녘에 그 앞에 모여서 관람하기로 하고 버스로 이동하는 중에, 어느 지점에서 차가 서더니 인솔자는 우렁이 각시와 나만 데리고 차에서 내렸다. 그 이유는 집에서 출발 전 여행 계획을 짤 때 열 몇 개가 되는 옵션 중에 우리가 참가해야 할 곳 세 개쯤에 동그라미를 해 놨는데 이 스카이론 타워는 우리 일정표에서 빠져 있었다.

스카이론 타워의 옵션가가 제법 비쌌고, 그래서 낮에 실컷 볼 텐데 또 밤에 인공으로 설치한 네온사인의 나이아가라 폭포를 비싼값 치르고 봐야 할 이유가 없다는 그럴듯한 이유를 대면서였다. 그래서 이동하는 중에 스카이론 타워에 가지 않는 사람은 내리는데 45명쯤 되는 일행 중에 우리 부부만 쏙 빠져서 내리려니까 뒤통수가 부끄러웠다.

처음 인천에서 출발할 때부터 여행사의 남자 한 명이 인솔자로 따라나섰는데 그가 우리 부부를 한국 식당으로 데리고 들어갔다. 거기에서 4일 만에 처음으로 우리 한식을 먹는데 그렇게 맛있을 수가 없었다. 인솔자를 대접하는 뜻에서 우리나라 소주를 한 병 시켰다. 가격이 1만 몇천 원이었다. 라면을 시켜 먹는 인솔자에게 이렇게 말했다.

"좋은 곳에서 고급 식사를 할 텐데, 우리 부부 때문에 여기 남게 되어서 죄송합니다."

그랬더니 의외의 대답이 돌아왔다.

"걱정하지 말고 맛있게 식사하십시오."

그러면서 재미있는 이야기를 들려주었다.

인솔자와 가이드는 일행을 스카이론 타워에 인솔해서 저녁 식사까지 하고 호텔로 인솔하면 그날의 일정이 끝나는데, 일행 중에 한 쌍의 부부만 옵션에서 빠져 있어서 이들을 데리고 한국식당으로 가는 찬스가 생겼다.

늘상 다니는 스카이론 타워보다는 따뜻한 라면을 시켜 먹으며 조용한 휴식 시간을 가질 수 있는 이 찬스를 누가 가질 것인가?

인솔자와 가이드 두 사람은 일행 몰래 가위바위보를 해서 이긴 사람이 가기로 해서 인솔자가 우리 부부를 인솔하는 행운(?)을 차지했단다. 그 얘기를 들으니 미안한 마음을 내려놓고 진짜 며칠 만에 맛있는 저녁 식사를 할 수 있었다. 그러고 나서 여유 시간을 즐길 수 있었는데 높이가 236미터라는 스카이론 타워는 기둥 역할을 하는 둥근 벽 밖으로 두 개의 엘리베이터가 오르락내리락하는 것이 꼭 딱정벌레가 붙어서 움직이고 있는 것 같았다.

4. 토론토

수천 년, 아니면 수만 년?

언제부터인지 모르지만, 우리가 깨어 있는 동안에도, 또 잠자는 동안에도, 끊임없이 저 많은 물을 떨구고 있을 나이아가라의 장엄한 모습에 대한 감동으로 그 밤을 설쳤다.

다음날도 역시 새벽잠을 깨워 우리의 머릿수를 헤아린 인솔자와 가이드는 깔끔하게 잘 자고 모여 주셔서 감사하다며 나이아가라의 못다 한 이야기를 시작하였다.

우리가 전날 다니며 보았던 폭포 아래, 미국령에서 제트보트로 다가갔던 소용돌이치는 곳이 월풀인데, 어느 젊은 청년이 나이아가라에 왔다가 월풀의 소용돌이를 보고 그걸 착안해서 세탁기를 만들어서 거부가 되었다고 한다.

또 다른 이야기는 본토에 살던 원주민 인디언들은 이 나이아가라를 신성시하여 매년 어린 소녀 하나를 이 폭포에 쓸려 내려가게 하는 제사를 지냈다.

그러던 어느 해 그해에도 어김없이 제물이 될 소녀를 고르는 제비를 뽑았는데 공교롭게도 추장의 무남독녀가 뽑혔다. 부족의 모든 사람들은 없던 것으로 하고 다시 제비를 뽑자고 하였다. 그러나 지금까지 공정하게 부족을 다스리며 존경받던 추장은 끝까지 추장으로서의 명예를 걸고 딸을 제물로 바치기로 했고, 드디어 행사가 치러지는 날, 곱게 치장한 작은 배에 소녀를 태워 강물에 띄웠다.

폭포에 가까워져 올 무렵, 어디에선가 아버지인 추장이 탄 배가 빠른 속도로 다가왔고, 비명을 지르는 딸의 손을 잡은 아버지와 딸이 천둥소리 같은 물소리와 함께 폭포 아래로 사라졌다는 전설을 감칠맛 나게 하는 바람에 옆에 앉은 우렁이 각시를 탄식하게 하였다.

아침 일찍 출발한 우리의 일정은 나이아가라강에서 내리꽂혀지며 아찔한 순간을 겪은 물이 흘러 들어와 평온을 되찾은 5대호 중 마지막에 있는 온타리오 호수를 돌아서 토론토와 몬트리올 그리고 세인트로렌스강을 따라 퀘벡까지 가는 것이다. 깊어 가는 가을이었기에 예쁜 빛을 잃어 가는 단풍을 아쉬운 마음으로 바라보며 달리는 버스 차창 밖은 끝도 없는 넓은 평야였는데 그 평야의 어느 지점에 있는 포도 농장에 들렀다.

그런데 그 포도밭은 공장이나 마찬가지였다. 넓은 마당에는 갖가지 장비들이 있고 큰 창고가 있는데 그 창고 안에는 오크통이 가득 차 있었다. 그 포도 농장에서 생산한 포도로 만든 와인이었다. 창고를 나오니 마당에서 시작한 포도밭은 끝이 안 보이는데 내 키보다 낮은 높이의 포도나무가 줄을 맞춰 서 있고 머루알같이 작은 알맹이의 포도송이가 얼마나 탐스러운지 마치 꽃 같았다.

젊었을 때 6천여 평의 배나무 과수원을 가졌을 때는 낱낱이 손으로 만져서 키우느라고 한해 내내 힘들었는데, 여기는 기계화가 되어 있어서 끝이 안 보이는 이 넓은 농장도 쉽게 관리하고 있었다.

다시 출발하여 달려간 곳은 온타리오 호수를 끼고 있는 도시 토론토였다. 도시는 뉴욕에 온 첫날부터 얼마나 많이 보아 왔나. 그래도 토론토의 유명하다는 시청이며 이곳저곳을 다녔지만 기억에 남는 것은 한인 타운이다.

우리나라 사람들의 생활력이야 대단한 건 알지만 어떻게 이 사람들은 무슨 계기로 이 멀고 먼 이국땅에 와서 터를 일구고 살까?

전라도 땅에서 방황하다가 늦은 나이에 서울로 이주한 나의 인생 여정도 만만치 않다고 생각하는데 머나먼 이국땅에 와서 뿌리를 내리고 사는 우리나라 사람들을 볼 때마다 한마디로 존경스러울 뿐이다.

물론 본인 자신과 2세들을 위한 개척정신이 한몫했겠지만 좁은 땅 한국을 벗어나 더 넓은 곳에서 터전을 일구며 우리나라를 빛내 주는 사람들이 아닌가?

내가 광주에서 살 때 IMF가 닥쳤고 그때 조금 주춤거리자 내 곁에 있는 우렁이 각시는 가차 없이 신랑을 서울로 내쫓듯 올려보냈는데, 살면서 가끔 이야기하기를 지방에 살았으니까 서울로 내몰았지 아마 서울에 살았으면 외국으로 나가 살자고 했을 여자라고 하면 우렁이 각시도 인정한다. 이 먼 곳까지 와서 정착할 정도면 자의든 타의든 대단한 사람들이다.

시내를 나온 우리는 오른쪽으로 가끔 보이는 바다 같은 호수를 따라서 달려 어느 선착장에 도착했다. 여기는 바다냐고 물으니 온타리오 호수라고 한다. 우리가 즐겨 찾는 산정호수나 청풍호 같은 곳은 물을 사용하기 위해서 인공으로 댐을 만들어서 생긴 곳이지만 온타리오 호수는 자연히 생긴 곳이다.

호수가 얼마나 넓으면 이 호수 안에 1천 몇백 개의 섬들이 있다고 한다. 섬의 기준이 나무가 세 그루 이상 서 있어야 작은 면적이라도 섬의 숫자에 들어가고, 큰 바위 섬에 나무 세 그루가 없으면 섬의 숫자에서 제외된다. 그러니까 아주 작은 섬에 나무가 있고 그곳에 별장이 있으면 섬이지만 드문드문 보이는 덩치 큰 나무 없는 돌산은 섬 축에도 못 들어간다.

이렇게 셈을 하다 보니 천 섬이 되었다나?

암튼 호수가 얼마나 크고 넓기에 크루즈를 타고 이 섬들을 보러 간다고 할까?

이 온타리오 호수는 5대호 중에서 제일 작은 호수인데 달걀 모양으로 생긴 호수의 길이가 300킬로미터가 넘는다고 하니 이 또한 나는 짐작이 안 된다. 2층으로 된 덩치 큰 크루즈에 다른 나라 관광객들과 함께 승선하여 호수 가운데로 나가자, 끝없는 바다와 같은데 더 먼 곳으로 들어가자 여기저기에 작은 섬들이 나타났다.

물론 사람이 사는 동네가 있는 그런 대형 섬들은 아니지만 좀 규모가 큰 섬에는 웅장한 성채가 있는가 하면 대부분 섬은 그림 같은 아주 예쁜 집에 선착장을 갖추고 있었다. 부자들이나 유명한 연예인들의 별장이 대부분이라고 하는데, 한참 유행하던 그림엽서의 사진이 여기에서 찍은 것이 많다고 한다.

캐나다에서 크루즈를 타고 들어 왔으니까 우리가 다니는 곳은 캐나다령이지만 이 물 위로 보이지 않는 국경이 지나가고 있어서 선을 넘지 않는다고 하는 것도 신기했는데 어느 지점에 이르자 두 개의 작은 섬이 나란히 가깝게 붙어 있고 거기에도 예쁜 집이 있으며 두 섬을 연결하는 아치형 구름다리가 걸려 있다. 그곳에서 가이드는 이렇게 말했다.

미국과 캐나다의 국경이 그 다리 위를 지나간다.

그런데 미국과 캐나다의 국경 중에 유일하게 이곳은 여권 없이 두 섬을 통과할 수 있는데 그 다리의 길이가 10미터도 못 된다나?

이곳 별장에서 부부가 어느 날 전쟁하다가 한 사람이 다리를 건너서 맞은편 섬으로 가면 깔끔하게 국경을 넘어 피신하는 것이라고, 가이드는 별로 적합하지 않은 곳에도 "깔끔하게"라는 어휘를 써 가며 우리를 즐겁게 해 주었다.

다시 선착장으로 돌아오는 길에 이 호수 주변에 우리 귀에 익숙한 해밀턴, 토론토, 오타와, 킹스턴, 미국의 로체스터 등 크고 작은 도시들이 형성되어 있다고 설명하면서 미국과 캐나다는 지금도 함께 공유한 이 호수를 아끼고 가꾸며 오염시키지 않도록 노력한다고 했다. 더욱 놀라운 것은 5대호의 많은 물이 나이아가라를 통해서 온타리오 호수로 들어와 여기에 있는 물과 섞이고, 여기까지 온 물이 바다로 빠져나가기까지는 몇십 년이 넘게 걸린다는 연구가 있다고 하니, 인간의 연구는 끝이 없다.

온타리오 호수에서 머무르던 물이 바다로 가기 위해 빠져나가는 길, 세인트로렌스강을 따라서 퀘벡까지 가는 길목에는 또 다른 폭포

몽모랑시 폭포가 있다. 폭포의 이름은 프랑스의 어느 유명한 공작의 이름을 따서 붙였다고 한다. 북아메리카를 차지하기 위해 치열한 싸움을 했던 유럽인들의 흔적답게 이 지역은 한때 프랑스가 차지했었고 그래서 지금도 프랑스어를 공용어로 쓰고 있는 지역, 퀘벡 가까운 곳에 있다.

폭포에 도착하니까 겨울철에는 운행하지 않는 케이블카가 운행 중단을 얼마 남기지 않은 시점에 우리 일행을 맞은 터였다. 케이블카는 제법 높은 절벽까지 우리를 태우고 가서 내려놓았는데 거기에는 아주 근사한 건물이 있었다. 정확한 기억은 없으나 엘리자베스 여왕과 관련된 영국 왕족의 별장이라고 했다. 도대체 엘리자베스라는 이름이 가는 곳마다 따라다니는 걸 보면 영국의 엘리자베스는 정말 대단한 인물이라는 것을 알 수 있다.

그 별장 정원에서 잠시 휴식을 취하고서 늦가을 꽃이 피어 있는 숲길을 따라 걸어가자 요란한 소리를 지르며 쏟아지는 폭포가 보였고 폭포가 잘 보이는 곳에는 아담한 전망대를 만들어 놓았는데 몽모랑시강이 폭포로 변하는 그 지점 위로 구름다리가 놓여 있어서 그 구름다리 위에서 몽모랑시의 민낯을 볼 수 있다.

뒤를 돌아보면 몽모랑시강이 위쪽으로부터 숲을 헤치며 조용히 흘러 내려오고 있고, 확 트인 앞을 보면 직선거리로 어림잡아 3~4킬로미터쯤 앞에 넓은 강 세인트로렌스강이 흐르고 그 강 위로 긴 다리가 놓여 있다. 넓디넓은 세인트로렌스강에는 많은 섬이 있는데 그 섬으로 가는 다리다.

내가 서 있는 구름다리 아래로 별로 넓지 않고 조용히 흘러오던 몽모랑시강이 바로 앞을 흐르는 세인트로렌스강이 내려다보이는 지점에 와서는 한눈을 팔다가 곤두박질하는 모양으로 급하게 떨어지는데, 내 어림으로는 큰비가 온 뒤 서울 중랑천의 물쯤으로 보이는 물이 거의 90도 직각으로 바닥까지 떨어지는데 그 높이가 전날 보고 온 나이아가라 폭포보다 훨씬 높다고 했다.

맑은 물색을 띠고 내 가슴으로 파고들 듯이 달려들던 나이아가라 폭포의 여운이 깊이 남겨져 있는 나에게, 몽모랑시는 훨씬 적은 양의 물과 검붉은색을 띤 물이 더 높은 곳에서 낙하한다고 했지만, 나이아가라 폭포와는 비교 대상이 아니었다. 내 마음의 간사함의 바로미터였다. 만약 나이아가라를 보고 오지 않았다면, 그래서 거기에서 헤아릴 수 없는 감동을 하지 않았다면, 여기 몽모랑시 폭포에서도 최고의 감동을 하였을 것이다.

구름다리를 건너고 숲길을 걷다가 한곳에 머무른 곳은 보포르 전투의 요새라는 곳이었다. 가이드는 이 전투가 캐나다를 차지하기 위해 영국과 프랑스가 벌인 중요한 전쟁터였다는 내용을 여러 번의 "깔끔하게"를 섞어 가며 설명하였지만 별 관심도 없었고 이해도 되지 않았다.

많은 물이 비명을 지르며 절벽에서 떨어지는 옆으로 나무로 된 계단을 굽이굽이 놓았고 중간중간 키 포인트에는 머무를 수 있는 전망대를 해 놓아서 날리는 물에 옷을 흠씬 적시며 아래로 내려왔다. 그리고 드디어 우리의 캐나다의 마지막 여행지인 퀘벡으로 향했다.

5. 퀘벡

'갑자기 좁아지는 지점'이라는 뜻의 인디언 언어가 '퀘벡'이란다. 퀘벡은 순수한 인디언의 지명을 그대로 사용해서 지금의 퀘벡이 되었다. 우리가 탄 버스가 세계에서 두 번째로 넓은 국토를 가진 나라 캐나다에서 그리고 캐나다에서 세 번째로 긴 강 세인트로렌스강을 따라서 퀘벡주의 주도인 퀘벡을 향하여 가는 내내 가이드는 그곳이 드라마 〈도깨비〉의 촬영지라고 몇 번이나 얘기했다. 그때마다 우리 일행은 모두 환호했고, 드라마를 잘 보지 않은 나와 우렁이 각시는 무슨 도깨비가 자꾸 등장하는지 몰라서 어리둥절했다.

탤런트 공유, 이동욱, 김고은이 나오는 드라마의 이름이 〈도깨비〉인 것을 한참 후에야 알았다. 일행의 대부분이 우리보다 젊은 사람들이라서 젊은 기를 받아서 기분이 좋았는데 역시 세대 차이를 느끼지 않을 수 없었다. 곁에 앉아 있는 우렁이 각시에게 속삭였다.

"여보, 우리도 드라마를 열심히 봅시다."

퀘벡 시내는 대부분이 석조 건물이었고 도로 곁 인도 역시 돌로 된 곳이 많았다. 아마 돌산을 깎아서 도시를 만들었나 보다 하고 생각했다. 도시는 어디나 거의 비슷하지만 퀘벡은 유난히 깔끔하고 잘 정돈된 느낌을 받았다. 앞쪽으로 넓은 강이 보이는 높은 지대에 도시가 형성되어 있고, 눈을 들면 강이 보이고 건너편 마을과 산이 보이는데 사실은 지형상으로 아주 중요한 지점에 있다.

유럽의 여러 나라가 자신들의 지도에 없는 신대륙을 찾아 대서양을 건너서 북아메리카를 점령하고 있을 무렵, 북대서양에서 세인트로렌스만을 따라서 깊숙이 들어 온 곳이 이곳 퀘벡인데 본토의 인디언들도 여기를 중요한 요충지로 삼고 있었기 때문에 함부로 접근하기가 어려웠을 것이다. 바다에서 들어온 배가 이곳 좁은 곳을 통과하면 또다시 바다처럼 넓은 강을 따라 내륙 깊숙이 들어갈 수 있기 때문이다.

그런 이곳을 프랑스에서 먼저 차지하여 식민지로 삼고 인디언들과 협력해 가며 살고 있을 때 영국이 이곳을 탐내서 결국은 전쟁이 일어났다. 우리가 먼저 보고 왔던 몽모랑시 폭포 부근에서 보았던 보포르 전투의 요새에서는 프랑스가 승리하였다. 이 전투에서 패배한 영국군이 재차 퀘벡을 공격하여 아브라함 평원에서 큰 전쟁을 치뤘는데 프랑스와 영국 두 나라의 총사령관이 같이 전사하였으나 영국이 승리함으로 결국 영국이 이곳을 차지하게 되었다고 한다.

이 전쟁 전에 프랑스는 이미 퀘벡과 몬트리올 지역을 식민지로 다스리며 많은 프랑스인이 이주해서 살고 있었기에 특히 퀘벡은 프랑스풍으로 도시가 조성되어 있다. 그래서 우리가 보았던 노트르담성당은 퀘벡주에서 가장 오래된 석조 건물이라고 하며 세인트로렌스강 가까운 높은 언덕 위에 있는 호텔과 유적지들이 거의 프랑스 스타일이다. 실제로 거기에 사는 시민들 대부분이 프랑스 이민자와 그 후손들이기에 프랑스어를 사용하고 캐나다 정부에서도 프랑스어를 공식 공용어로 인정하고 있다고 했다.

우리는 도심을 지나서 높은 언덕에 자리 잡은 페어몬트 르 샤토 프롱트낙이라는 호텔로 갔다. 호텔 광장에 도착하자 우리 일행 중 대부분이 흥분하고 술렁이기 시작했다.

거기가 드라마 〈도깨비〉에 나오는 명장면을 촬영한 장소라는 이유였다. 세상에 도깨비의 도자도 모르는 나와 우렁이 각시는 거기서 도깨비가 나왔다는 줄 알았다. 잘은 모르지만, 그 드라마의 명장면에 나오는 주인공이 되어 똑같은 모습으로 사진들을 찍은 모양들이다. 더욱 황당한 것은 그 드라마의 이름도 거기에서 처음으로 듣는 나의 우렁이 각시도 기어코 그 자리가 비워지기를 기다려 인증샷을 하고야 말았다는 사실이다.

1893년에 착공해서 일부가 지어졌을 때 영업을 하면서 완공하기까지 100년이 걸렸다는 호텔은 그 이름에 맞게 수많은 세계의 유명인사가 다녀갔다고 했다. 호텔 밖 광장도 넓고 그 광장 중앙에 멋있는 동상이 있는데 그 동상을 무대 삼아 노래하는 가수가 있었다. 그 여자 가수가 부르는 노래가 영어로 된 노래인지 불어로 된 노래인지는 모르겠으나 과장된 표정을 지으며 느끼하게 들리는 노래가 아마 프랑스의 샹송인 것 같았다. 그곳에서 그렇게 노래하는 것이 직업인지 아니면 취미 생활인지는 모르나 앞에 작은 바구니가 있는 것을 보고 1달러를 넣었더니 테이프도 사라고 했다.

광장에서 호텔을 등지고 서면 눈앞에 아름다운 경치가 펼쳐진다. 탁 트인 앞으로 세인트로렌스강이 흐른다. 퀘벡이 '갑자기 좁아지는 지역'이라는 뜻이라 해서 아주 좁은 곳인 줄 알았는데 갑자기 좁아진 지역도 강 건너편이 꽤 멀었다. 왜냐하면, 세인트로렌스강의 폭이 워낙 넓은데 그나마 이곳에 와서 양쪽으로 높은 계곡을 이루며 좁아졌기 때문이다. 더욱 놀라운 것은 저 아래쪽 강변 선착장에 대형 호화 크루즈선이 정박해 있는 것이다.

여기가 세인트로렌스강의 하류쯤으로 알았는데 대형 크루즈선 들어와 있다면 바다가 아닌가?

그랬다.

거기서 자유 시간을 주기에 높은 계단을 따라 내려가서 크루즈선이 있는 부근까지 걸었다. 거기는 세인트로렌스강의 하류이면서 북대서양의 세인트로렌스만의 바닷물이 들어오는 깊은 내륙의 항구였다. 그래서 이곳을 차지하기 위해 전쟁을 불사했었던가 보다.

항구에서 언덕으로 올라가는 경사진 길바닥은 돌로 포장되어 있는데 이 돌은 프랑스 본국을 왕래하는 배들이 항해 중에 높은 파도에 배의 중심을 잡기 위해 싣고 왔다가 이곳에 내려놓았다고 한다. 그 돌을 길바닥 포장용으로 사용하였다고 한다. 그러면 그 거친 대서양을 유럽의 프랑스에서 얼마나 많은 배가 왕복하였는지 짐작이 간다. 정말 대단한 유럽 사람들이다.

그렇게 오가며 개척해서 식민지로 다스리며 도시를 짓고 발전시켰는데 본국의 이웃 나라 영국에 빼앗겼으니 얼마나 억울했으면 지금까지도 자기들의 본국 프랑스 말을 쓰며 문화를 이어 가고 있겠는가?

앞에 보이는 세인트로렌스강을 퀘벡 사람들은 프랑스 언어로 부르던 이름 그대로 지금도 '플뢰브 생로헝'이라고 부르며 시내의 간판도 대부분 프랑스어로 되어 있다고 한다. 넓은 국토와 풍부한 자원으로 평화롭게만 보이는 캐나다도 나름대로 갈등은 가지고 있었다.

자유 시간을 마치고 모두 모아 시내 투어하는 동안 가이드는 "깔끔하게"를 써 가며 열심히 돌아다니는데 어느 가로수 아래로 모두

캐나다 - 퀘벡

불러 모았다. 또 〈도깨비〉 촬영장이겠지 하고 넘겨짚고 있다가 아닌 성싶어서 일행의 틈을 비집고 들여다본 그곳에는 나무 밑동이 둥그런 축구공처럼 생긴 것을 품고 있었다. 아주 오래전에 퀘벡 전쟁 때 날아온 포탄을 가로수가 품고 자란 것이란다. 놔둘 것을 놔둬야지 위험하지도 않은지 도시 한가운데에 포탄이랑 동거하는 사람들이 신기해 보였다.

그 사이사이 의미 있는 장소는 어김없이 아담한 광장이 조성되어 있고, 그러면 거기에는 악기를 연주하며 거리 공연을 하는 가수들이 있었다. 정말 여유롭고 평화로운 도시라는 느낌도 잠시, 우리 일행을 넓은 잔디광장으로 인솔했는데 거기를 아브라함 평원이라고 했다.

이 평원에서 프랑스와 영국이 한 시간 남짓 짧은 전쟁으로 양국에서 650여 명씩 전사하였다고 하니 1,300여 명의 생명이 여기에 바쳐진 것이다. 옛날이나 지금이나 전쟁은 무서운 것이며 절대로 있어서는 안 될 것이다.

아브라함 평원을 돌아 나오면서 우리 가이드가 꼭 한 번 보라고 얘기한 영화 〈라스트 모히칸〉을 메모해 왔지만, 까마득히 잊고 있었는데 얼마 전에 〈더 무비〉에서 상영할 때 보았다.

마이클 만 감독, 다니엘 데이 루이스와 매들린 스토우 주연의 영화 〈라스트 모히칸〉의 줄거리는 이렇다.

어렸을 때 부모를 잃은 나다나엘(다니엘 데이 루이스 분)이 모히칸족 추장의 아들과 함께 형제처럼 자랐고, 어느 해 영국과 프랑스의 전쟁이 치열해질 때 모히칸족은 어느 편에도 서지 않으려고 했으나 우연히 영국군 사령관의 딸 코라(매들린 스토우 분)를 구하면서 나다나엘은 운명 같은 사랑에 빠진다. 아름다운 자연을 배경으로 처절한 싸움터에서 나다나엘과 코라가 목숨을 걸고 사랑한 이야기인데 영화가 끝나고 이것이 전쟁 영화인지 멜로 영화인지 구분이 안 될 만큼 웅장하고 진한 사랑 이야기였다.

영화를 감상하는 내내 여러 해 전에 다녀왔던 캐나다의 토론토 몬트리올 퀘벡의 아름다운 풍경이 얼마 전 일처럼 스쳐 가고, 그때는 느끼지 못했던 보포르 전장이나 아브라함 평원의 전장이 이해되었다.

이런 것이 여행의 매력 아닐까?

우리나라에서 캐나다의 동부 퀘벡은 오지나 다름없어서 여행사에서도 상품이 거의 없었으나 〈도깨비〉라는 드라마를 방영한 후 그곳에 가 보고 싶어 하는 사람이 많아져서 상품을 만들었는데 많은 사람이 신청하는 바람에 우리나라의 인기 여행지로 이름을 올렸다고 한다. 그래서 퀘벡 여행은 〈도깨비〉 전과 후로 구분된다고 회자된다.

6. 집으로 오는 길

진짜 아름다웠을 단풍이 저물어 갈 무렵이라서 조금은 아쉬웠으나 캐나다의 동부 여행은 볼거리와 사연이 많은 곳이어서 정말 즐거운 여행이었다.

다시 미국으로 들어오는 어느 국경 검문소 옆에 있는 면세 쇼핑센터에 들어갔는데 여러 상품 중에 단연 많은 부분을 차지한 것이 모피였다. 캐나다 북부는 북극에 가까운 툰드라 지역으로, 추운 지방 짐승의 특성상 털이 많은 짐승이 살기 때문에 그 짐승을 사냥하여 만든 질 좋은 모피가 단연 최고의 상품이 된다.

우리 일행 여러 명이 그 비싼 옷을 사는 것 같았는데, 우리 부부는 그런 고급스러운 상품은 아이 쇼핑 즉 눈으로만 잔뜩 사고, 입어 보고 하였을 뿐이었다.

그래도 그것이 얼마나 풍성한가? 남들이 좋은 옷 고르며 행복해할 때, 나는 여기까지 여행을 왔다는 행복한 상상에 빠져들었다.

이틀 전쯤에 토론토 근처에서 온타리오 호수의 천 섬을 향해서 크루즈를 타고 들어갔을 때였다. 크고 작은 섬들이 모여 있는 곳, 그곳을 본토의 인디언들은 '신의 정원'이라며 신성시 여겼다는 곳 그곳의 하이라이트는 볼트성이었다. 인도의 타지마할, 우리나라 성북동의 길상사 순애보와 같이 볼트성도 순애보가 있는데 이 순애보는 가난한 청년 조지 볼트로 시작된다.

볼트라는 청년은 미국 어느 도시의 작은 호텔 종업원으로 일하고 있었다. 그러던 어느 날 밤 늦은 시간에 수수한 노신사 부부가 찾아와서 방을 달라고 했다. 이 노부부는 주변의 여러 호텔을 다녔으나 방을 구하지 못하고 여기까지 왔다고 했는데 볼트 역시 빈방이 없었다. 그러나 그는 지친 노부부를 돌려보내기가 안타까워서 자신이 쓰는 방을 내주었다.

그런 일이 있고 얼마 후 볼트는 한 통의 편지를 받았다. 그 편지는 전에 자기 방을 내주어 하룻밤을 묵어 간 노부부의 편지였는데, 그날 밤은 고마웠고 시간 날 때 꼭 한번 오라는 글과 함께 당신들을 찾아올 주소와 교통비가 동봉되어 있었다.

얼마 후 볼트가 찾아가서 만난 노부부는 호텔을 경영하는 분이었는데, 노신사는 볼트에게 당신이 운영하는 호텔에서 일해 달라고 부탁했고, 그 부탁을 받은 볼트는 그 호텔로 옮겨 일했다. 그러다 그는 노부부의 외동딸과 사랑에 빠져 결혼하고 유산도 물려받아 호텔을 성실하게 운영해 거부가 되었다.

볼트는 어느 해 사랑하는 아내와 천 섬이 있는 온타리오 호수로 여행을 갔는데, 하트 모양의 섬을 본 아내가 그 섬이 너무 아름답다고 좋아하는 걸 보고 아내 몰래 그 섬을 매입해서 거기에 100개의 방이 있는 아름다운 성을 지어서 아내 생일에 선물하는 이벤트를 구상했다. 그런데 성이 거의 완성되어 갈 무렵 생일을 얼마 남겨 놓지 않은 시점에 아내가 죽었다. 이 일로 실망한 볼트는 공사를 중단하고 실의에 빠져 지내다가 젊은 나이에 죽었다.

내 눈길은 최고급 모피를 바라보고 있지만, 마음은 나를 돌아보고 있었다.

'미술 시간에 그림 그릴 도화지 몇 장 사기도 힘들었던 초등학교, 정규 중학교를 진학할 수 없어서 고등공민학교를 다녔던 중학교, 병역을 마치도록 제대로 한 것 없었던 청년 시절, 그리고 우렁이 각시를 만나서 함께 넓고 거친 세상을 헤쳐나온 젊은 날들, 쉼 없이 열심히 살아온 지금은 안정되어 부자는 아니지만 부족함 없이 살면서 가보고 싶은 곳 다니며 사는 나는 얼마나 행복한가!

그런데 이국땅의 명품, 툰드라 모피가 뭐 그리 중요하고 대단한가.'

이런 생각이 아직 지워지기도 전에 국경을 넘어 미국으로 들어온 우리 일행을 우드버리라는 곳에 풀어 주고 몇 시간의 자유 시간을 주었다. 가이드는 여행 기간 내내 다음 목적지에 대한 설명을 여러 번 했는데 특히 나이아가라, 퀘벡, 뭐 이런 지명에는 내 가슴이 뛰었고, 도깨비, 우드버리 이런 단어들이 나올 때, 나와 우렁이 각시는 생소한 단어에 머쓱해했다. 대부분 여유 있어 보이는 우리 일행은 그 말 끝마다 기대에 찬 환호를 하였다. 그때마다 나는 느꼈다. 세대 차이와 또 하나 가정 경제의 차이를.

우드버리, 명품 매장이 모두 모여 있다는 곳, 그 매장들로 한 도시를 이루고 있는 곳. 솔직히 나도 우렁이 각시도 모른다. 무엇이 명품인지, 그 명품이 얼마나 좋은 것인지. 그러고도 지금껏 아무런 불편 없이 살아왔다. 어쨌거나 이런 유명한 곳에 왔으니까 인증샷은 남겨야 했다. 좋은 명품이 있는 곳이 아닌, 고급스러운 우드버리 간판 앞과 사진발 잘 받을 만한 곳을 찾아서.

그리고 식당가에 가서 시장한 배를 채우고 시간을 보내고 약속 시간에 빈손으로 약속 장소에 갔는데 모두 쇼핑 천국에서의 즐거움과 상품을 가득 안고 즐거운 표정으로 모여들었다. 나는 애써 태연한 척했으나 이런 곳에 와서도 사랑하는 아내에게 아무것도 사줄 수 없는 자신이 초라해 보이고 우렁이 각시 보기가 미안했다. 누가 뭐래도 역시 경제적인 여유가 행복의 조건인가 보다.

그렇게 뉴욕으로 들어오는 길목에 중간에서 합류했던 일행은 그들의 일정대로 헤어졌고 우리의 핸섬한 가이드는 본인이 즐겨 쓰는 말처럼 외모도 외모려니와 여행자를 즐겁고 깔끔하게 인솔하는 진정한 프로였다.

그 가이드가 시내로 거의 들어설 무렵 한 통의 전화를 받더니 내일 다시 캐나다로 넘어가는 팀의 가이드를 하라는 본사의 지시를 받은 관계로 헤어져야 한다고 전했다. 그래서 우리는 그 길로 다른 가이드와 맨해튼의 야간 투어까지 마치고 다음날 일찍이 존에프케네디공항으로 이동하였다. 우렁이 각시와 나는 여기에서 또 한차례 소동을 벌여야 했다.

인천공항에서부터 우리 일행을 인솔해 왔던 인솔자가 수속을 밟아서 모두 데리고 검색대를 통과하여 출국장으로 나갔다. 가족 혜택의 항공권을 가진 우리는 어느 공항에서나 그랬던 것처럼 마지막 탑승객이 티켓을 받고 나서 여유 좌석 티켓을 받게 되어 있었다.

그래서 우리가 탈 비행기의 승객이 다 나가기를 기다리며 여유롭게 기다리는데 승객이 모두 나가고 티켓을 내어 주는 창구 앞이 비어 있는데도 티켓을 주지 않는 것이었다. 미처 티켓을 구하지 못해서 급하게 오는 손님까지 기다리는 것 같은데 그러다 보니 비행기의 출발 시간이 많이 남지 않았다. 몇 번을 가서 보채 보았지만 기다리라는 말만 할 뿐이었다. 결국 창구의 셔터를 내릴 때쯤 티켓 두 장을 받았다. 우렁이 각시와 나는 너무 급했다.

여기가 어디인가?

뉴욕의 존에프케네디공항이 아닌가?

캐리어를 부치고 검색대를 통과해서 탑승할 곳까지 가려면 까마득한데 남은 시간은 겨우 2~30분이다. 이건 좀 심했다.

한산한 공항도 아닌 이곳을 어쩌란 말인가?

서둘러서 들어서니까 아니나 다를까 검색대에서부터 인산인해였다. 그곳을 겨우 빠져나가자 마지막 관문인 여권 검사 창구까지의 줄이 뱀처럼 구불거리고 서 있는데 이 사태를 어찌해야 할지 난감했다. 아무리 그렇지만 코리아의 명예를 걸고 무작정 끼어들 수도 없지 않은가. 줄어들기는커녕 움직이지도 않는 줄에 서서 끝이 어디인지도 모르는 앞을 보며 발을 동동 구르다가 줄을 정리하는 제복 입은 직원이 지나갈 때마다 붙들고 항공권의 시간을 보여 주며 "헬프 미"를 외쳤지만 눈 하나 깜빡하지 않고 손을 내저었다.

말도 통하지 않는 이국에서 이럴 때는 어떻게 해야 할지 몰라 다가오는 직원마다 붙들고 "헬프 미" 외치기를 다섯 번쯤 했을 때 한 직원이 항공권을 힐끗 보더니 따라오라고 손짓하였다. 우렁이 각시와 나는 그 여직원을 따라서 끝없이 늘어선 사람들을 비집고 열심히 따라갔다. 따라가면서 보니까 그 직원은 우렁이 각시의 두 배는 되어 보이는 체격을 가진 흑인 여성인데, 내가 살면서 보아 온 여인 중에 제일 예쁜 뒷모습으로 보였다.

내 짐작으로 거의 100미터쯤(정신이 나가서 거리 측정은 정확히 못함) 가서 멈추더니 줄 서 있는 사람들을 벌려서 틈을 만들고 우렁이 각시와 나를 그곳에 끼워 놓고 돌아섰다. 그리고 "땡큐"라는 나의 인사를 받을 생각도 안 하고 자기 일을 계속했다. 고마웠다. 정말 고마웠다. 그리고 여권 수속이 끝나자마자 우렁이 각시와 나는 최선을 다하여 탑승장을 향하여 뛰었다.

그렇게 도착한 탑승장 앞에는 탑승객을 다 들여보내고 개찰원 아가씨만 둘이 남아서 우리를 기다리고 있었다. 직원 가족 혜택의 값비싼 대가였다. 그래도 지나고 나면 그것마저도 여행에 대한 행복한 추억이며 얘깃거리다.

제10장

벳부 여행

앞에서도 말했지만 딸 셋을 모아놓고 이렇게 이야기한 적이 있다.

"별로 넉넉하지 않은 부모라서 미안하다. 배우겠다고 진학을 하면 엄마 아빠가 힘닿는 데까지 학비를 대 보겠다. 학업을 마치고 취업하면 그때부터는 급여를 부모에게 가져오지 말고 스스로 잘 모아서 결혼자금을 마련하고, 30세 안에는 결혼해라. 그리고 결혼하면 아이들을 둘씩은 놓아라."

우렁이 각시와 의논도 없이 딸들에게 아빠가 이렇게 말해 버렸는데 우렁이 각시에게 난리가 났다. 저들 몫을 따로따로 잘 적립해서 시집 보내려고 했는데 엄마인 자신에게는 말 한마디 않고 그렇게 말하면 어떻게 하느냐고 말이다. 그러나 한번 쏟은 말이고, 딸아이들도 그렇게 하겠다고 좋아해서 우렁이 각시도 그 부분은 포기하였다.

그렇게 세월이 가고 약속대로 세 딸이 모두 좋은 청년들을 만나 사귀어서 결혼하였다. 물론 결혼자금을 각자 모았었고, 아이들도 둘씩 놓았다. 막내는 한 명을 놓았고 또 때를 기다리고 있으니까 모두가 약속을 지키는 중이다.

셋 다 맞벌이하는데 친정 엄마인 우렁이 각시가 셋을 다 봐 줄 수는 없어서 둘째 딸 시은의 아이 둘을 봐 주었다. 힘들어할 때는 짬짬이 내가 도와주면서 그렇게 보아 주었는데 몇 해 전에 둘째 딸이 수고한 엄마에게 보답하는 차원으로 벳부온천 여행을 주선해서 함께 다녀오기로 했다.

그동안 여러 나라를 다녀왔고 특히 유럽이나 북아메리카, 오스트레일리아 등 장거리 여행을 다녀 봤기에 현해탄 건너 벳부는 국내 여행처럼 가벼운 마음으로 떠났다.

도착지는 후쿠오카공항이었다. 공항에서 나와 멀지 않은 곳에서 벳부로 가는 고속버스를 탔다. 내가 알기로는 일본 사람들은 예의 바르고, 질서 정연하고, 깨끗하다는 정도의 지식을 가지고 있었는데 선입견 때문이었는지 공항에 내리자 첫인상이 깔끔하고 참 신선하다는 느낌을 받았다.

특별히 터미널도 아닌, 우리의 잘 정돈된 시내버스 정류장 정도에 서 있는 고속버스를 찾아가자 고속버스 운전사가 차 문 앞에 서서 공손하게 인사를 했고 우리는 기분 좋게 버스에 올랐다. 잠시 후 출발한 버스가 오래지 않아 시내를 벗어나서 시골길을 달리기 시작했다.

그런데 그때부터 내 눈을 의심하기 시작했다. 아직 3월이 되려면 날짜가 조금 남은 겨울의 끝자락에 출발했는데, 낙엽이 지고 아직 새싹이 돋기 전 우중충한 회색빛의 우리 산야와 다르게 비슷한 기후대인데도 현해탄 건너 일본의 산야는 푸른 빛이었다.

뭐가 이렇지?

창밖을 자세히 보니까 겨울에도 잎이 지지 않는 나무들을 심어서 잘 가꾸어 놓았기 때문이었다. 그 나무의 품종이 무엇인지 정확히 모르지만 내 짧은 상식으로 편백 나무 같았다.

아니 언제부터 어떻게 심어서 가꾸었기에 나무들이 이렇게 자랄 수 있다는 말인가?

고속 도로의 뚝방, 시골 마을 어귀 자투리땅, 야산, 심지어는 제법 경사가 심한 산비탈까지 온통 푸른 나무가 자라고 있는데 하늘을 향해 곧게 자란 나무의 몸통이 어림잡아 한 아름은 되어 보였다.
　이 나무들이 분명 자연히 나서 자란 나무는 아니고 모두가 사람이 심어서 가꾸었을 텐데 이 많은 나무를 누가 언제 다 심었다는 말일까?
　후쿠오카에서 온천이 있는 벳부를 가는 3시간 반쯤의 긴 시간 동안 계속해서 차창 밖으로 따라오는 나무들을 어찌해야 좋을까?
　일단은 마음을 접기로 했다. 부모를 모시고 직장에 휴가를 내고 동행해 준 둘째 시은과 마냥 즐거워하는 우렁이 각시를 생각해서라도 내 속마음을 감추고서, 도대체 이 나무들이 어디까지 나를 따라오는지 질투 나는 맘으로 힐끗힐끗 밖을 내다보면서도 가능한 한 우렁이 각시를 바라보고 이야기하며 벳부에 도착했다.

일본 - 벳부온천

산을 넘어간 버스가 제법 경사진 비탈을 한참 내려가서 낮은 지역에 있는 기차역 부근에서 내렸는데 벳부는 바다와 가까운 해변을 끼고 있는 도시였다.

벳부의 첫인상은 오래된 도시라는 느낌을 받았다. 도시 전체가 불을 피우는 듯 연기가 자욱했고 도시 뒤편 산자락도 연기가 여기저기에서 피어오르고 있었다.

왜 도시에서 특별히 공장 굴뚝 같은 것도 안 보이는데 이렇게 연기가 피어오르는 것일까?

그런데 알고 보니까 그것은 연기가 아니고 땅에서 솟아오르는 노천 온천의 수증기였다. 정말 신기한 현상이었다.

둘째 시은이가 예약해 놓은 호텔에서 차를 보내 줘서 도착한 호텔은 내가 생각한 것과 비교가 안 되는 시골 마을 같은 비탈진 곳에 조금 고급스러운 주택과 같은 집이었다. 방도 다다미 위에 깨끗한 이불을 깔아놓아서 우리의 온돌방을 연상하게 했다. 나이가 들어 보이는 남자분이 무릎을 꿇고 손님을 모시는 것이 고객인 내가 어색할 정도로 친절하게 대해 주시는데 이분들은 이런 예절이 몸에 배 있었다.

짐을 풀고 보니 방 안쪽으로 온천탕이 있어서 적당한 온도가 맞추어져 있고 제법 큰 탕이 절반은 실내로 절반은 실외로 꾸며져 있었다. 마침 밖에는 비가 내리고 있었고 비를 맞으며 노천을 즐길 수 있었다. 저녁 식사 전에 산책 겸 밖으로 나오자 대나무 울타리가 정겹게 둘려 있는 것이 호텔이라기보다는 좀 잘사는 시골 친척 집에 온 느낌이었다. 그렇게 편한 밤을 보내고 다음날은 지옥(地獄)을 보러 갔다.

지옥을?

우리가 찾아간 곳에는 일본 글자와 한문으로 '0000 지옥'이라고 쓰여 있으니까 지옥이 맞는데 일본어로는 지고꾸라고 한다.

맨 먼저 찾은 곳은 '유노하나'였는데 이곳은 지고쿠는 아니고 창고식으로 지어진 곳 안으로 들어가니 노란 버섯 같은 것이 땅에서 자라고 있었다. 그러나 이것은 버섯이 아니고 유황이라고 했다. 어쩐지 온통 유황 냄새가 진동하더라 했는데 땅에서 뜨거운 김이 올라오면서 그 김이 서리면 그것이 유황이 되고 그 유황을 걷어서 피부 미용품이나 목욕 용품을 만들면 특별히 좋은 제품이라며 팔고 있었다. 거기를 나와서 조금 더 올라가면 산비탈이 온통 지옥이었다.

몇 곳의 지옥을 보기로 하고 간 곳은 '오니이시보즈 지고쿠,' 우리말로는 '귀석 스님 지옥'이다. '오니이시보즈 지고쿠'는 공사 현장에서 석고보드 접착제를 잘 반죽해 놓은 것과 같은 회색 진흙이 거품을 일으키며 보글보글 끓고 있었다. 묽은 진흙물이 끊임없이 보글거리고 있고 주변으로도 제각각 다른 모습의 뜨거운 물이 솟아오르고 있는데 화상을 입을 수 있어서 접근할 수 없게 안전장치를 겸하여 관광객을 위한 조경과 조형물들을 많이 해 놓았다.

더욱 눈에 띄는 것은 족욕을 할 수 있도록 시설을 해 놓은 것이었다. 물이 흐르는 길을 동그라미 모양으로 만들어서 돌아서 흐르게 해 놓았는데 땅에서 막 솟아올라온 물은 뜨거워서 화상을 입기 때문에 물이 흐르는 아래쪽에서 적응하고 점점 뜨거워지는 곳으로 이동하며 족욕을 즐길 수 있었다.

우리나라의 온천은 땅속 깊은 곳을 뚫어서 뜨거운 물을 뽑아 올려서 쓰지만, 어떻게 이곳은 끓는 물이 땅 위로 올라온단 말인가?

신기하고 기가 막혔다. 뜨거운 열기 때문에 열대 지방과 비슷한 조건이 되었는지 열대 식물과 나무들로 꾸며진 정원의 분위기가 참 좋았다.

악어를 사육하고 있는 '오니야마 지고쿠'에는 악어들을 수십 마리 사육하고 있었다. 열대 지방의 강이나 늪지대에서 사는 동물이 이곳의 온천을 고향으로 착각하고 살고 있었다.

'우미 지고쿠'는 바닷물처럼 파란 물이 모여 있는 제법 큰 규모의 연못이었다. 아주 깨끗해 보이는 연못에서는 수증기가 여유롭게 피어오르고 있지만 보기는 그래도 거의 끓는 물 수준이라고 한다.

아마 여기쯤인 것 같은데?

많은 사람이 연못 주위를 둘러서서 구경하고 있고, 직원인 듯한 한 분이 오더니, 온천수가 뿜어져 나오는 지점에서 담배에 불을 붙여 연기를 깊게 빨아들인 다음 입에 머금고 있던 담배 연기를 그곳에 뿜어내자 갑자기 끓는 솥을 열었을 때처럼 수증기가 폭발하였다. 모여 있는 사람들은 환호했고 신이 난 그분은 연신 담배 연기를 뿜었고 그때마다 수증기가 폭발하듯 솟았다. 이것도 그곳의 이벤트인 모양이었다.

'가마도 지고쿠', 여기는 도떼기시장 같았다. 여기저기에 나무상자로 만든 솥이 걸려 있고 계산대에서 주문한 여러 가지 해산물을 가져와서 이 솥에 넣고 기다리면 온천의 열기로 음식을 익혀 먹는 곳이었다.

우리 돈과 일본의 엔화 환율이 잘 비교가 되지 않았지만, 아무튼 무지하게 비쌀 것이라는 생각을 하고 있을 때 우리의 둘째 딸이 바닷가재와 새우 등 약간의 해산물과 달걀을 주문했다. 여기까지 왔으니까, 맛만 보고 가자는 이유였다. 한참을 기다려서 다 익힌 음식을 먹는데 그것이 기가 막히게 맛있다거나 그런 것은 전혀 아니고 다만 불로 익히지 않고 땅속에서 올라 온 열을 이용하여 익힌 음식이라는 특이한 상황을 경험해 보는 것뿐이었다. 그 모든 것이 상술이었다.

이 모든 것을 보고 답안지에 답을 써 낼 일도 없고 특별히 부러운 것도 없지만 그래도 딱 한 가지, 이런 자연 현상을 잘 정리하고 가꾸어 놓고서 많은 관광객을 끌어들이는 그들의 상술이 부러울 뿐이었다. 그들이 이름 지은 지옥들을 들여다보고 비탈진 도로를 따라서 내려오다가 아담한 그늘막을 찾아 들어갔다. 그곳은 노천 족욕장이었다. 반가워서 신발을 벗고 발을 담갔는데, 참 편안했다.

시에서 여행객들을 위해 길가에 이런 시설을 해 놓았다는 것이 부러웠다. 높은 산자락을 따라서 여기저기 온통 뜨거운 물이 끊임없이 솟아올라서 골짜기를 따라 바다로 흘러들어 가 버릴 물을, 인간들은 자연을 아이 다루듯이 순리적으로 다듬고 가꾸어서 이렇게 아름답게 볼거리를 해 놓고 이용하고 있음을 보았다.

우리 지구의 땅속 깊은 곳은 불이 가득 채워져 있을까?

어떻게 땅속에서 끓는 물이 쉼 없이 나오는 것일까?

벳부는 아마 도시 아래가 불덩이인 것 같았다. 내가 사는 지구별을 여행하면서 우리 지구별의 신기한 모습과 아름다운 모습들을 보면 볼수록 감탄할 수밖에 없다.

그렇게 우리의 숙소로 돌아와서 방안에까지 끌어들인 온천수로 피로한 몸을 씻어 내고 2박 3일의 짧은 여행을 정리했다. 그러나 마지막 밤의 잠자리가 편치 않았다.

이유는 날이 밝으면 또다시 버스를 타고 3시간 반을 공항으로 가야하고, 가는 내내 올 때 보았던 산야의 나무들이 눈에 들어 올 테고 그러면 또 속이 끓어오를 테니까?

여행 때마다 계획하고 준비해서 출발할 때는 가슴 부풀었고 돌아와서는 즐겁고 행복했는데 벳부를 갔다 와서는 괜히 심통이 나고 심사가 뒤틀렸다.

그랬었다. 내가 모르고 있었던 것뿐이었다. 오래전에 어느 목욕탕을 갔을 때 고급스럽게 인테리어를 했다고 자랑하는 목욕탕의 한쪽 벽에 이런 액자가 걸려 있었다.

"바닥재 나무 일본산 고급 히노끼(편백)"

그때는 막연히 그런가 보다 했는데 일본 사람들은 일찍부터 이렇게 좋은 품종의 나무를 심어서 가꾸고 있었다. 그리고 그 나무를 한국에 수출했나 보다. 부럽기도 했고 은근히 화가 났다.

내가 사는 은평의 도시브랜드(BI)가 "북한산 큰 숲, 은평"이다. 불광동과 녹번동 그리고 진관동에서 시작한 북한산국립공원의 많은 부분이 은평에 있고 정상의 바위로 된 봉우리를 제외한 산 아랫 부분이 숲을 이루고 있어서 이렇게 했을 터였다. 북한산의 향로봉 아래서 흘러 내려온 산줄기 하나가 기자촌까지 내려와서 은평경찰서, 박석고개, 앵봉산, 서오릉 고개를 지나고 봉수대가 있는 봉산을 지나 낙타 등처럼 수많은 능선을 이루며 수색까지 내려간다.

물론 그 중간에 도로를 만들면서 끊기는 곳이 몇 군데 있지만, 이 능선은 은평 둘레길과 서울 둘레길이 겹치는 구간이다. 그래서 많은 시민이 산책하고 휴식하는데 나도 그중의 한 사람이다. 그곳에 갈 때마다 쉼을 주는 숲에 감사해하는데 벳부를 다녀온 후로 이 숲을 보면 안타깝고 속상하다.

시내에서 멀리 산을 바라보면 숲이 울창해서 아름다워 보이지만 정작 산에 올라가서 산의 속살을 보면 울화통이 치민다. 아름드리가 될 만큼 자란 아카시아가 힘없이 쓰러져서 길을 막고 있고 산벚나무나 떡갈나무는 밑동이 썩어서 나동그라져 있는 모양을 보면서 옛날을 회상해 보았다.

청년 때 순천의 산골 마을에, 봄이면 마을의 한 집당 한 명씩 의무적으로 5일 정도 부역하였는데 그 일은 사방공사였다. 사방공사는 산에 나무를 심는 일이다. 온 마을 사람이 모여서 그날그날 정해진 산으로 가서 줄을 맞춰서 나무를 심었다. 묘목의 품종은 아카시아, 오리목, 리끼다라는 소나무였다.

40여 해가 지난 지금, 그때 그렇게 열심히 심은 나무들이 성목이 되었지만, 일명 산태나무라고 하는 오리목은 오래전에 자취를 감추었고, 아카시아는 꿀을 따는 외에 제목으로는 별 쓸모가 없어서 온 산천에 보기 싫게 쓰러져 있으며, 리끼다라는 소나무는 나무의 질이 물러서 재목으로 가치가 없다는데 그래도 듬성듬성 찬밥 신세로나마 푸른 빛을 띠고 산을 지키고 있다.

지난 여름 비바람이 지나간 뒤에 산에 갔다가 길을 막고 쓰러져 있는 아카시아를 보고 사진을 찍어서 나이 드신 지인에게 보내며 울분을 토했다.

"일본에 갔더니 산이나 공터에 온통 편백을 심어서 아름드리로 자라 있던데 어째서 우리 산에는 이런 나무들을 심어서 이 모양 이 꼴이랍니까?"

그분이 조용히 하시는 말씀이 모두 이유가 있다고 했다.

"우리나라가 가난해서 좋은 묘목을 만들 여력이 없으니 선진국에 사정하여 묘목을 원조받아서 심었지요. 그 나무들을 열심히 심어서 그나마 우리 산이 푸르러졌고 산사태를 막을 수 있었어요. 이제 먹고 살 만해져서 김 집사처럼 사람들의 눈이 열리니까 이건 아니었다고 생각하는 것이겠지요. 이제라도 우리 김 집사가 산림청장을 맡으면 좋겠네요."

그러시면서 허탈하게 웃으셨다.

제11장

태국 여행

"안 와 본 사람은 있어도 한 번 온 사람은 없다."

태국 사람들은 자기 나라를 이렇게 좋은 여행지로 알고 있다는데, 내가 여행 다닌 곳 중에 가장 재미없었던 여행지가 태국이었다.

나와 함께 오랫동안 살아 준 우렁이 각시와는 동갑내기이며 생일도 일주일 터울이라 매해 우리 내외의 생일을 한날로 묶어 적당한 날에 가족이 함께 식사하는 것으로 지내 왔다. 60세가 되던 해에 세 딸이 정성 들여 모았다며 여행을 다녀오면 좋겠다고 해서 택한 곳이 태국이었다.

어느 해에 오스트레일리아를 갔을 때는 딱 두 가정 다섯 명이었는데 이번 태국 여행도 세 가정 여섯 명의 단출한 식구였다. 잘 자란 딸 셋의 정성으로 또 비행기를 타는 여행길에 올랐다. 우리 부부와 전주에서 온 우리 또래의 부부 그리고 우리보다 연세가 훨씬 많은 노부부 이렇게 세 부부가 한 팀이었다.

석양 무렵에 인천공항을 출발한 비행기가 한밤중에 방콕의 쑤완나품국제공항에 도착해서 우리의 인솔자를 만나 호텔로 이동하여 숙박하고 다음날 방콕 시내를 관광하였다.

짜오프라야강이 시내 한복판을 흐르는데 물의 도시라는 느낌을 받았다. 가이드가 식빵을 몇 봉지를 사 들고 데려간 곳에 크지 않은 배가 기다리고 있었는데 그 배를 타고 강을 따라가다가 어느 지점에서 샛강으로 들어섰다. 그런데 강과 강둑 사이가 별로 높지도 않았고 둑 위 도로 옆으로는 주택들이 들어서 있으며 강가의 많은 집은 집 앞 강가에 작은 배를 묶어 놓고 자가용으로 쓰고 있는 것 같았다.

그런데 워낙에 물과 가까워서 큰비라도 오면 잠길 것 같아서 괜히 내가 걱정되었다. 그 주택가 사이를 지나가던 어느 지점에서 우리 배를 향하여 접근하며 따라오는 한 무리가 있었는데, 아뿔싸 팔뚝만 한 잉어들이었다. 가이드가 준비해 온 식빵을 한 봉지씩 나눠 주며 고기에게 밥을 주라고 했다.

물에 사는 고기들도 얼마나 평화로우면 인간을 무서워하지 않고 이렇게 따라다니며 먹이를 얻어먹는단 말인가?

대부분이 불교도들이라 방생을 많이 하고 함부로 잡아먹지 않아서 그런 모양이었다.

태국 - 타파야

그렇게 고기들과 즐기다가 선착장으로 왔는데, 이건 또 어떻게 된 것인가?

물위에 바지선이 있고 그곳이 정류장이었다. 시내버스가 서는 정류장이 아닌 시내보트가 서는 곳이다. 아마 짜오프라야강을 따라서 지류들이 있고 그 지류들을 따라서 노선 보트가 다니는지 노선표도 여럿이 붙어 있고 그곳에서 승선을 기다리는 사람들이 자기들이 갈 곳의 보트를 기다리고 있었다.

그런데 더욱 놀라운 것은 그 바지선을 벗어나서 밖으로 나가자 바로 시장이었는데 이 시장도 복개 상가로 되어 있어 발아래는 강물이 흐르는 모습이 보이는 곳도 있었다.

짜오프라야강이 태국에서 제일 큰 강이라는데 이래도 되는 것일까? 큰비가 오면 이 일을 어쩐단 말일까?

우리의 한강과 한강으로 들어오는 지류인 중랑천이나 안양천, 탄천 등은 물이 흐르는 곳 외에 둔치를 많이 가지고 있고 중요한 물길의 길목에는 빗물펌프장이 있는 것을 보았는데, 그런데 이 사람들은 물과 함께 살고 있었다. 도저히 이해되지 않았고, 멀고 먼 남의 나라 일이지만 걱정스러웠다. 실제로 바다와 그리 멀지 않은 방콕은 지대가 낮다고 하였다. 도시 중앙으로 흐르는 강은 중요한 운송로였다.

짜오프라야강에는 기차처럼 여러 칸으로 이어진 배가 수없이 다니는데 그 배들의 대부분은 북부 지방의 평야 지대에서 수확한 쌀을 실어 나른다고 한다. 지금은 인도가 세계 제1의 쌀 수출국이지만 태국이 그 1위 자리를 오랫동안 가지고 있었다고 하는데 강을 따라 내려오는 기차처럼 긴 배들을 보니 이해가 되었다. 저 배에 실린 쌀은 우리 쌀보다 길쭉길쭉한 찰기 없어 맛없는 쌀이지만 말이다.

그리고 방콕을 떠나서 유명한 휴양지 파타야로 이동하였다. 시내를 벗어나는 데 한참이 걸렸다. 가도 가도 시내였다. 전철 대부분은 고가로 되어 있는데 지대가 낮고 물이 많은 도시인 관계로 지하철은 거의 불가능하다고 한다.

아무리 잘해 놓아도 물에 잠기면 어쩔 것인가?

국토는 넓지만 큰 도시는 별로 없기에 이렇게 방콕이 넓어졌다고 한다. 그렇게 평지로 된 도시를 몇 시간을 지나고 나서야 산이 보였다.

그곳 어느 곳에 있는 동물 쇼를 보러 갔다. 호랑이, 악어, 코끼리를 길들여서 여러 가지 묘기를 보여 주는데 어쩌면 인간들은 이런 맹수나 사람의 몸집보다 대여섯 배는 더 큰 동물을 길들여서 마음대로 움직이게 할 수 있는지 감탄스러웠다.

제일 흥미로운 쇼는 코끼리 쇼였다. 어미 코끼리와 새끼 코끼리가 함께 줄을 맞춰서 입장하는데 그 순간부터 당시 온 세상에 인기 있던 우리나라의 가요 〈강남 스타일〉이 등장하였다. 제법 넓은 야외 공연장을 관광객들이 가득 차서 빈자리가 없는데 공연장이 떠나갈 듯한 〈강남 스타일〉이 완전 스타였다. 몸은 멀고 먼 나라 태국의 공연장에 있지만, 각양각색의 사람들이 모인 공연장에서 우리의 노래가 울려 퍼지는데 그렇게 멋있을 수가 없었다.

드디어 휴양 도시 파타야에 도착했다. 오래전 미국이 월남에서 전쟁할 때 전선에서 지친 병사들을 고국으로 데려가 휴식을 취하게 하기에는 너무 먼 관계로 베트남의 이웃 나라인 이곳 태국의 파타야 해변을 빌려서 미군들을 휴식하게 했던 곳인데 전쟁이 끝나고 휴양지로 각광받게 되었다고 한다. 파타야는 아름다운 모래사장을 가진 해변 도시였다.

3박 4일의 짧은 여행 기간에 여러 가지 프로그램이 진행되는 동안 우리 팀의 팀웍이 좀 그랬다. 워낙에 술을 좋아하는 두 가족의 남자들이 가끔 부부간에 사소한 말다툼으로 분위기를 흐리는 경우가 있었기 때문이다. 술이 좀 취했다 싶으면 가부장 기질이 발동했고 그때마다 그런 남편의 심기를 건드리지 않으려고 애쓰는 부인들을 보면서 나라 밖으로 즐거운 여행을 나와서, 그것도 남들에게 보일 정도면 집에서는 어떨까 답답했다.

　태국이라는 나라를 직접 가 보기 전에는 별로 관심이 없었던 탓에 잘 몰랐으나 600여 해 동안 외침을 받지 않았다는 태국은 참 평화로움이 묻어났다. 가는 곳마다 불교 사원이 있고, 가는 곳마다 꽃이 만발해 있으며, 가는 곳마다 웃음이 그치지 않는 나라, 그런 태국은 정말 평화롭고 여유가 있어서 부러운 나라였다. 국왕을 신처럼 받드는 나라, 가도 가도 산은 안 보이는 넓은 들판이 펼쳐진 나라, 열대 기후라서 사철 푸르고 나무들은 열매를 맺으며 키우기를 반복하는 나라였다.

　파타야는 정말 요란한 여행지였다. 그곳 역시 각국의 여행객들이 북적대고 있었기 때문이다. 이렇게 별로 즐겁지 않은 여행 중에 그래도 내게 가장 큰 기쁨을 준 것이 한 가지 있었는데 그것은 일정이 거의 마무리되어 갈 무렵 가이드가 읽어 준 짤막한 편지였다.

　　세상에서 가장 화목한 가정을 만들어 주신 아빠 엄마에게 드림

　　여행은 즐거우세요?
　　아빠 엄마가 이렇게 건강하게 그리고 즐겁게 여행 다니시는 걸 보니 세 딸 마음이 더 좋네요^^

그동안 저희 키우시느라고 누구보다도 더 고생하셨던 거 저희는 잘 알아요.

힘드셔도 늘 즐겁게 감사하게 일하시는 아빠,

우리 가족 항상 챙겨 주시는 엄마,

이제는 세 딸도 다 잘 키워 놓으셨으니 좋은 곳 많이 다니시고, 맛있는 거 많이 드시며, 즐겁게 마음껏 누리며 지내세요~~

아빠 엄마는 좋으시겠어요.

예쁜 딸들이 셋씩이나 있고 또 이제는 든든한 사위도 둘, 그리고 또 귀여운 외손주까지!

아빠 엄마는 참 복 받으셨어요!^^ㅋㅋㅋ

앞으로 더욱더 행복한 일 가득할 거예요^^

여행 끝까지 좋은 추억 만드시고 즐겁게 놀다 오세요~~

세상에서 가장 행복하고 화목한 가정에서 자라게 해 주셔서 고맙고 감사합니다.

언제나 늘 사랑합니다.

세 딸: 별아, 시은, 은실 올림 2013년 3월

제12장

울릉도, 독도 여행

1. 울릉도

2012년 5월에 울릉도 여행도 여전히 우렁이 각시와 동행으로 어느 산악회 단체에 끼어서 울릉도와 독도 여행을 가게 되었다. 강릉에서 09시에 뜨는 크루즈를 타기 위해 노원역에서 04시 20분에 버스가 출발하였다. 강릉항구를 벗어난 크루즈는 잠시 후 넓은 바다로 나왔다.

가끔 가 본 낙산사나 정동진에서 바라보면 끝이 안 보이던 수평선 너머의 그 동해였다. 서울 시내에서 개미 떼처럼 끝없이 이어지는 차량 행렬과 200미터도 제대로 못 가고 멈춰야 하는 신호등에 길든 나는 수백 명의 사람을 태우고 이 큰 크루즈를 끌고 넓은 바다를 달리는 선장님이 부러웠다. 잠시 후 육지가 멀어지면서 흰 거품을 앞세운 파도가 거칠게 달려드는데 우리의 크루즈는 별로 요동 없이 미끄러지듯 물 위를 내달렸다.

초등학교에 입학한 후부터 수도 없이 불러온 애국가의 첫머리에 나오는 동해 물이다.

아! 여기가 내가 그토록 불러 대던 동해 물이구나!

우리의 애국가 가사를 지으신 분도 이 바다를 달리며 그 느낌의 감동으로 첫머리에 놓으셨구나!

어느 지점부터는 거친 파도만 보이는 망망대해에 우리를 반기기라도 하듯 파도가 우리 크루즈의 유리창을 두드리며 다가왔다. 그러기를 반복하며 한참 더 가서 희미하게 나타나는 섬, 거기가 울릉도였다. 멀리 보이는 울릉도를 보며 나는 가슴이 뭉클했다. 육지에서 이렇게 멀리 떨어져 있는 이곳도 우리의 땅이고, 우리의 땅이기에 우리의 국민이 이곳에서 살아 준다는 것이 고맙고 감사했다.

저동항에 들어서자 울릉도의 첫인상은 활기가 넘치고 사람 사는 냄새가 물씬 풍겼다. 울릉군에 최고로 인구가 많을 때는 29,000여 명이었으나 지금은 1만 명이 안 된다고 한다. 어느 시골이나 대부분이 도시로 나가 살기를 원하기에 인구가 줄어드는 것은 사실이지만 이 먼 곳 울릉도는 그래도 어업 기지이기 때문에 생기가 돌고 뭍에서 들어온 관광객이 여기저기를 누비고 다녀서 그렇게 한적하다는 느낌은 없었다. 물가가 비싼 것은 당연하다는 생각이고, 이 먼 곳 울릉도를 지키며 사는 사람들이 고마웠다.

그러나 그분들도 자녀들은 뭍에 나가서 문화나 여러 가지 혜택을 받고 살기를 원하지 않을까?

그러면 더 많은 인구가 줄어들겠다는 걱정을 조심스럽게 해 보았다.

숙소로 정한 곳에서 3일을 지내며 관광버스 운전과 가이드를 겸하는 기사님이 운행하는 미니 버스를 타고 섬 전체를 돌아보는 일정인데, 첫인상은 공기가 너무 맑아서 좋았고 눈길 닿는 곳은 바다가 있어서 좋았다. 특별히 기억에 남는 곳은 나리 분지와 봉래 폭포였다. 울릉도 전체를 하나의 큰 산으로 본다면 성인들이 살았다는 뜻의 성인봉을 중심으로 산지로 구성되어 있고, 사람이 사는 곳은 이 산의 바다와 닿는 근처에 생긴 약간의 평지를 다듬고 축대를 쌓아서 만든 좁은 땅이며 저동과 도동항 그리고 산중턱에 형성된 나리 분지가 전부였다.

화산의 분화구였다는 나리 분지는 높은 산봉우리로 둘러싸여 있는 제법 넓은 평지인데, 나리 분지가 울릉도 전체에서 제일 넓은 평지라고 했다. 이곳에는 밭이 있어서 농사도 하고 식당도 여럿 있는 마을을 이루고 있으며 1년 중 절반 넘는 날이 눈과 비가 온단다.

그런데 그 눈 녹은 물과 빗물이 흘러나갈 곳이 없었다. 왜냐하면, 높은 산이 분지를 감싸고 있으면서 여기에 모인 물이 흘러내려 갈 계곡이 한 곳도 없기 때문이다. 그래도 지금까지 아무리 큰비가 와도 한 번도 이 분지가 잠기는 일이 없었으며 빗물은 자연스럽게 땅속으로 스며든다고 했다. 백두산의 천지나 한라산의 백록담과 전혀 다른 자연의 이치를 이해하기 힘들었다.

울릉도 - 봉래 폭포

나리 분지를 나와서 산을 몇 굽이 돌아서 봉래 폭포에 갔다. 주차장에 내려서 봉래 폭포까지는 상당히 먼 거리의 계곡을 올라가야 했다. 일행의 절반은 오르기를 포기하고 자연 찬 바람이 나오는 휴게소나 계곡의 숲에서 쉬기로 했고, 나머지 우리 일행과 다른 팀의 사람들이 어우러져서 산에 올랐다. 폭포를 오르는 길목에 아름드리 삼나무가 내 가슴을 뛰게 했다.

'이곳에 누가 언제 이런 나무를 심어 놓아서 이렇게 잘 자랐을까?'

보듬어 보아도 몸통이 너무 커서 품 안에 들어오지 않는 나무를, 다독거려 보고 눈을 들어서 끝을 바라보아도 끝이 보이지 않는 곧게 자란 나무들을 바라보며 소망해 보았다.

'다른 산에도 이런 나무가 가득 차면 얼마나 좋을까?'

언젠가 일본 후쿠오카를 갔을 때 그곳의 나무들이 기억에 떠 올라 한숨을 내쉬었다.

한참을 올라가서 봉래 폭포에 도착했을 때 감격의 눈물이 나왔다. 이 봉래 폭포는 비나 눈의 영향을 받지 않고 항상 같은 양의 물을 쏟아 내는데 그 물의 근원이 거의 해발 1천 미터에 가까운 성인봉과 나리 분지가 품고 있다가 내어 주는 물이라고 한다. 이 봉래 폭포에서 쏟아진 물이 울릉도에 사는 사람들이 살아갈 수 있는 귀한 젖줄이 된다고 한다.

서울 은평구에는 폭포동이라는 동네가 있다. 지금은 뉴타운 사업으로 아파트가 들어서 있지만, 아파트 마을 안쪽 깊은 곳에 선림사가 있고, 그 옆길 등산로를 따라서 한 시간쯤을 올라가면 폭포가 나온다. 향로봉 자락을 타고 내려온 물이 이곳에서 거의 직각으로 꺾인 큰 암벽을 타고 내리는 것이 폭포인데 평상시에는 작은 도랑물만큼의 물이 바위를 타고 흘러내린다.

그러나 큰비가 올 때는 멀리 떨어진 갈현동의 앵봉산에서도 흰 물줄기가 보이는 폭포가 되면서 장관을 이룬다. 그래서 그 모습을 가까이 보기 위해 장마철에 가끔 가 보고는 했는데 그 모습이 너무 크고 아름다워서 내 나름 폭포의 제1경으로 꼽고 있었다.

온통 돌산으로 되어 있는 북한산에 큰비가 오면 한꺼번에 빗물이 모여들어 불광천이 큰 하천으로 변했다가 비가 그치는 것과 동무해서 하천의 수위가 낮아지는데 그와 같이 북한산의 폭포도 순식간에 물이 줄어들기 때문이다. 그런데 봉래 폭포는 일편단심 같은 양의 물을 쏟아낸다니 감격이 아닐 수 없다. 그래서 내가 정한 폭포의 1경을 봉래 폭포로 수정하였다.

동해 바다 멀리 울릉도가 있고, 그곳에 이런 보물 같은 봉래폭포가 있어서 울릉도 사람들은 대자연이 주는 이런 혜택을 누리며 아끼고 보전하고 살아가는 모습이 정말 보기 좋았다.

2. 독도

두 번째 날에 독도에 갔다. 대한민국 국민 모두가 가슴에 품고 애틋하게 사랑하는 독도, 그 독도를 가기 전날 밤은 거의 잠을 설쳤다.

철들 때부터 내 마음에 새겨져 있는 독도, 그곳을 가다니!

이건 감격이 아닐 수 없었다.

아침 일찍 저동항 선착장에는 몇백 명의 사람이 모여들었고 모두가 설레는 모습이 역력했다. 승선 인원 400명이 넘는 크루즈는 거의 만석이었다. 특별한 인사가 헬기를 타고 가는 것 외에는 독도를 갈 수 있는 유일한 교통수단이기에 모든 사람이 나 같은 마음으로 이렇게 모여들었으리라.

동해의 거친 파도로부터 저동항을 지켜 주는 방파제 끝에 열려 있는 출구로 빠져나간 우리의 크루즈는 육지의 반대편을 향하여 파도를 헤치고 달리기 시작했다. 울릉도의 저동항에서 1시간 반을 거친 파도를 타고 가야 하는 멀고 험한 길이다.

어느 순간 누군가의 입에서 "독도다" 하는 외침이 터져 나왔고, 파도에 튀어 오른 바닷물이 창밖을 가려 희미했지만, 그 사이로 내가 그동안 그림으로만 수만 번 보아 왔던 독도의 모습이 어른거리며 다가오고 있었다. 우리의 땅 독도를 바라만 보아도 가슴이 뛰고 눈가에 눈물이 맺혔다.

여기가 그토록 많이 입에 오르내리고 그림으로 또 영상으로 보아 왔던 그 독도란 말인가!

마치 처음 나의 우렁이 각시를 만났을 때처럼 가슴이 벅차올랐다. 파도가 높으면 접안을 할 수 없어서 독도에 오르지 못하고 돌아와야 한다는 안내를 수없이 받았지만 그게 무슨 대수냐, 가까이에 가기만 해도 행복한 걸. 그러는 사이에 독도는 점점 눈앞에 가까워졌고 내 머릿속에 깊이 새겨진 그대로의 모습으로 거기에 있었다.

몇 번을 왔으나 한 번도 입도를 못 한 경우가 수두룩하다는 말을 수없이 하던 가이드의 말을 들어서 나 또한 독도를 밟고 서 보리라고는 거의 기대하지 않았으나 우리 선장님은 선착장 주변을 몇 번 돌더니 어느 순간 접안에 성공하였다. 선실의 일행이 함성을 지르며 술렁이고 있을 때 독도에 근무하는 독도 경비대의 대원들이 나와서 정박을 도와주었고 크루즈에서 내리는 우리를 환영해 주며 반겨 주었다. 드디어 독도에 발을 들여놓은 것이다.

감격, 감격이었다!

마주 보고 있는 동도와 서도를 바라보며 사진을 찍고, 이 멀고 먼, 험한 바다 위에 있는 독도에서 근무하는 경비대 대원들에게 인사하며 정신이 팔려 있을 때 어째 주변이 소란스러워졌다. 돌아보니 어느 한 곳으로 사람들이 몰려들고 있었다. 무슨 일인가 싶어 모인 사람들의 틈으로 들여다보았더니, 아뿔싸, 그 중심에 나의 우렁이 각시가 있었다.

하얀 한복에다 태극기를 새겨 넣은 옷을 곱게 차려입은 우렁이 각시는 양손에 태극기를 들고 녹음기에서 나온 아리랑에 맞추어 신들린 듯이 춤을 추고 있었다. 그리고 주변을 둘러 서 있는 사람들은 거기에 박수로 박자를 맞추고 있었다.

춤이 끝나고 "독도는 우리 땅"이라고 모두 함께 외치고 막을 내렸다. 그러는 순간 벌써 시간이 되어 승선하라는 안내의 뱃고동이 울려서 모두 아쉬운 발걸음을 옮겨 배에 올랐다.

세상에 이런 일도 있다니!

춤추는 우렁이 각시

우렁이 각시는 여러 해 전부터 주민센터에서 운영하는 한국 무용 프로그램을 다니며 춤을 배웠는데 아마 이때를 대비해서 그랬었나 보다.

신랑인 나는 어려서부터 낯가림이 심하여 남들 앞에 나서지 못했고 그런 나의 성격 탓에 아내인 우렁이 각시도 나서는 것을 별로 좋아하지 않았다. 그런 남편의 성격을 아는 우렁이 각시는 이 이벤트를 준비하면서 남편에게는 극(?)비리에 진행하였다.

아가씨 때부터 양장점을 했던 우렁이 각시는 나와 결혼하여 살면서 방 하나에 아이들 셋과 함께 살 때도, 또 열대여섯 번이나 이사를 다니면서도 미싱은 항상 가지고 다니며 딸 셋의 옷을 거의 다 만들어 입혀 키웠다. 한번은 이렇게 말하는 것이었다.

"여보, 아무리 성가시고 집이 비좁아도 내 사랑 미싱은 버리라고 하지 마요. 그럴 거면 차라리 나를 버려요."

그렇게 미싱을 끔찍이 아끼고 사랑했다. 어느 집에서는 방이 모자라 발코니를 치우고 침대를 놓고 딸아이 하나에게 쓰게 했을 때도 기어코 옥탑에까지 끌고 다니던 미싱이다.

그랬던 우렁이 각시가 어느 날부터 수상한(?) 행동을 했다. 동대문 시장에서 천을 떠다가 한복을 만들고, 무슨 태극기가 얼핏 보이는가 싶으면 어느 사이에 안 보이고, 막내딸에게 무슨 노래의 녹음을 부탁을 하고 그랬다. 이러이러한 이벤트를 하고 싶다고 하면 틀림없이 남편은 가차 없이 반대할 것이 뻔하니까, 극비리에 혼자 준비하고 진행했었던 것을 독도에서 아리랑 공연이 있고서야 그동안 수상했던 우렁이 각시의 행동을 알 수 있었다.

그러고 보면 내 감각이 그렇게 둔한 것인지?

아내에게 무관심한 건지?

나도 헷갈린다.

들뜬 마음으로 밟았던 독도를 아쉬운 마음으로 돌아보며 울릉도로 돌아왔는데 결국 그날밤 사건은 터졌다. 그동안 남편 몰래 독도 이벤트를 준비하면서 몸도 맘도 힘들었다가 무사히 마치고 돌아오니 긴장이 풀렸는지 그날 오후부터 우렁이 각시가 몸이 아프다고 했다. 그냥 아픈 것이 아니고 살갗이 무지 아프다고 했다. 엄살이 심하지 않은 우렁이 각시가 너무 아파해서 고개 넘어 도동에 있는 약국에 가서 약을 사다 먹였지만 소용없었다.

그렇게 고통스러운 하룻밤을 보내고 다음날 강릉에 도착하고 자정 무렵이 되어서야 집으로 왔다. 그다음 날 일찍 나서서 병원을 다녀왔는데도 쉽게 낫지 않아 오랫동안 여러 병원을 거치다 결국 내려진 진단이 대상포진이었다.

가까스로 몸이 나은 우렁이 각시가, 어느 날 나에게 이유를 묻지 말고 꼭 같이 갈 곳이 있다며 따라오라고 해서 함께 간 곳이 시립병원이었다. 그곳에서 14만 원 하는 대상포진 예방 접종을 시켜 주었다. 우렁이 각시 자신이 아파 보니까 이건 절대로 앓아서는 안 되는 병이라면서. 이것 또한 독도가 나에게 준 선물이다.

부록[1]

요셉

1. 소년 요셉

　천상천하에 가장 소중한 사람 그 한 사람을 세상에 보내기 위한 그분의 스케줄은 이미 오래전부터 진행되고 있었다. 그 스케줄 선상에 있는 중요한 인물을 따라가 보자.

　낙타 등에 장사 거리를 싣고 여러 나라를 지나다니는 한 무리 대상은 다음 장사의 목적지를 향하여 가면서, 이번 장사는 틀림없이 수지가 맞을 것이라고 확신하며 사막을 걸어가고 있었다.

　그들이 그렇게 장담할 수 있는 것은 오늘 낮에 이동하는 중에 광야에서 양을 치던 목자들에게서 여기저기 상처가 나 있었지만 뜯어 보면 아주 잘생긴 소년티가 남아 있는 청년 한 명을 싼값에 샀기 때문이다. 여러 마리의 낙타에 실린 물건을 팔면 많은 이익을 남길 수 있고, 또 오늘 오다가 산 요 녀석이 도망하지 못하게 잘 지켜서 며칠 후에 이집트에 도착하면 적어도 몇 곱절은 남기고 팔 수 있기 때문이다.

　남아 열일곱이면 생각이 빠르고, 기운도 넘치고, 몸이 날렵할 때라서 조금만 방심하면 이 녀석이 도망을 칠 것이 뻔해 그들이 할 수 있

---

[1] 필자가 신앙생활하면서 보고 듣고 배운 내용을 성경을 바탕으로 구성한 글이다.

는 최고의 방법으로 이 청년이 도망치지 못하도록 단속했고 그래도 안심이 안 되어 잠시도 감시를 늦추지 않았다.

한편, 부잣집 아들 아름다운 청년 요셉은 하루 만에 끝 모를 나락으로 떨어져서, 사막을 횡단하며 장사하는 대상들의 감시를 받으며 끌려가고 있었다. 이 장사꾼들의 손에서 탈출할 수 없음을 안 요셉은 조용히 마음을 가라앉힌 채 장사꾼들의 일행을 따라가며 지금까지 아버지의 사랑을 받고 살면서 자라온 과정과 아버지에게서 귀에 딱지가 앉도록 들어온 말이 끝없이 밀려와서 마치 아버지의 음성이 귓가에서 들리는 듯했다.

아들아, 너의 할아버지가 열서너 살 때 아버지의 손으로 신에게 바쳐져서 죽음을 맞이하기 직전에 신의 인정을 받은 후 죽음을 면했단다. 그 큰일이 있고 난 뒤 별다른 어려움 없이 부잣집 외아들로 살면서 결혼하고 쌍둥이를 낳았는데 그 쌍둥이 중에 동생이 너의 아버지다.
아들아, 이 아버지의 얘기를 잘 들어라.
내가 철이 들어서 보니까, 한날에 쌍둥이로 태어난 형과 아주 미인인 어머니와 아버지, 그리고 많은 종이 있는 부잣집 작은 아들이었다.
세상에 부족한 것 없고 부러운 것이 없는 집안이었지만, 어머니 뱃속에서 한 태에서 자랐으나 단 몇 시간 터울로 뒤에 나왔다는 이유로 동생이 되었다는 것이 늘 못마땅했지.
그래서 좀 비열한 방법을 써서 형을 속여서 내가 형이 되었고, 나의 아버지가 나이 들고 눈이 어두워졌을 때 어머니와 짜고 아버지에게 큰아들로 속여서 축복을 받았다. 그때서야 두 번이나 속은 것을 안 나의 형이 동생인 나를 죽이려고 별렀고, 그런 일로 인해서 부자인 아버지에게서 유산을 하나도 물려받지 못하고 멀고 먼 나라에 있는 나의 외갓집으로 피신했다.

그런 내막을 모르는 외삼촌은 무척 반가워했고 외갓집 식구들에게도 대접을 받았지. 그 이유는 여동생이 머나먼 타국으로 시집을 갔는데 수십 년이 지나서 여동생의 아들인 외조카가 왔으니까 말이다.

그런데 날짜가 길어지니까 외갓집 식구들의 눈치가 달라지는 거야. 왜냐하면, 언제 가겠다는 기약도 없는 불청객이 생겼으니까 그럴 수밖에 없지 않았겠니. 그래서 외삼촌의 양을 몰고 나가서 열심히 일해 주며 지내고 있었지.

외삼촌에게는 딸이 둘 있었는데 그중에 동생인 너의 어머니가 자꾸 내 눈에 밟혔다. 어느 날 용기를 내어 외삼촌에게 말했다.

"둘째 딸을 사랑합니다. 굶기지 않고 잘 거둘 수 있으니 제 아내로 주십시오."

외삼촌이 조건을 걸더구나.

"7년 동안 내 집에서 머슴살이를 하면 둘째 딸을 주겠다."

그때부터 7년을 외삼촌 집에서 머슴살이를 했고, 7년이 끝났을 때 약속대로 결혼식을 했다. 피로연이 끝나고 신방에 들어온 신부와 초야를 치르고 아침에 보니까 네 어머니인 둘째가 아닌 외삼촌의 첫째 딸이잖겠니.

하도 어이가 없고 기가 막혀서 외삼촌께 이게 어찌 된 사건이냐고 대들었더니, 외삼촌은 태연하게 이렇게 말하는 거야.

"우리나라 풍습은 언니 놔두고 동생을 먼저 시집보내는 법이 없다. 그러니 동생도 너의 아내로 가져가고 그 대가로 또다시 7년을 내 집에서 머슴을 살 거라."

그런 사유로 외삼촌네에서 짧지 않은 14년을 일해 주고 아내 둘을 얻었다. 자매이면서 동시에 나의 아내들인, 너의 어머니와 정확히 말하면 너의 이모인 큰어머니 사이에 질투가 얼마나 심하던지 내가 어찌 할 방법을 찾지 못했다. 그러는 사이에 두 아내가 질투로 자기들의 몸종을 아버지에게 아내로 주었다.

그렇게 해서 이 아버지는 본의 아니게 아내가 네 명이 되었고, 네 명의 아내들로부터 딸 외에 아들이 12명이 되었다.

그 네 명의 아내 중에 나의 첫사랑이며 제일 사랑했던 아내가 너의 어머니였는데, 그가 늦은 나이에 너를 낳았고 너 어렸을 때 너의 동생을 낳다가 그만 죽은 것이 아니냐.

너는 나의 네 아내 중 제일 사랑하는 아내의 아들이다. 그리고 네 어머니가 너 어렸을 적에 죽어서 너는 어머니의 사랑을 받지 못하고, 너를 직접 낳아 주지 않은 세 명의 어머니 아래서 자랐기 때문에 내가 특별히 너를 사랑하는 것이다.

아들 요셉아, 너의 열 명의 형들에게도 말해 두었지만, 너와 너의 동생도 알고 있거라. 이 아버지가 죽거든 형들과 협력하여 꼭 가나안 땅에 있는 선산 막벨라라는 곳에 장사해 다오.

그곳은 나의 할아버지가 그 지방 유지들이 보증을 서는 앞에서 주인에게 정당한 값을 주고 사놓은 우리 가문의 선산이다.

요셉은 아버지의 음성이 들린 듯해서 퍼뜩 정신을 차려 보니 도망치지 못하게 묶인 몸으로 상인들의 뒤를 따라가고 있는 자신의 모습이 보였고, 끝을 알 수 없는 불안이 몰려왔다.

2. 이집트

　뜨거운 태양 아래 사막을 지나가는 상인 무리는 저들의 목마름과 더위를 피하느라 급급하고, 오던 길에 예상하지 못하고 매입한 노예는 도망가지 못하게 간수만 할 뿐 저들끼리는 아마 이 녀석을 비싼값에 팔 연구밖에 하지 않았을 것이다.
　그 뜨거운 모랫길을 끌려가는 요셉은 아무리 생각해도 꿈만 같았다. 부자인 아버지의 편애를 받았던 것은 사실이지만 아래로 하나인 젖동생에게는 형의 역할을 잘해 주었고, 배다른 형 열 명이 있어서 든든했고, 형님들을 잘 따랐다.
　꼭 꼬집어서 형들에게 잘못한 것이 있다면 어느 형의 잘못을 아버지에게 이른 적이 있었을 뿐, 이상한 꿈을 꾸고 나서 꿈 이야기를 형들한테 한 적이 있지만, 그것 때문에 형님들이 그렇게까지 앙심을 품고 있을 줄은 꿈에도 몰랐다.
　그렇기에 엊그제 아버지가 먼 광야로 양을 먹이러 간 형들이 잘 있는지 알아보고 오라고 심부름을 시켰을 때, 형들이 어느 지점에 있는지도 모른 채 광야를 헤매어 찾아왔는데, 인사도 하기 전에 형들이 구덩이에 자기를 던졌던 것이다.
　눈엣가시인 동생을 그냥 죽이는 것보다는 돈을 받고 세상 밖으로 몰아내자는 형들의 모아진 뜻에 따라 이 지경이 된 자신을 어쩌란 말인가?
　자기 하나 없어지면 형들은 시원할지 모르지만, 이만저만 상심할 아버지를 생각하고 상인들에게 사정해 보았을 것이다. 나의 아버지는 부자니까 나를 아버지에게 데리고 가면 충분한 값을 줄 거라고. 그러나 상인들은 못 들은 체하고 당시 세상을 움직이던 파라오의 나라 이집트 카이로에까지 데리고 가서 팔았다.

상인들은 모르기는 해도 은 20냥에 산 값의 수십 배 이익을 남기지 않았을까?

그리고 모든 일은 순조로웠다. 먼 길 다니며 장사하는 대상들은 생각지도 않은 물건(소년 요셉)을 싼값에 사서 큰 이문을 남기고 팔 수 있어서 좋았고, 동생을 팔아 버린 형제들은 미운 동생 꼴을 영원히 볼 일 없어진데다가 돈까지 생겼고, 아버지 야곱의 세 명의 부인을 통해서 맺어진 배다른 열 명 형제들은 이 큰 사건이 자기들 열 명 외에는 절대로 알아서는 안 된다는 굳은 약속이 세상 끝까지 갈 것이어서 더욱 좋았다.

다만 밖에서 일하던 아들들이 피 묻은 옷 한 벌을 보내며, 들짐승이 물어 간 사람의 옷 같은데 혹시 아들의 옷인가 확인해 보라고 보내온 옷을 들고 오열하는 아버지와 타국에서 노예로 전락해 버린 요셉 외에는 다 잘된 것 같았다.

단 며칠 사이에 그런 우여곡절로 청년 요셉은 노예 시장에 매물로 나와 날아다니는 새도 말 한마디면 떨어뜨릴 수 있는 이집트 파라오의 시위대장 눈에 들어서 그 집의 말단 노예가 되었다. 아버지 집에 있을 때는 부잣집 도련님이었으나 이제는 일꾼도 아닌 노예가 된 청년 요셉은 얼마간의 시간이 지나는 동안 찢긴 상처도 아물고 마음도 어느 정도 가라앉았다. 그리고 자신이 처해 있는 현실을 받아들이며 죽기 살기로 탈출하기보다는 현실에 적응하며 태어나서 한 번도 가보지 않은 길을 조용히 가기로 했다.

'내가 만약 탈출에 성공하여 아버지 집에 갔을 때, 그 상황을 생각해 보니 그것도 아니지 않은가?

나이 드신 아버지는 죽은 아들이 살아왔다고 기뻐하시겠지만, 열 명의 형들은 어찌 되겠는가?

그래, 우리 집에서 나 요셉은 형들을 찾으러 나섰다가 맹수에 찢겨 죽은 사람이다.'

그렇게 자신을 내려놓고 주인이 시키는 일은 물론 지금까지 아버지 집에서 해 왔던 것처럼 스스로 일을 찾아서 하며 정직하게 하루하루를 살아가고 있었다.

요셉은 그렇게 여러 해를 지내는 동안 비록 노예라는 이름으로 매인 몸이지만 구김살 없이 성실히 일하는 사람으로 성장해 있었고, 그동안 이 청년 노예를 눈여겨보던 집주인의 신임을 받아 집안의 많은 노예를 통솔하며 넓은 관저의 모든 일을 맡아 하는 직책을 갖게 되었다.

그렇게 세월이 가고 있을 때, 이 청년을 유심히 보는 또 한 사람이 있었는데 그는 다름 아닌 그 집안의 안주인이었다. 어느 때부터인지 남편이 노예로 사 온 외국인 청년이 눈에 띄기 시작한 것이다. 처음 들어 왔을 때는 소년티를 벗지 못하고 상처투성이였던 그 노예가 자기 집에 들어오고 몇 해가 지났을 때 문득 준수한 청년으로 보이기 시작했다.

그러던 어느 날 사모님의 부름으로 안채로 들어간 청년 요셉에게 사모님은 자기와 동침할 것을 명하였다. 어쩌면 그것은 주인으로서 자기가 부리는 노예에게 당연히 요구해도 잘못은 아니었는데 청년 요셉은 정중하게 거절했다.

"귀하신 사모님을 이 천박한 노예가 어떻게 모실 수 있겠습니까?"

그러나 사모님은 때로는 협박으로, 때로는 간청으로, 계속 요구해 왔고 이 일은 분명 인간으로서 해서는 안 되는 분명한 잘못임을 안 요셉은 완강하게 거부했다. 그 이유로 가능한 한 사모님과 부딪치는 일이 없도록 거리를 두었다.

우리가 아는 유명한 소설이나 영화에서 출세한 사람들의 이면에는 이런 상황을 일부러 만들어서 귀부인과 간통하고 그 일을 징검다리 삼아 성공의 길을 가는 것이 정석인데, 이 노예 청년은 하늘이 내린 기회를 움켜쥐기는커녕 피하느라고 급급했다.

세상 어느 남자가 이런 상황에서 자유로울 수 있을까?

사모님과 요셉의 이런 줄다리기가 계속되던 어느 날, 우연인지 아니면 계획된 함정인지, 요셉은 안채에 들어가야만 할 중요한 일이 있었다. 그런데 공교롭게도 안채에는 사모님 외에 아무도 없었고, 사모님은 작심하고 요셉을 붙들고 동침할 것을 요구했다. 요셉은 언제나처럼 안 된다고 거절했다. 그래도 기어이 끝장을 보려는 사모님은 요셉의 겉옷을 잡고 늘어졌고, 결국 요셉은 겉옷을 빼앗긴 채 안채에서 도망쳐 나왔다.

"여자가 한을 품으면 오뉴월에도 서리가 내린다"라는 우리나라 속담이 있듯이, 시위대장의 아내는 잘생긴 노예와의 동침이 실패로 끝나고 앞으로도 이 노예를 범할 희망이 보이지 않자 결국 증오심을 품게 되었다. 손에 들고 있는 요셉의 겉옷을 내던졌다.

'내가 누구인가?

세상에 원하는 것은 다 가질 수 있는데 내 집의 노예 따위가 나를 무시해?'

사모님은 해가 지도록 씩씩거리며 분을 참지 못하고 있다가 부하들의 경호를 받으며 퇴근하는 남편에게 일러바쳤다.

"당신이 사 와서 우리 집안의 책임자로 둔 그 노예 놈이 안채에까지 들어와서 나를 겁탈하려고 했어요. 내가 이 겉옷을 잡고 강하게 반발하고 악을 쓰니까 이 옷을 벗은 채 내뺐지 뭐예요."
 그랬다. 알리바이가 너무 정확했다. 이 시위대장은 워낙 거물이라 정치범을 다루는 감옥이 수중에 있었는데. 그길로 요셉은 배은망덕에다 별의별 죄명이 붙어 정치범 감옥에 처박히는 신세가 되었다.

 그냥 감옥에 넣었을까?
 아마 죽을 만큼 맞고 고문당하지 않았을까?
 감옥 바닥에 엎드려서 얼마나 울었을까?
 이런 억울함을 누구에게 말할 것인가?

 요셉은 생각했을 것이다.
 '내 형님들도 나를 죽인 것이나 마찬가지인데 이 사람들이 나 같은 노예 하나 죽이는 것이 무슨 대수겠나. 나는 오늘 두 번째 죽었다.'
 그래도 세월은 말없이 흘렀다. 상처가 나으며 마음도 가라앉아 갔다. 죽음의 구덩이에서 끌어올려져 이집트의 노예로 팔려 왔을 때처럼 감옥에서 할 일이 뭐가 있을까마는, 감옥에서도 역시나 내 집에서처럼 무슨 일이든 찾아서 하였고, 힘들어하는 죄수들을 보살폈다. 그런 것들이 간수장의 눈에 뜨였고 간수장의 신임으로 감옥에서 죄수들을 돌보는 책임자가 되었다.
 그렇게 또 세월이 가고 있던 어느 날 파라오를 직접 모시던 고위직 신하 두 명이 어떤 죄목으로 그 감옥에 투옥되었다. 두 사람이 투옥되고 얼마 후 요셉이 감옥 안을 살펴보던 중 이 두 사람의 표정이 많이 일그러져 있어서 사연을 물었다. 두 사람은 간밤에 비슷한 꿈을 꾸었는데 꿈이 너무 또렷해서 길몽인지 악몽인지 도무지 알 수가 없고 그렇다고 이 감옥 안에서 꿈을 풀어 줄 사람도 없지 않느냐며 금방 울상이다.

 요셉이 그 꿈을 말해 보라고 했고, 두 사람의 꿈을 해몽해 주었는데 얼마 후 그 꿈의 해몽이 정확히 들어맞아서 한 사람은 사형당했고 또 한 사람은 복직이 되어 나가게 되었다.

 파라오의 신하 한 명이 복직되어 나가던 날 요셉은 그 사람에게 부탁하였다.

 "내가 이 감옥에 들어온 이유는 묻지 마십시오. 사실은 감옥에 올 만한 죄를 짓지 않았으나 억울하게 여기에 갇혀 있으니 나가시면 저를 좀 도와주십시오."

 그 신하는 너무 기분이 좋아서 내가 꼭 힘을 써서 꺼내 주겠다고 하고 나가서 복직되었으나, 또다시 파라오를 모시는 기쁨에 감옥에서 있었던 요셉은 까마득히 잊고 말았다.

 그러고도 여전히 세월은 흘렀다.

 요셉은 저의 억울함을 얘기한들 누가 믿어 줄 것이며 그렇다고 바늘 끝만큼의 희망이 있는 것도 아닌데 그렇게 절망이 엄습해 올 때마다 아버지에게 수없이 들은 조상들의 얘기를 생각하며 슬픔을 참았고 어렸을 적에 현실같이 꾸어지던 꿈들이 어제 일처럼 떠오를 때면, '나도 한때는 이런 좋은 날들이 있었구나' 하고 하염없이 미소를 지어 보기도 했다.

3. 회생

 그날도 여느 날처럼 일과가 시작되었다.

 점호를 마치고 어느 시간쯤 되었을 때 갑자기 감옥 안에 작은 동요가 있더니 급하게 요셉을 부르는 소리가 있었다.

의아함을 안고 따라간 요셉이 감옥의 면회실로 나왔을 때 거기에 한 무리의 군인들이 대기하고 있었다. 군인들에게 둘러싸여 어디론가 가면서 생각했다.

'지금보다 더한 나락으로 떨어질 수도 있구나!'

그렇게 도착한 곳은 요셉의 예측과는 달리 호화스러운 집으로 안내되었고, 많은 사람이 달려들어서 목욕을 시키고, 이발을 시키고, 좋은 옷을 입히고, 좋은 음식이 차려지고, 상식적으로 도저히 이해할 수 없는 일이 진행되고 있었다.

그런 소란이 어느 정도 진정되었을 무렵 위엄을 갖춘 한 사람이 들어오더니 사연의 경위를 설명하였다.

"나는 파라오께 너를 데리고 가기 위해 온 사람이다. 그러니 겁내거나 무서워하지 말아라. 차츰 알게 되겠지만 너는 파라오를 만나러 가는 사람이다."

여기까지의 사연을 정리해 보자.

어느 날 밤 파라오는 꿈을 꾸었다. 꿈이 현실처럼 너무나 또렷해서 두려워하는데 또다시 깊은 잠에 빠져들었고, 그와 비슷한 꿈을 또 꾸고 잠이 깨었다.

통상 꾸는 꿈과는 다르게 너무 선명했으며 무엇인지 알 수 없는 메시지라는 느낌이 들어서 신하들을 불러들여 꾼 꿈을 말하며 해몽을 하라고 명령했다. 그러나 신하들은 그 꿈이 무엇인가를 암시하는 듯하지만 알 수 없다고 했다. 그래서 유명한 학자, 천문학자, 급기야는 주술사들까지 호출되었으나 답을 얻지 못했다. 그러자 전국에서 유명 인사를 다 불러올리는 상황에 도달하게 되었을 무렵에서야, 파라오를 최측근에서 모시던 관리가 몇 해 전에 있었던 작은 사건 하나를 기억해 냈다.

그 관리는 파라오를 가까이 모시고 있을 때 어떤 사람의 모함으로 동료 직원과 함께 감옥에 가게 되어 시위대장이 관리하는 정치범 감옥에 수감 중일 때 같은 날 밤 함께 투옥되어 있던 동료와 동시에 비슷한 꿈을 꾸었고, 그 꿈 때문에 번민하고 있을 때, 그 감옥의 죄수이면서, 간수장의 비서 격인 청년이 두 사람의 꿈을 해석해 주었다.

그 꿈의 해석대로 이루어져서 동료는 형장의 이슬로 사라졌고, 그 관리는 복직되어 다시 파라오 곁에서 근무하게 되었다. 감옥에서의 일은 까마득히 잊고 근무에 충실하던 중, 궁전이 발칵 뒤집히는 일이 터진 그때에서야 그의 머리에 번개처럼 스치는 사람이 있었다. 그 사실을 파라오에게 아뢰고 급하게 요셉을 감옥에서 데려와 파라오를 알현할 준비를 했다.

노예 신분으로 있다가 누명을 쓰고 감옥에 가면서도 조용히 혼자 감수했던 요셉은 중죄인에서 갑자기 파라오 앞에 서게 되는 처지가 되었다.

이집트, 나일강, 파라오 이 말들은 당대에 신과 서열을 같이하고 천하를 호령하던 이름들이 아닌가?

아프리카 여러 나라에서 각자의 이름을 가진 강들이 바다를 향해 흐르면서 만나기를 반복하는 동안 이집트 땅에 들어 올 무렵 나일강이라는 이름으로 통합되면서 흐른다. 그 강변에 카이로가 있고 그곳에 대제국 이집트를 다스리는 궁전이 있으며 거기에 파라오가 있다.

위엄을 갖춘 파라오는 자기 앞에 선 젊은 청년 요셉을 바라보며 문제를 내기 전에 먼저 물었다.

"너는 꿈의 해몽을 잘한다고 들었다. 내 꿈을 해몽할 수 있느냐?"

요셉이 대답했다.

"하늘에 계신 그분이 하실 것입니다."

드디어 파라오는 두 가지 꿈을 말하고 해몽을 기다렸다.
파라오도 사실은 감옥에서 데려온 이 젊으나 젊은 청년 죄수가 내 꿈을 과연 해몽할 것인지 큰 기대를 안 했을 것이다. 왜냐하면, 이집트에서 제일가는 박사들부터 일반 백성들까지 아무도 해결하지 못했기 때문이다.
꿈 이야기를 처음부터 잘 들은 요셉이 드디어 답안을 제출했다.
"폐하, 폐하께서 꾼 두 번의 꿈은 답이 하나인데 확실함을 주기 위해 반복된 것입니다. 앞으로 7년 동안은 계속해서 풍년이 들고, 그 7년이 끝나면 다음 7년 동안은 흉년이 들어 많은 사람이 굶어 죽을 것입니다. 그러니 풍년이 든 7년 동안 전국 곳곳에 창고를 지어 양식을 저장해 두어야 뒤에 오는 7년을 살아갈 수 있습니다. 이 꿈은 분명 그분께서 폐하를 사랑하셔서 분부하신 것입니다."
요셉이 내놓은 답안을 받아 든 파라오는 감격하였고, 둘러선 대신들도 할 말을 잃고 있을 때 파라오는 명을 내렸다.
"이 청년을 나 파라오 다음의 2 인자로 세운다. 모든 신하와 백성은 그의 말에 복종하여라."
이렇게 해서 요셉은 대제국 이집트의 국무총리로 파라오의 다음가는 권력을 쥐게 되었다.
요셉, 그의 나이 30세였다. 17세 때 형님들의 손에서 죽음의 문턱까지 갔다가 노예로 전락되었는데 그 노예 신분마저 빼앗기고 죄수의 몸이 되어 감옥에서 보내는 동안 어느덧 준수한 청년이 되어 있었다.
시위대장의 노예로 있을 때 주인의 신임을 받아 그 집의 많은 노예와 가정을 관리하였고, 정도(正道)를 걷는 과정에서 누명을 쓰고 간 감옥에서는 정치범이나 역적 등 고위층을 관리하다시피 하며 지냈는데, 가장 낮은 계층의 사람들과 가장 높은 지위를 가진 사람들을 겪으며 지내 온 이 십수 년의 세월은 대제국 이집트를 다스리기 위한 훈련의 기간이 아니었을까?

총리가 된 요셉은 좋은 가문의 처자를 아내로 맞이하고 아이 둘을 얻는 동안, 파라오의 꿈대로 이집트를 비롯한 주변 나라들이 대풍을 만나 곡식이 넘쳐났다. 세상 모든 사람이 애써 일하지 않아도 될 만큼 풍성해져서 곡식이 처치 곤란을 겪고 있을 때, 이집트는 국무총리 명령으로 전국 곳곳에 창고를 짓고 식량을 싼값에 사서 저장했다.

해도 해도 넘쳐나는 곡식을 그래도 계속 창고를 짓고 사들여서 저장하라는 국무총리를 장관들은 가만히 두고 보고만 있었을까?

어쩌다 꿈 한 번 해몽해서 파라오의 신임으로 벼락출세한 새파랗게 젊은 총리를 가만두지 않았을 것이다.

출생 신분을 파 헤쳐보니 국적도 없이 떠돌다 굴러들어온 이방인 노예요, 노예로 있으면서 당돌하게 주인의 사모님을 겁탈하려던 성추행범이 아닌가?

탄핵의 사유가 명확하지 않은가?

짧지 않은 7년 동안 국무총리 탄핵안이 몇 번이나 있었을 것이다. 그때마다 파라오는 곤욕스러워했을 것이고, 그때마다 그날 밤의 너무도 선명한 꿈을 회상하며 총리를 신임해 주었을 것이다.

그러던 어느 때부터 그 풍성하던 시절이 언제였는가 싶게 하늘이 문을 꼭꼭 닫고 비 한 방울 내리지 않기를 몇 해가 계속되자, 드디어 식량 때문에 아우성이 나기 시작했다. 그때부터 이집트에는 관료들에게 무식한 총리라는 비판을 들으면서 싼값에 7년을 사 모은, 창고마다 가득한 정부미를 팔아서 이집트는 물론 주변 나라들의 돈을 모두 파라오의 창고에 채우고 있었다.

주변의 모든 나라는 지금까지 한 번도 가 보지 않은 길, 똑같이 풍년을 겪을 때는 흥청망청하다가 똑같이 흉년을 지나면서 고통받고 있을 때, 요셉의 아버지 집안도 같은 길을 가고 있었다.

끝이 보이지 않는 그 상황에 주변 나라인 이집트에는 식량이 많이 있어서 수출하는데, 직접 사러 가야 하는 조건이 붙어 있었다. 그래서 중동의 거의 모든 사람이 낙타를 동원하여 황량한 광야와 사막을 횡단하며 식량을 사 나르는 데 목숨을 걸고 있을 때, 이집트의 국무총리인 요셉의 형들도 식량 자루에 돈을 담아서 식량을 사러 와서 식량을 팔아 달라고 총리 앞에 엎드렸다.

자기 앞에 엎드려 사정하는 형들을 알아보는 요셉의 심정은 어떠했을까?

어느 때였던가?

형들과 한집에 살 때 어느 날 밤 꿈을 꾸었고 그 꿈을 형들 앞에서 말했었다.

"내가 꿈을 꾸었습니다. 우리 열두 명의 형제가 모두 들에서 곡식단을 묶는데, 내가 묶는 곡식단은 서 있고 형님들과 내 동생이 묶는 단들이 내 단을 둘러서서 절을 합디다."

그 꿈 이야기를 한 이후로 배다른 형들의 미움을 샀고, 그 결과로 열 명의 배다른 형들이 한마음이 되어 동생을 죽이기로 작정한 빌미가 되지 않았는가?

그런데 지금 그때 꾸었던 꿈이 현실이 되어 형들은 앞에 있는 국무총리가 저들의 동생 요셉일 것이라는 생각은 꿈에도 모른 채, 혹시 이 나라 총리의 눈 밖에 나서 식량을 못 사가면 어쩌나 하는 조바심으로 엎드려 있지 아니한가.

총리는 자신을 들어내지 않은 채 일단 형들을 간첩으로 몰아붙였다가 한 명을 볼모로 잡고 식량을 팔아 주었다. 이런 과정을 몇 번 거치면서 형들의 변화된 모습을 보았고, 형제의 정을 못 이겨서 대성통곡하며 이집트의 총리인 자신이 형들이 팔아 버린 요셉임을 밝혔다.

놀라고 두려워서 입을 다물지 못하는 형들을 붙들고 함께 울면서, 요셉은 형들에게 지금까지의 모든 과정이 가족을 살리기 위한 눈에 보이지 않는 그분의 계획 속에 있는 것이라고 말했다. 그리고 아직도 여러 해가 남은 흉년을 대비하여 부모님과 가족을 이집트로 이주하게 하였다. 마침내 나이 많은 아버지를 포함하여 66명이 이집트로 이사 왔는데 요셉의 가족 네 명을 합하여 70명이 이집트에 이민을 온 셈이었다.

그렇게 이집트에 둥지를 튼 지 여러 해가 지나서 아버지가 운명할 무렵, 열두 아들이 아버지 앞에 모였다. 아버지는 여러 가지 유언 중에 특별히 당신이 죽으면 부모님과 조부모님의 묘가 있는 선산 막벨라에 묻어 주고, 언제일는지 모르지만 때가 되면 가족 모두를 약속의 땅으로 데리고 갈 것을 자신의 할아버지와 아버지와 또 자신에게 보이지 않은 그분께서 분명히 약속하였으니 그 약속을 꼭 기억하라고 당부하고 숨을 거두었다. 요셉은 이집트 총리의 권위로 거창하게 외국에 있는 선산에 아버지를 장사했다.

그리고 장사하고 돌아와서 열 명의 형들이 또다시 총리인 동생 요셉을 찾아와서 무릎을 꿇었다. 아버지가 계실 때는 실행하지 않았지만, 아버지가 안 계신 지금 자신을 죽이려고 한 우리에게 보복하지 말아 달라고 사정하기 위해서였다.

그 후 요셉의 형제들과 함께 이민한 1세대는 동생 요셉의 용서와 최고 권력자의 가족으로 대접받으며 호사스럽게 살았고, 그러는 동안에 요셉이 나이 많아 임종할 무렵 그의 자손들에게 아버지에게 들었던 유언을 대물림해 주면서, 먼 훗날 이곳을 나가서 약속의 땅으로 갈 때 자신의 유해도 꼭 가져가기를 부탁하고 죽었다.

그리고, 그리고, 그리고도 세월은 끊임없이 흘렀고 대를 이어 파라오가 몇 번인가 바뀌었을 때, 이민 와서 터를 잡고 사는 사람들의 인구가 폭발적으로 늘어나는 것을 보고 궁정의 파라오와 대신들은 이 방인 민족을 모두 노예로 삼아서 혹독한 노동으로 도시를 건축하는 그들이 말하는 현명한 법을 만들어 냈다.

요셉의 가족 후손들이 그렇게 고통스러운 날들로 400여 해가 흐르는 동안 침묵하고 계시던 그분은 이제는 한 나라를 이룰 만큼의 인구가 되자, 나일강에 버려진 아이를 선택하여 궁정에서 기르고 훈련하고, 광야에서 단련시킨 후 막강한 이집트의 파라오 손에서 그의 민족을 이끌어내는 지도자로 세우셨다.

그는 그들의 조상들에게 약속된 땅으로 자기 민족을 데리고 가서 나라를 세웠고, 그 선택한 나라에 그분이 제일 아끼고 사랑하는 한 사람, 천상천하의 가장 소중한 그 사람을 마리아라는 여인을 통하여 우리에게 보내셨다.